ENGEL

Die kosmische
Intelligenz

Matthew Fox / Rupert Sheldrake

ENGEL

Die kosmische
Intelligenz

Bechtermünz

DEN ENGELN

In der Hoffnung,
dass sie wiederkehren,
um uns in das neue Jahrtausend
zu geleiten

Engel

1. a. Ein barmherziger Geist oder göttlicher Bote; einer aus einer Ordnung geistiger Wesen, die dem Menschen an Macht und Intelligenz überlegen, Helfer und Boten der Gottheit sind; auch
   b. einer der gefallenen Geister, die gegen Gott rebellierten;
   c. ein behütender oder geleitender Geist;
   d. metaphorisch, ein Mensch, der an Eigenschaften oder Handlungen einem Engel gleicht.
2. Ein Bote Gottes als Prophet oder Verkünder wirkend; ein Pastor oder Geistlicher einer Kirche; poetisch, ein Bote; metaphorisch, in »Todesengel«.
3. In konventioneller Darstellung: Gestalt mit Flügeln.

The Shorter Oxford English Dictionary, Oxford University Press, 1975

Photon

Ein Korpuskel oder Teilchen des Lichts.

The Shorter Oxford English Dictionary, Oxford University Press, 1975

Ein Quantum elektromagnetischer Strahlung mit einer Restmasse von Null und dem Energieäquivalent aus dem Produkt seiner Strahlungsfrequenz und der Planck'schen Konstante. In manchen Zusammenhängen ist es zweckmäßig, das Photon als ein Elementarteilchen anzusehen.

The Penguin Dictionary Of Physics, Penguin Books, Harmondsworth, 1975

Inhalt

Vorwort

Es erscheint immer noch ungewöhnlich, dass sich am Ende des 20. Jahrhunderts ein Wissenschaftler und ein Theologe zusammensetzen würden, um über Engel zu diskutieren. Beiden Disziplinen scheint dieses Thema gegen Ende der Moderne gleichermaßen peinlich zu sein.

Doch obwohl die Engel vom wissenschaftlichen und theologischen Establishment ignoriert worden sind, haben jüngste Untersuchungen gezeigt, dass viele Menschen immer noch an sie glauben. Mehr als zwei Drittel der Menschen in den Vereinigten Staaten glauben zum Beispiel an ihre Existenz, und ein Drittel der Bevölkerung behauptet, die Anwesenheit von Engeln schon im eigenen Leben erfahren zu haben. Die Hälfte glaubt an die Existenz von Teufeln.[1] – Die Engel bleiben.

In Wissenschaft und Theologie treten wir heute in eine neue Phase ein, und das Thema Engel wird überraschend wieder zeitgemäß. Sowohl die neue Kosmologie als auch die alte Angelologie (Lehre von den Engeln) werfen Fragen

11

bezüglich der Existenz und der Rolle eines Bewusstseins jenseits des menschlichen auf. Daher der Titel dieses Buches: Kosmische Intelligenz.

Als wir beide unsere ersten Diskussionen über dieses Thema führten, waren wir fasziniert über die Parallelen zwischen den Aussagen Thomas von Aquins über Engel im Mittelalter und den Aussagen Albert Einsteins über Photonen in diesem Jahrhundert.

Das weit verbreitete Wiederaufleben des Interesses an Engeln ist typisch für unsere Zeit. Ein großer Teil dieses Interesses konzentriert sich auf Erfahrungen der Hilfe und Führung in Notzeiten. Es handelt sich dabei um sehr persönliche und individuelle geistige Erfahrungen. Das überlieferte abendländische Verständnis der Engel ist jedoch viel tiefer und umfassender, als dieser moderne Trend nahe legt, und beschäftigt sich vor allem mit der Gemeinschaft der Lebewesen, ihrer Entwicklung und unseren Beziehungen zueinander, zu Gott und zur Welt. Diese Annahmen passen zu einem holistischen und organischen Verständnis der Natur und der Gesellschaft.

Darüber hinaus ist es wichtig, die gemeinsamen Erfahrungen anzuerkennen, die in allen Kulturen und Religionen der Welt auftreten, da wir in einem immer kleiner werdenden globalen Dorf leben. Alle Kulturen, wie auch die unsere, nehmen die Existenz von Geistwesen jenseits der menschlichen Ebene an. Wir bezeichnen sie als *Engel*, doch werden sie in anderen Überlieferungen mit unterschiedlichen Namen benannt. Dabei handelt es sich um eines der grundlegenden Themen in der geistigen und religiösen Erfahrung der Menschheit. Man kann sich eine zwischen diesen Kulturen und Religionen wachsende Tiefenökumene nur schwer ohne eine Anerkennung der Engel in unserer Mitte und der Engel in unseren eigenen Überlieferungen vorstellen.

Die ökologische Krise ist eine weitere Erfahrung, der alle menschlichen Wesen gegenüberstehen und für deren Bewältigung wir alle Weisheit brauchen werden, die wir aufbringen können. Engel könnten uns bei dieser Arbeit helfen und sich als unerlässliche Verbündete erweisen, als wirkliche Schutzengel, die uns anleiten, unser Erbe eines einstmals gesunden, heute aber gefährdeten Planeten zu retten.

Aus all diesen Gründen ist es wichtig, uns auf unsere eigene geistige Überlieferung zurückzubesinnen und zu untersuchen, was sie uns über Engel erzählt, um dann diese Weisheit mit der heutigen evolutionären Kosmologie zu verbinden. Dies ist erforderlich, um eine Plattform für weitergehende Betrachtungen der Zukunft aufzubauen – einer Zukunft, von der wir glauben, dass für sie eine intensive Erforschung des Bewusstseins auf diesem Planeten und darüber hinaus typisch sein wird.

Als Helfer bei dieser Erforschung unserer eigenen geistigen Tradition haben wir uns drei Giganten der westlichen Überlieferung ausgesucht, deren Abhandlungen über Engel besonders umfassend und einflussreich waren. Dabei handelt es sich um Dionysios Areopagita, einen syrischen Mönch, dessen klassisches Werk »Über die himmlische Hierarchie« im 6. Jahrhundert geschrieben wurde; um Hildegard von Bingen, eine deutsche Äbtissin aus dem 12. Jahrhundert; und um den heiligen Thomas von Aquin, einen Philosophen und Theologen des 13. Jahrhunderts.

Dionysios Areopagita schuf eine erstaunliche Synthese der neuplatonischen Philosophien aus dem Nahen Osten unter dem Gesichtspunkt seiner eigenen christlichen Theologie und Erfahrung. *Hildegard von Bingen* berief sich zwar auf die in der monastischen Überlieferung der abendländischen Kirche weitergegebene traditionelle Angelologie, verarbeitete aber überwiegend ihre eigenen visionären Erfahrungen mit den Reichen der Engel. *Thomas von Aquin* hinwiederum schuf eine Zusammenschau der Lehren über die Engel, wobei er die Ansichten des islamischen Philosophen Averroës, die Schriften des Dionysios Areopagita, die Wissenschaft und Philosophie des Aristoteles sowie biblische Überlieferungen berücksichtigte. Er warf spekulative Fragen auf, die auch heute noch Denkanstöße sein können – insbesondere im Lichte der sich aus der heutigen Wissenschaft ergebenden Kosmologie. Diese drei Gelehrten widmeten vermutlich der Angelologie mehr geistige Mühe als andere vergleichbare Denker des Abendlandes.

Wir beginnen mit einem einleitenden Dialog, in welchem wir die Geschichte des Verständnisses der Engel im Abendland untersuchen, ihre zentrale Stellung in der Überlieferung der frühen Kirche und in der mittelalterlichen Theologie. Wir betrachten, inwiefern die mechanistische Revolution der Wissenschaft im 17. Jahrhundert den Engeln in einem nur noch mechanisch verstandenen Kosmos keinen Raum mehr ließ und dadurch zu einem Niedergang des Interesses an diesem Thema in Wissenschaft und Theologie führte. Wir besprechen dann das bei vielen Menschen zu beobachtende Wiederaufleben des Interesses an Engeln und die Bedeutsamkeit, die heute ein ökumenisches oder kulturübergreifendes Verständnis der geistigen Reiche hat.

Dann wenden wir uns unseren drei Hauptzeugen zu. Wir haben die wichtigsten und markantesten Stellen über Engel aus ihrem Werk zitiert und diskutieren dann jeweils anschließend über diese Passagen, indem wir die heutige Bedeutung der Texte herauszuarbeiten versuchen – aus theologischer wie auch aus wissenschaftlicher Perspektive.

In diesen Diskussionen geht es uns weniger um die Theologie und Wissenschaft von gestern als um die mögliche Theologie und Wissenschaft von morgen. Diese Art des Dialoges haben wir beide als sehr erhellend erlebt, und sie hat uns ein Verständnis ermöglicht, das wir isoliert aus unserer jeweils begrenzten Sicht nicht hätten erreichen können. Wir hoffen, dass dieser für uns schöpferische Prozess auch anderen bei ihren Gedanken und Forschungen helfen wird.

Abschließend überlegen wir, wie die Engel in einem lebendigen Kosmos unsere Religion und unsere Wissenschaft beim Übergang in ein neues Jahrtausend beleben und bereichern können. Wir beenden das Buch mit einer Reihe von Fragen.

Die Illustrationen stellen eine eigene Art von Text dar, der an die Rolle der Engel in der Bibel und in anderen Überlieferungen erinnert. Die Bilder zeigen, wie weit Visionen geflügelter Geister in der ganzen Welt verbreitet sind, sowohl in den schamanischen Kulturen wie auch in den organisierten Religionen. Dadurch werden die tiefen Wurzeln des christlichen Engelglaubens betont. Es zeigt sich, wie sich Darstellungen geflügelter Gestalten einerseits über

Jahrtausende gehalten haben und wie unterschiedlich andererseits die Engel aufgefasst worden sind. Engel scheinen Künstler immer inspiriert zu haben.

Ein Anhang mit Bibelstellen zum Thema Engel wurde für diejenigen zusammengestellt, die sie in größerer Tiefe und im Detail studieren möchten.

Einleitung:
Die Wiederkehr der Engel
und die neue Kosmologie

Fox: Warum kehren die Engel heute wieder? In den letzten Jahren sind sie Gegenstand vieler Zeitschriftenartikel und Fernsehsendungen gewesen, es gibt eine ganze Flut von Büchern über Engel, darunter mehrere Bestseller. Ist das eine Mode? Sind Engel nur das neueste Konsumobjekt für hungrige Seelen? Handelt es sich um eine Flucht in eine andere Welt, einen Ausweg in ein ätherisches Lichtreich, eine Ablenkung von den drängenden sozialen und politischen Fragen?

Oder könnte es sein, dass die Wiederkehr der Engel unsere moralische Phantasie beflügeln kann? Können sie uns Mut geben, uns im Übergang zum dritten Jahrtausend wirksamer und phantasievoller mit jenen Fragen auseinander zu setzen?

Ich habe kürzlich Leute befragt, ob sie jemals Engel erlebt hätten. Zwischen sechzig und achtzig Prozent der Anwesenden bei meinen Vorträgen bejahten dies. Vielleicht sind diese Leute nicht typisch, aber auch repräsentative Umfragen in der amerikanischen Bevölkerung zeigen, dass ein Drittel der Menschen schon einmal in ihrem Leben die Gegenwart eines Engels gespürt hat. Das legt nahe, dass man an Engel nicht bloß *glauben* muss. Wenn du etwas *erlebt* hast, musst du nicht mehr daran glauben. Es ist dann keine Frage des Glaubens, sondern der Erfahrung. Mystik hat damit zu tun, unseren Erfahrungen zu vertrauen. Und vielleicht sind wir heute dazu aufgefordert, unseren Erfahrungen von Engeln wieder zu trauen.

In der Maschinenkosmologie der letzten Jahrhunderte gab es keinen Raum für Engel. Und es gab keinen Raum für Mystik. Wenn wir diese Maschinenkosmologie nun hinter uns lassen, werden die Mystikerinnen und Mystiker zweifellos zurückkehren; und auch die Engel kehren zurück, weil wir wieder eine lebendige Kosmologie haben. Der heilige Thomas von Aquin, ein Theologe des 13. Jahrhunderts, sagt, dass das Universum ohne Engel unvollkommen sei und dass die gesamte körperliche Welt von Gott durch die Engel verwaltet werde.[1] Die alte, überlieferte Lehre ist: Wenn wir in einem Universum leben und nicht nur in einer Maschine von Menschenhand, dann gibt es Raum für Engel.

Was sind Engel? Und was tun sie?

Zunächst einmal sind Engel mächtig. Lassen wir uns nicht von den nackten kleinen Putten täuschen, mit denen die Epoche des Barock unsere Phantasie angefüllt hat. Wenn in der Schrift Engel auftreten, sind ihre ersten Worte unweigerlich: »Fürchtet euch nicht.« Würden das aber wohl ihre ersten Worte sein, wenn sie als nackte kleine Putten kämen? »Leg' mir eine neue Windel um!« wäre da wahrscheinlicher.

Engel aber sind Ehrfurcht gebietend. Der Dichter Rilke sagt, ein jeder Engel sei schrecklich. Worin aber besteht ihre Macht?

Engel sind verstehende Wesen. Sie denken tief. Sie sind Experten darin zu verstehen. Gemäß Thomas von Aquin und anderen Lehrern erkennen Engel durch Intuition die ursprünglichen Gedanken, aus denen all unsere anderen Gedanken hervorgehen. Die Engel brauchen nicht zur Schule zu gehen, um das Wesen der Dinge zu lernen. Sie brauchen kein diskursives Denken und keine Experimente, um zu lernen. Sie erreichen alles intuitiv und unmittelbar. Sie sind Meister der Intuition und können unsere Intuition unterstützen. Darum gibt es eine so tiefe Freundschaft zwischen Engeln und den künstlerisch Tätigen. Wenn wir uns die wundervollen und erstaunlichen Engelbilder anschauen, die Künstlerinnen und Künstler uns geschenkt haben, dann stehen wir nicht nur einem bedeutenden Thema der Kunst gegenüber, sondern auch der Beziehung zwischen Engeln und Künstlern. Intuition ist die Straße, auf welcher Engel sich bewegen.

Engel sind auch die besonderen Freunde der Prophetinnen und Propheten, und solche brauchen wir heute. Wir brauchen Prophetinnen und Propheten in jedem Beruf, in allen Bereichen des bürgerlichen Lebens, in jeder Generation. Wir brauchen junge und alte Propheten. »Was tun Propheten?« fragt Rabbi Heschel. »Propheten mischen sich ein.« Wenn wir den Kurs der Menschheit verändern wollen, dann brauchen wir heute Prophetinnen und Propheten und – laut Thomas von Aquin: Engel haben viel mit Prophetie zu tun.

Außerdem haben Engel einen sehr starken Willen. Thomas sagt: »Ihr Wille ist von Natur aus liebevoll.« Engel sind nicht abstrakt denkende Intellektuelle, sondern liebevolle und verstehende Wesen. Ihr Verständnis ist von Liebe durchdrungen. Ihr Wissen ist Herzenswissen: Weisheit, nicht bloße Kenntnis.

Und so sehen wir, dass die Engel in ihrem Expertenbereich des Verstehens, des Wissens, des Liebens, des Mitgefühls und der Prophetie uns eine Menge über Spiritualität zu lehren haben. Ihre Aufgaben sind keineswegs trivial. Sie haben ernsthafte kosmische Pflichten zu erfüllen, gemäß der Weisheit und dem Wissen, das sie tragen. Eine dieser Aufgaben ist der Lobpreis, die Anbetung[2]. Wo immer angebetet wird, tauchen die Engel auf. Ihre Abwesenheit bildet eine Parallele zu dem, was ich als Krise des Lobpreises in der abendländischen Zivilisation bezeichnen würde. Wenn wir wieder zu preisen lernen, werden die Engel wiederkehren.

Sowohl Hildegard von Bingen als auch Thomas von Aquin lehren, dass der Teufel nicht anbetet, und dass ihn dies von den Engeln unterscheidet – die Weigerung zu lobpreisen. Und ist nicht die Weigerung zu preisen auch typisch für unsere Kultur in den letzten Jahrhunderten gewesen? – Was wäre denn Lobpreis, wenn nicht der Ausdruck der Freude und der Ehrfurcht? Und wenn wir des Lobpreises beraubt sind, dann deshalb, weil wir in der maschinenartigen Käfigwelt, in der wir gelebt haben, auch der Ehrfurcht und der Freude beraubt waren. Die neue Kosmologie erweckt wieder Ehrfurcht und Staunen in uns und deshalb auch Lobpreis.

Engel zu studieren bedeutet, ein Licht auf uns selbst zu werfen, besonders auf diejenigen Aspekte, die in unserer säkularen Zivilisation, in unserem säkularen Schulsystem und sogar in unseren säkularen Gottesdiensten unterdrückt worden sind. Mit Säkularisation meine ich hier alles, was den Dingen die Ehrfurcht entzieht.

Die Engel sind Mittler und Mitarbeiter von uns Menschen. Manchmal schützen und verteidigen sie uns, manchmal inspirieren sie uns und verkünden uns eine große Botschaft: Sie bringen uns in Bewegung. Manchmal heilen sie uns, und manchmal führen sie uns in andere Bereiche, deren besondere Geheimnisse wir dann zurückbringen sollen. Thomas von Aquin sagt: »Wir tun ... Gottes Werke gemeinsam mit den heiligen Engeln.«[3] Aber darüber hinaus weist Thomas uns noch darauf hin, dass Engel immer die göttliche Stille verkünden, jene Stille, die unserer Inspiration, unseren Worten vorausgeht, die Stille, die aus Meditation und Kontemplation hervorgeht.

Engel machen Menschen glücklich. Selten trifft man jemanden, der oder die einen Engel gesehen hat und nicht ein

Lächeln auf dem Gesicht trägt. Einem Engel zu begegnen heißt, glücklich zurückzukommen. Wie Thomas sagt, besteht Glück darin, etwas zu begreifen, das größer ist als wir selbst. Und Ehrfurcht, Staunen und die Macht der Engel sind von dieser Art. Sie rufen uns auf, selbst größer zu werden.

Und schließlich hat die Sünde der gefallenen Engel mit Arroganz und dem Missbrauch von Wissen und Macht zu tun. Klingt uns das nicht bekannt, wenn wir über die letzten beiden Jahrhunderte abendländischer Zivilisation nachdenken? Erstaunliches Wissen ist in dieser Zeitspanne hervorgebracht worden, und auch manche erstaunlichen und gesunden Handlungsmöglichkeiten. Aber es hat auch eine dunkle Seite gegeben. Unsere heutige ökologische Misere ist durch diese Arroganz hervorgebracht worden. Der Mythos von Faust sagt uns viel über den Missbrauch von Wissen und Macht und über die Arroganz in unserem Bemühen, das Universum zu erkennen. Repräsentieren nicht die dunklen Engel die Schattenseite der abendländischen Zivilisation, eine Seite, die die Arroganz und den Missbrauch von Macht und Wissen als normalen Lebensstil akzeptiert hat?

Sheldrake: Ich möchte hier aufgreifen, was du über die enge Verbindung der Engel zur Kosmologie gesagt hast. Diese enge Verbindung der Engel mit dem Himmel ist mir als Erstes aufgefallen. Ich wuchs in Newark-on-Trent auf, einem Marktflecken in Nottinghamshire in England, wo es eine wundervolle mittelalterliche Gemeindekirche gibt. Wie in vielen mittelalterlichen Kirchen werden die Balken des Kirchendaches von geschnitzten Engeln getragen. Und in der großen gotischen Kathedrale von Lincoln, nur 15 Meilen von Newark entfernt, wird ein ganzer Teil der Kathedrale als Engelchor bezeichnet. Ganz oben befinden sich diese Engel und spielen Musikinstrumente – die himmlischen Chöre. Um sie zu sehen, muss man nach oben blicken, sodass dies von Kindheit an meine Vorstellung von den Engeln ist. Sie werden mit den Sternen in Verbindung gebracht. Und darüber möchte ich als Erstes sprechen, diesen kosmologischen Aspekt der Engel und besonders ihre Verbindung mit dem Himmel.

Der kosmologische Aspekt der Engel

Im Mittelalter wurde, wie in allen früheren Zeitaltern, geglaubt, dass der Himmel, dass der gesamte Kosmos lebendig sei. Die Himmel waren von unzählbaren bewussten Wesenheiten bevölkert, die mit den Sternen, den Planeten und vielleicht auch den Räumen dazwischen in Verbindung standen. Wenn die Menschen von Gott im Himmel sprachen, dann meinten sie das nicht im Sinne einer vagen Metapher oder eines psychischen Zustandes, sondern sie meinten den Himmel über uns.

»Vater unser im Himmel,« das halten heute viele Christen, so nehme ich an, für eine bloß metaphorische Aussage, die nichts mit dem tatsächlichen sichtbaren Himmel zu tun habe. Diese Art Himmel ist der Wissenschaft übergeben worden, das All ist der Bereich der Astronomie. Und die Astronomie hat nichts mit Gott oder Geistern oder Engeln

23

zu schaffen. Sie beschäftigt sich mit Galaxien, der Geometrie des Schwerkraftfeldes, den Emissionsspektren von Wasserstoffatomen, den Lebenszyklen von Sternen, Quasaren, schwarzen Löchern und so weiter.

Aber so haben die Menschen früher nicht gedacht. Sie glaubten, das All sei voll von Geistern und von Gott. Und wenn man sich Gott als allgegenwärtig vorstellt, dann muss diese Gottheit ja tatsächlich auch im gesamten Universum gegenwärtig sein, in welchem die Erde nur ein winziger Teil ist.

Durch die wissenschaftliche Revolution des 17. Jahrhunderts wurde das Universum mechanisiert und gleichzeitig der Himmel säkularisiert. Er bestand plötzlich nur noch aus gewöhnlicher Materie, die sich in vollkommener Übereinstimmung mit Newtons Gesetzen bewegte. Für engelartige Intelligenzen gab es da keinen Platz mehr. In einer solchen mechanistischen Welt haben Engel keinen Raum, außer vielleicht als psychische Phänomene, die nur in unserer Einbildung existieren.

Doch diese mechanistische Weltsicht ist nun von der Wissenschaft selbst eingeholt worden. Die neuesten wissenschaftlichen Einsichten führen uns zu einer neuen Vision einer lebendigen Welt. Das ist das Hauptthema meines Buches »Die Wiedergeburt der Natur. Wissenschaftliche Grundlagen eines neuen Verständnisses der Lebendigkeit und Heiligkeit der Natur« (Bern/München/Wien, 1991). Das alte mechanistische Universum war eine gewaltige Maschine, der langsam der Dampf ausging, während sie sich auf ihren thermodynamischen Wärmetod zubewegte. Seit den sechziger Jahren ist sie jedoch durch einen evolutionären Kosmos ersetzt worden. Das Universum begann ganz klein und heiß in einer ursprünglichen Feuerkugel, kleiner als ein Stecknadelkopf, und hat sich seither ständig ausgedehnt. Während es wächst, kühlt es sich ab. Immer mehr Strukturen, Formen und Muster entwickeln sich darin. Zunächst gab es keine Atome, Sterne oder Galaxien, keine chemischen Elemente wie Eisen oder Kohlenstoff, keine Planeten und kein biologisches Leben. Während das Universum sich ausdehnte, traten all diese Dinge irgendwo zum ersten Mal in Erscheinung und wurden dann an vielen Orten und zu vielen Zeiten zahllos wiederholt. Dieses wachsende, sich entwickelnde Universum gleicht in nichts einer Maschine, sondern ähnelt mehr einem sich entwickelnden Organismus.

Statt uns vorzustellen, die Natur bestünde aus unveränderlichen Atomen, aus Materieteilchen, die ewig fortdauern, haben wir jetzt die Vorstellung, dass Atome komplexe Aktivitätsstrukturen seien. Wir sehen die Materie mehr als einen Prozess, denn als einen Gegenstand. Wie es der Wissenschaftsphilosoph Sir Karl Popper ausgedrückt hat, hat sich der Materialismus durch die moderne Physik selbst überwunden. Die Materie ist nicht mehr das grundlegende Erklärungsprinzip, sondern wird selbst in Begriffen grundlegenderer Prinzipien erklärt, nämlich durch Felder und Energie.

Statt auf einem unbeseelten Planeten zu leben, auf einer vernebelten Felsenkugel, die sich nach Newtons Bewegungsgesetzen um die Sonne dreht, können wir uns nun vorstellen, dass wir in Mutter Erde leben. Die Gaia-Hypothese bringt die überlieferte Intuition, dass wir in einer lebendigen Welt leben, in einer zeitgemäßen wissenschaftlichen Form.

Das Universum ist nicht mehr streng determiniert, muss nicht mehr in genauem Einklang mit der mechanischen Kausalität stehen, sondern Freiheit, Offenheit und Spontaneität sind in die Welt zurückgekehrt. Die Unschärfe-Relation wurde in den zwanziger Jahren durch die Quantentheorie eingeführt. Und in noch jüngerer Zeit hat die Chaostheorie bestätigt, dass das alte Ideal des Newton'schen Determinismus eine Illusion gewesen ist. Die Wissenschaft wurde von der Vorstellung befreit, dass wir in einer absolut vorhersagbaren und streng determinierten Welt leben.

Damit können wir die Natur jetzt als *schöpferisch* ansehen. Charles Darwin und Alfred Russel Wallace gaben der Vorstellung, dass Pflanzen und Tiere von Mutter Natur selbst hervorgebracht worden sind, eine wissenschaftliche Formulierung. Die Physiker leugneten jedoch noch lange Zeit, dass die Evolution im Kosmos als ganzem eine Rolle zu spielen habe. Bis in die sechziger Jahre glaubten sie weiterhin, das All sei eine unkreative Maschine. Inzwischen sehen wir aber ein, dass eine schöpferische Evolution nicht auf den Bereich des biologischen Lebens beschränkt ist, sondern dass die evolutionäre Entwicklung des gesamten Kosmos ein gewaltiger schöpferischer Prozess ist.

Entgegen der Vorstellung, die Gesamtheit der Natur würde sich bald in Begriffen der mathematischen Physik verstehen lassen, hat es sich nun herausgestellt, dass neunzig bis neunundneunzig Prozent der Materie im All so genannte »dunkle Materie« sind, die uns vollständig unbekannt ist. Es scheint, als habe die Physik das kosmische Unbewusste entdeckt. Wir wissen nicht, was diese dunkle Materie ist, oder was sie tut, oder wie sie den Gang der Dinge beeinflusst.

Und mehr noch: Die evolutionäre Kosmologie zieht auch die alte Vorstellung von ewigen »Naturgesetzen« in Zweifel. Wenn denn die Natur sich entwickelt, warum sollten nicht auch die Naturgesetze einer Evolution unterworfen sein? Wie könnten wir wissen, dass es die »Gesetze«, die mich und dich beherrschen – die Kristallisation des Zuckers, das Wetter usw. –, dass es all diese Gesetze im Augenblick des Urknalls schon gab? In einem evolutionären Universum erscheint es sinnvoller, sich auch die Naturgesetze selbst in Entwicklung vorzustellen. Und ich halte es auch für sinnvoller, sich diese Regelungen der Natur eher als Gewohnheiten vorzustellen. Und solche Gewohnheiten der Natur entwickeln und verändern sich. Statt von einem ewigen mathematischen Geist regiert zu werden, könnte die Gesamtheit des Universums auf einem innewohnenden Gedächtnis beruhen. Das bildet die Grundlage meiner Hypothese der morphischen Resonanz, des Gedächtnisses in der Natur.[4]

Und schließlich können wir, statt alles in Begriffen immer kleinerer Stücke und kleinster Teilchen zu erklären, uns das Universum nun holistisch vorstellen, strukturiert in einer Reihe von Organisationsebenen innerhalb einer ineinander eingefalteten Hierarchie oder Holarchie. Auf jeder Ebene sind die Dinge sowohl Ganzes als auch Teile. Die Atome sind Ganzheiten, die aus subatomaren Teilchen bestehen, welche wiederum Ganzheiten einer niederen Ebene sind. Die Moleküle sind Ganzheiten, die aus atomaren Teilchen bestehen, während die Kristalle Ganzheiten sind, die aus Molekülteilchen bestehen. Und ebenso sind Zellen innerhalb von Geweben, Gewebe innerhalb von Organen, Organe innerhalb von Organismen, Organismen innerhalb von Gesellschaften, Gesellschaften innerhalb von Ökosystemen, Ökosysteme innerhalb von Gaia, Gaia innerhalb des Sonnensystems, das Sonnensystem innerhalb der Galaxie usw. – überall Ebenen innerhalb von anderen Organisationsebenen, jedes System gleichzeitig sowohl eine Ganzheit, die aus Teilen besteht, wie auch ein Teil innerhalb eines größeren Ganzen.

Auf jeder Ebene ist das Ganze mehr als die Summe seiner Teile. Ich gehe davon aus, dass eine solche Ganzheit auf dem beruht, was ich als ein *morphogenetisches Feld* bezeichne, ein organisierendes Feld, welches der Struktur des Systems zugrunde liegt. Solche morphogenetischen Felder werden durch die morphische Resonanz strukturiert. Sie haben ein Gedächtnis in sich, ja vielmehr sind sie Träger des der Natur innewohnenden Gedächtnisses.

Auf jeder Organisationsebene beleben die morphischen Felder die Organismen, geben ihnen ihre Gewohnheiten und ihre Fähigkeit, sich selbst zu organisieren. In diesem Sinne sind auch die Moleküle, Sterne und Galaxien lebendig, nicht nur die Mikroben, Pflanzen und Tiere. Und wenn sie lebendig sind, sind sie dann bewusst? Gehört zu ihnen auch ein Geist oder eine Intelligenz?

Betrachten wir Organisationsebenen wie Gaia, das Sonnensystem oder die Galaxie. Wenn die sie organisierenden Felder mit Geist, Intelligenz oder Bewusstsein in Zusammenhang gebracht werden, dann sprechen wir von übermenschlichem Bewusstsein. Wenn eine Galaxie Bewusstsein, Geist oder Intelligenz hat, dann ist dieser Geist unermesslich gewaltiger als derjenige einer Professorin in Harvard oder eines Intellektuellen in Paris.

Fox: Ja, während des Newton-Cartesianischen Industriezeitalters waren die Engel verbannt. In einer Maschine gab es keinen Platz für Engel. In einer Maschine gab es nicht einmal Platz für Seelen. Und die Engel wurden nicht nur verbannt, sondern auch trivialisiert. Denken wir nur an die Barockkirchen, die im 17. Jahrhundert gebaut wurden, dem Jahrhundert, in dem Wissenschaft und Religion sich spalteten. Die Religion übernahm die Seele, die dann immer introvertierter und winziger wurde, und die Wissenschaftler übernahmen das Universum. In der Barockarchitektur wurden die Engel zu knuffigen kleinen Babys, die man gerne knuddeln möchte. Wir brauchen heute eine Befreiung der Engel.

Die Befreiung der Engel

Eine Thematisierung der Engel ist seit dreihundert Jahren selbst den Theologen peinlich. Aber überall in der Bibel werden Engel erwähnt, ja, ganze Heere von Engeln. Wo immer von Kosmologie die Rede ist, tauchen die Engel auf.

Als im ersten Jahrhundert die christlichen Schriften geschrieben wurden, war eine Hauptfrage des Mittelmeerraumes: Sind die Engel unsere Freunde oder Feinde? Jeder im alten Griechenland und Rom glaubte an Engel; sie waren Teil der akzeptierten Kosmologie. Die Frage war jedoch, ob man diesen unsichtbaren Kräften des Universums, die die Planeten und die Elemente bewegten, trauen könne oder nicht. Wie vertrauenswürdig ist das Universum?

Das ist deshalb so interessant, weil im 20. Jahrhundert Einstein einmal gefragt wurde: »Welches ist die wichtigste Frage, die man sich im Leben stellen kann?« Seine Antwort war: »Ist das Universum ein freundlicher Ort oder nicht?« Das ist die gleiche Frage. Ich sage den bei mir Studierenden, dass sie jedes Mal, wenn in der Bibel Engel erwähnt werden, an Einstein denken sollen, denn es geht hier um das gleiche Thema. Es ist letztlich ein kosmologisches Thema. Können wir dem Kosmos trauen? Ist die Welt wohlwollend?

In den zahlreichen Hymnen auf den kosmischen Christus in der Bibel gibt es Anspielungen auf die Engel (zum Beispiel Römer 8,38-39; Epheser 1,20-21; Kollosser 1,15-16; Hebräer 1,3-4). Die frühen Christen antworteten auf diese im 1. Jahrhundert umgehende Frage: Christus hat Macht über die Engel und Erzengel, über die Mächte und Gewalten. Was sagen sie damit? Sie sagen: Ganz gleich, was diese unsichtbaren Mächte mit den Elementen des Universums tun, das Lächeln, das Gott uns durch den Christus gezeigt hat, bedeutet, dass wir ganz ruhig bleiben können – be cool: Das Universum ist ein freundlicher Ort. Es gibt eine wohlwollende Macht über den Engeln: Das ist der Christus. Die Überlieferung des kosmischen Christus wird in den Kontext der Angelologie gesetzt, weil sie im Rahmen von kosmologischen Begriffen entstanden ist.

Robert Monroe: Sky miracle (nicht retouchiertes Foto)

Sheldrake: Auch wenn die Himmel säkularisiert und mechanisiert worden sind, sind die Fragen doch nicht verschwunden. Als die religiöse Phantasie sich von den Himmeln zurückzog, wurde eine geistige Leere geschaffen, und weil die wissenschaftliche Phantasie so verarmt ist, ist Sciencefiction entstanden, die Lücke zu füllen. Die Himmel sind von den Phantasieprodukten der Sciencefiction-Autoren bevölkert worden. Manche dieser Autoren sind begabt und benutzen den Himmel als Projektionsfläche für interessante und wertvolle Geschichten. Die meisten davon sind jedoch banal. Sie reichen nicht aus, um uns ein wirkliches Gefühl der Ehrfurcht und des Staunens vor dem Universum zu vermitteln. Durch Zeitlöcher fliegende Raumschiffe, das dunkle Imperium, Star Wars, Space Cops und Aliens – all dies sind kaum zureichende Darstellungen der kosmischen Intelligenzen. Doch beeinflusst Sciencefiction am stärksten die Vorstellungen vieler Kinder vom All. Die kosmologische Leere, die durch die Vertreibung und Trivialisierung der Engel entstanden ist, wurde einfach den Sciencefiction-Autoren und Ufo-Fans überlassen.

Welch ein immenser Verlust! Die Konzepte der Sciencefiction wurden noch im Kontext des mechanistischen Universums vor der kosmologischen Revolution in den Sechzigern geschaffen und berücksichtigen die jüngsten Entdeckungen wenig. Unsere Sicht des Alls ist jetzt enorm erweitert auf unzählige Galaxien, Quasare, Pulsare, schwarze Löcher und fünfzehn Milliarden Jahre kosmischer Geschichte. Zu den jetzt anliegenden Dingen gehört, ein Empfinden für das Leben im All zu entdecken, sodass wir beim Blick auf die Sterne, beim Blick auf den Himmel uns dieser göttlichen Gegenwart im Himmel und der Intelligenzen und des Lebens darin bewusst sind.

Fox: Ja, wir entdecken heute wieder die Vorstellung einer lebendigen Erde, Gaia, die Mutter Erde der vielen Überlieferungen der Naturvölker; doch ebenso wichtig ist es, eine Vorstellung vom Leben im Himmel zu gewinnen und diese beiden zusammenzubringen. Jose Hobday, eine Frau aus dem Volk der Seneca, die bei uns lehrt, sagt, dass die Eingeborenen bei ihren Tänzen die Knie beugen, um in die Erde zu gehen, dass sie aber ihre Schultern rollen, um die Kraft von Vater Himmel aufzunehmen, und dass diese beiden Kräfte zusammen erst die Gesamtenergie ausmachen.

Resakralisierung

Wir haben den Himmel nicht nur säkularisiert, sondern auch unsere Raketen dorthinaus geschossen und unseren Müll dagelassen – wir sind da jetzt anwesend. Aber das Universum ist so viel gewaltiger, erstaunlicher, und es dehnt sich weiter aus, als wir es uns je vorgestellt hatten. Wir sprechen aber nicht nur über Raum, sondern auch über Zeit. Wir empfangen Licht aus Milliarden Jahren Vergangenheit. – Wenn wir unseren Umgang mit dem Himmel ebenso verändern wie den mit der Erde, dann sprechen wir über eine Resakralisierung der Zeit ebenso wie des Raumes.

Sheldrake: In der Vergangenheit hatten die Menschen ein Gefühl dafür, dass das, was auf der Erde geschah, im Verhältnis zu dem stand, was im Himmel geschah. Diese Überlieferung wird bis heute durch die Astrologie in lebendiger Form bewahrt. Leider hat sich jedoch im 17. Jahrhundert die Astrologie von der Astronomie abgespalten. Die Astrologie gab den Bewegungen der Himmel und ihren Verhältnissen zur Erde eine Bedeutung. Die Planeten tragen noch immer die Namen der Götter und Göttinnen wie Merkur, Venus und Jupiter, die in der christlichen Welt als Engel angesehen wurden. Diese planetarischen Gottheiten, Geistwesen oder Engel mit ihren verschiedenen Veranlagungen und Beziehungen betrafen das Leben auf der Erde.

In Indien glaubt man immer noch allgemein daran, dass die Beziehung zwischen dem Himmel und der Erde von außerordentlicher Wichtigkeit ist. Wenn die Leute eine Hochzeit vereinbaren, dann betrachtet – wie es immer noch oft geschieht – ein Astrologe die Horoskope der in Betracht kommenden Braut und des Bräutigams, um sicherzustellen, dass sie zueinander passen. Falls dies so ist, sucht der Astrologe dann die Zeit aus, zu der sie verheiratet werden sollen. Als ich in Indien lebte, war ich anfangs sehr überrascht, Hochzeitseinladungen von indischen Freunden und Kollegen zu erhalten, auf denen beispielsweise stand, dass die Heirat von Radha und Krishna um 3.34 Uhr morgens gefeiert werden würde, oder zu sonst einer exotischen Zeit. Und obwohl die Inder sonst fast immer zu spät kommen, sind sie bei solch einer wichtigen Angelegenheit pünktlich. Das Knüpfen des Knotens, der die beiden zur Ehe miteinander verbindet, geschieht in exakt dem Augenblick, in, dem ihre Vereinigung in Harmonie mit dem Himmel steht.

Astrologie zur Auswahl der richtigen Termine für wichtige Ereignisse wurde in England noch bis ins 18. Jahrhundert praktiziert – und im Weißen Haus durch Präsident Reagan und seine Frau sogar bis vor wenigen Jahren!

In der alten Kosmologie war die Beziehung zwischen dem Himmel und der Erde sehr wichtig; seit Astrologie und Astronomie sich aber gespalten haben, sehen die Astronomen keine Bedeutung mehr in den Ereignissen unter den Sternen. Sie sehen darin kein Leben, keine Intelligenz und kein Bewusstsein. Die Astrologen gehen dagegen von Bedeutungen, Mustern und Beziehungen zwischen den Geschehnissen des Himmels und denen der Erde aus, doch schauen die meisten leider nie zum Himmel auf. Ich kenne nur wenige Astrologen, die die Sterne und Planeten tatsächlich identifizieren können. Astrologie wird von Büchern aus oder heute auch von Computerprogrammen aus betrieben. Ich hoffe, dass irgendwann jemand beginnen wird, Astronomiekurse für Astrologen zu geben. Ich halte es für wichtig, beide Überlieferungen wieder zusammenzubringen. In vielen traditionellen Kulturen erzählen die Mythen davon, wie die Menschen entweder von den Sternen inspiriert worden sind oder tatsächlich von ihnen herkamen. Das Volk der Dogon in Westafrika zum Beispiel hat eine starke Beziehung zum Sirius, zum Hundestern. Und mir erscheint es durchaus möglich, dass ein Einfluss oder eine Inspiration von einem Stern auf einen Menschen übergeht, der sich bewusst dafür öffnet, indem er oder sie den Stern anschaut und sich mit der dortigen Intelligenz verbindet. Das haben jedenfalls die Menschen über Jahrhunderte hinweg geglaubt.

Hierarchie der Intelligenzen

Die Implikationen dieser Überlieferung sind umwälzend. Denn wenn wir die Sterne anschauen, dann erwägen wir nicht nur die Möglichkeit, dass um einige von ihnen Planeten mit Lebewesen kreisen, was ich für sehr wahrscheinlich halte, sondern dass die Sterne selbst eine Art Leben, Intelligenz oder Geist besitzen.

Die Sterne sind in größeren Einheiten, Galaxien, organisiert, von denen jede Milliarden Sterne enthält, und in deren Mitte sich ein galaktischer Kern mit noch unbekannten Eigenschaften befindet. Und es gibt Milliarden solcher Galaxien im All. Jede dieser Galaxien könnte eine sie beherrschende Intelligenz haben. Und Galaxien treten gewöhnlich in Haufen auf, welche wiederum einen organisierenden Geist haben könnten.

Auf diese Weise könnte es eine Hierarchie organisierender Intelligenzen geben. Galaxienhaufen umfassen Galaxien; Galaxien umfassen Sonnensysteme; und Sonnensysteme umfassen Planeten. Auf jeder Ebene gibt es eine Ganzheit, welche wiederum von einer höheren Ebene der Ganzheit umfasst wird. Auf diese Weise gibt es viele Organisationsebenen, die man sich jeweils mit einer bestimmten Art von Intelligenz oder Geist verbunden vorstellen kann.

Bei der Suche nach außerirdischen Intelligenzen, die von manchen Wissenschaftlern gern diskutiert werden, konzentriert man sich gewöhnlich auf die Möglichkeit, dass intelligente Wesen auf anderen Planeten Radiosignale übertragen, die mathematisch sinnvoll sind, wie etwa die Folge der Primzahlen, und dass wir aus solchen Signalen schließen können, dass es intelligente Wesen gibt, die mit uns in Kommunikation treten wollen.[4] Es könnte aber sein, dass die Kommunikation mit anderen Formen der Intelligenz viel direkter verläuft, dass sie nicht auf Radiowellen angewiesen ist, dass sie keiner Raumschiffe bedarf, dass sie nicht von Ufos abhängt. Ein direkter Mentalkontakt mit diesen himmlischen Intelligenzen könnte durch eine Art von Telepathie möglich sein.

Fox: Für mich besteht gar kein Zweifel daran, dass frühere, von uns als Naturvölker bezeichnete Zivilisationen viel mehr als wir über die Kommunikation über große Entfernungen ohne große Technik wussten. Das finden wir auch in Überlieferungen von manchen unserer westlichen Heiligen, die hellsichtig begabt waren.

Sheldrake: Und die Technik könnte sich in der Kommunikation mit Intelligenzen aus anderen Teilen des Universums auch als von sehr begrenztem Nutzen erweisen. Das zeitweise von der US-Regierung unterstützte SETI-Programm (Search for Extraterrestrial Intelligence) zeigt diese Begrenzungen ziemlich deutlich. Ausgangspunkt ist die Annahme, dass Einwohner eines einzelnen Planeten mathematisch sinnvolle Radiosignale aussenden würden, in der Hoffnung, dadurch andere intelligente Wesen irgendwo im Raum zu finden. Der Astronom Timothy Ferris bezeichnet dies als Szenarium der einsamen Herzen: »Einsame, technisch fortgeschrittene Spezies sucht ihresgleichen. Zweck: Kommunikation.«[5]

Selbst wenn wir solche Botschaften von einem Planeten eines nahe gelegenen Sternes empfangen und erkennen würden, erwiese sich eine Kommunikation als sehr langsam. Der nächstliegende Stern befindet sich 4,2 Lichtjahre entfernt, sodass schon bei einer unmittelbaren Antwort 8,4 Jahre zwischen dem Absenden der Botschaft und dem Empfang unserer Antwort liegen würden. Der Durchmesser unserer Galaxie beträgt 100.000 Lichtjahre, sodass ein Radiosignal von einem Ende der Galaxie zum anderen 100.000 Jahre brauchen würde und somit 200.000 Jahre vergehen würden, bis eine Antwort ankäme. Welche Zivilisation würde eine Überlebensdauer und ein Aufzeichnungssystem haben können, das der Kommunikation über solche Zeiträume angemessen wäre? Und was die Kommunikation mit Einwohnern von Planeten aus anderen Galaxien angeht, können wir das getrost vergessen! Die uns nächstgelegene reguläre Galaxie, die Andromeda-Galaxie, befindet sich 1,8 Millionen Lichtjahre entfernt, sodass die Antwort 3,6 Millionen Jahre brauchen würde. Bei Galaxien, die eine Milliarde Lichtjahre entfernt sind, würde die Antwort zwei Milliarden Jahre brauchen.

Engel vom linken Seitenportal der Kathedrale von Reims
(13. Jahrhundert)

Interstellare Kommunikation

Wenn die Übertragung von Gedanken jedoch schneller als das Licht erfolgen kann, dann sieht die Frage interstellarer oder intergalaktischer Kommunikation schon anders aus, wie auch dann, wenn wir unsere Vorstellungen über Intelligenzen irgendwo im Kosmos erweitern. Statt unsere Aufmerksamkeit auf biologische Organismen wie uns selbst zu fixieren, die in technischen Zivilisationen leben, könnten wir die Möglichkeit erforschen, dass Planeten, Sterne, Galaxien und Galaxienhaufen selbst eine Art Bewusstsein haben. Und an dieser Stelle könnten uns das überlieferte Verständnis und die Erfahrung mit kosmischen Intelligenzen durchaus helfen, insbesondere die Angelologie eines Dionysios Areopagita, einer Hildegard von Bingen oder eines Thomas von Aquin.

Betrachten wir zum Beispiel die Möglichkeit, die Sonne sei bewusst. Das ist keine sehr weit hergeholte Idee, nicht einmal im Rahmen der materialistischen Grundanschauungen der Schulwissenschaft. Materialisten glauben, dass unsere mentale Tätigkeit mit den komplexen elektromagnetischen Mustern unseres Gehirns zusammenhängt. Diese Muster elektromagnetischer Aktivität gelten allgemein als Schnittstelle zwischen Bewusstsein und physikalischer Gehirnaktivität. Man nimmt an, dass das Bewusstsein irgendwie aus diesen Mustern entsteht. Doch sind die komplexen elektromagnetischen Muster unseres Gehirns nichts im Vergleich zur Komplexität der elektromagnetischen Muster der Sonne.

Die Sonne ist eine Feuerkugel aus Plasma, die ihre Energie aus Kernfusionen erhält. Ein Plasma ist ein ionisiertes Gas und reagiert somit auf elektrische und magnetische

Einflüsse höchst empfindlich. Die Sonne ist Bühne für äußerst komplexe, rhythmische Muster elektromagnetischer Aktivität, die einen Zyklus von etwa zweiundzwanzig Jahren aufweisen. Ungefähr alle elf Jahre kehrt die magnetische Polarität der Sonne sich um: Ihr magnetischer Nordpol springt um zum Süden und umgekehrt. Und nach weiteren elf Jahren kehren die Pole wieder auf ihre frühere Position zurück. Diese Umkehrungen entsprechen den Zyklen der Sonnenfleckenaktivität, großen Ausbrüchen auf der Sonnenoberfläche. Diese Polaritätsumkehr ist verbunden mit komplexen harmonischen Schwingungszyklen, mit wirbelnden Resonanzmustern elektromagnetischer Aktivität.

Wenn man bereit ist zuzugeben, dass unser Bewusstsein mit solchen komplexen elektromagnetischen Mustern in Zusammenhang steht, warum sollte die Sonne dann kein Bewusstsein haben? Die Sonne könnte denken. Ihre mentale Aktivität könnte mit den komplexen und messbaren elektromagnetischen Ereignissen auf ihrer Oberfläche und in ihrer Tiefe zusammenhängen. Wenn es eine Verbindung zwischen unserem Bewusstsein und komplexen, dynamischen elektromagnetischen Mustern in unserem Hirn gibt, dann kann ich keinen Grund dafür sehen, die Möglichkeit einer solchen Verbindung in anderen Fällen und insbesondere bei der Sonne zu leugnen.

Und wenn die Sonne nun bewusst ist, warum dann nicht auch andere Sterne? Alle Sterne könnten eine mentale Tätigkeit, ein Leben, eine mit ihnen verbundene Intelligenz haben. Und das entspricht natürlich genau dem, was man in der Vergangenheit glaubte: dass Gestirne der Sitz von Intelligenzen sind, und dass diese Intelligenzen Engel sind.

Fox: Ich bin überrascht, das von dir zu hören. Damit hängst du dich wirklich weit aus dem Fenster. Ich habe dich noch nie so von der Sonne und den Sternen sprechen hören. Aber solche Vorstellungen würden eine Menge Implikationen für unsere Spiritualität haben. Wir müssten zum Beispiel unsere Gebetskreise in den Zusammenhang dieses gewaltigen, lebendigen, komplexen und staunenswerten Universums setzen. Heute können wir das mit Hilfe der Elektronik tun. Wir müssten die Liturgien aus den kleinen Büchern herausnehmen und wieder einer Kosmologie zuordnen. Dann werden auch die Engel wieder bei dem Kultgeschehen dabei sein.

Der Engel, der mit der unglaublichen Intelligenz der Sonne zu tun hat, sollte dabei sein. In unseren Gottesdiensten sollten wir ein Gefühl der Ehrfurcht – und Ehrfurcht umfasst immer auch Furcht – vor der Wirklichkeit erwecken. Das Universum ist unsere Heimat, und alles, worüber wir sprechen, ist unsere Heimat. Es ist der Tempel Gottes, es ist Gottes Zuhause.

Verblüffende Parallelen

Deshalb werden Engel häufig als Lichtwesen dargestellt, die den Glanz des Göttlichen reflektieren. Ich weiß, wie sehr es dich verblüfft hat, bei Thomas von Aquin zu lesen, dass die Engel sich ohne Zeitverlust von einem Ort zum anderen bewegen. Du sagtest, es erinnere dich an Einsteins Gedanken über das Licht. Wie steht es damit, die Engel als Photonen anzusehen, als Lichtträger?

Sheldrake: Wenn Thomas diskutiert, wie Engel sich von Ort zu Ort bewegen, dann haben seine Überlegungen außergewöhnliche Parallelen sowohl zur Quanten- als auch zur Relativitätstheorie. Engel sind gequantelt: Man hat entweder einen ganzen Engel oder überhaupt keinen, sie bewegen sich als Aktionseinheiten. Ihre Gegenwart kann man nur durch ihre Aktionen feststellen, sie sind Aktionsquanten. Und obwohl aus unserer Sicht, wenn sie zunächst an einem und dann am anderen Ort handeln, während ihrer Bewegung Zeit vergeht, ist aus der Sicht der Engel die Bewegung unmittelbar und ohne Zeitverlust. Das entspricht Einsteins Beschreibung der Photonenbewegung. Obwohl wir als außenstehende Beobachtende die Lichtgeschwindigkeit messen können, vergeht aus der Sicht des Lichtes selbst während seiner Bewegung keine Zeit. Es wird nicht älter. Bei der kosmischen Hintergrundstrahlung haben wir es noch immer mit Licht von vor 15 Milliarden Jahren, vom Urknall her, zu tun. Nach all dieser Zeit ist es immer noch da und immer noch gut wirksam.

Offenbar gibt es in der modernen Physik bemerkenswerte Parallelen zu den überlieferten Lehren über Engel; und ich glaube, dass diese Parallelen auftreten, weil man sich mit den gleichen Problemen beschäftigt hat: Wie kann sich etwas bewegen, das keine Masse, keinen Körper hat, aber bewegungsfähig ist? Nach Thomas von Aquin sind Engel masselos; sie haben keinen Körper. Gleiches gilt für Photonen: Sie sind masselos, man kann sie nur aufgrund ihrer Aktivität feststellen.

Fox: Bedeutet das, dass Photonen unsterblich sind?

43

Sheldrake: Ja, solange sie sich mit Lichtgeschwindigkeit von Ort zu Ort bewegen. Wenn sie jedoch in Aktion treten, werden sie durch diese Aktivität ausgelöscht, sodass sie in dieser Hinsicht zu einem Ende kommen. Im Zuge ihrer Aktivität geben sie ihre Energie weiter. Das unterscheidet sie wohl von den Engeln, nehme ich an.

Intelligenzen im evolutionären Prozess

Obwohl es zwischen moderner Physik und den mittelalterlichen Vorstellungen über Engel Parallelen gibt, ist doch die Evolutionstheorie derjenige Aspekt der modernen Naturwissenschaft, welcher die interessantesten Fragen aufwirft. Im Mittelalter wurde die Natur als statisch betrachtet: Der Kosmos, die Erde und die Lebensformen darauf entwickelten sich nicht. Innerhalb der Biologie wurde die Vorstellung einer Evolution in wissenschaftlicher Form zum ersten Mal 1858 von Darwin und Wallace formuliert. In der Physik wurde die Vorstellung einer kosmischen Evolution erst in den späten sechziger Jahren dieses Jahrhunderts orthodox, eine Folge aus der Urknalltheorie zur Entstehung des Universums. Inzwischen betrachten wir alles in der Natur als evolutionär. Das bedeutet, dass es in allen Bereichen der Natur eine kontinuierliche Kreativität gibt. Ist all dies eine Frage blinden Zufalls, wie Materialisten glauben? Oder sind im evolutionären Prozess leitende Intelligenzen am Werk?

Soweit ich weiß, war Alfred Russel Wallace einer der Ersten, die diese Möglichkeit untersucht haben. Nachdem

Darwin und er gemeinsam die Theorie der Evolution durch natürliche Auswahl veröffentlicht hatten, entwickelte Darwin einen düsteren Materialismus, welcher heute noch das Denken des Neodarwinismus, der orthodoxen Lehre der akademischen Biologie, durchzieht. Die gesamte Evolution muss durch Zufall zustande gekommen sein und durch unbewusste Naturgesetze; sie hat keinen Sinn und keinen Zweck.

Im Gegensatz dazu kam Wallace zu dem Schluss, dass mehr an der Evolution beteiligt sein müsse als die natürliche Auswahl und dass sie durch schöpferische Intelligenz geleitet sei, welche er mit den Engeln identifizierte. Sein Konzept wird im Titel seines letzten Buches zusammengefasst: »The World of Life: A Manifestation of Creative Power, Directive Mind and Ultimate Purpose« (Die Welt des Lebens: ein Ausdruck schöpferischer Kraft, richtunggebenden Geistes und umfassenden Sinnes)[6]. Über Darwin hören wir heute viel, jedoch kaum etwas über Wallace. Ich finde es faszinierend, dass diese beiden unterschiedlichen Konzepte der Evolution von den beiden Begründern der Evolutionstheorie aufgestellt wurden. Sie zeigen, dass man die Evolution auf recht unterschiedliche Weise deuten kann. Ist man Materialist, so kann die evolutionäre Kreativität nur eine Frage blinden Zufalles sein. Glauben wir jedoch an andere Kräfte oder Intelligenzen im Universum, dann gibt es auch weitere mögliche Quellen der Kreativität, ob wir sie nun als Engel bezeichnen wollen oder nicht.

Engel in der Evolution

Dadurch wird ein Problem aufgeworfen, mit dem sich Thomas und andere mittelalterliche Denkerinnen und Denker noch nicht auseinander setzen konnten, nämlich die Rolle der Engel in der Evolution. Wenn zum Beispiel eine neue Galaxie auftaucht, dann wird wohl der dazugehörige Engel, der über diese Galaxie gebietet, mit ihr zusammen ins Dasein treten müssen, wenn nicht alle Engel seit dem Augenblick des Urknalls schon da sind und auf ihren Auftritt warten.

Fox: Vielleicht werden Engel ja auch wieder eingesetzt, wie etwa diejenigen, die über den Dinosauriern schwebten, denn sonst wären sie ja seit sechzig Millionen Jahren arbeitslos.

Sheldrake: Solche Fragen waren für das Mittelalter noch nicht fassbar. Unsere evolutionäre Kosmologie hat für Engel nicht weniger Raum, sondern sehr viel mehr.

Fox: Ja, ich habe das starke Gefühl, dass mit der Wiederkehr einer lebendigen Kosmologie auch die Engel zurückkommen, denn sie sind Teil jeder gesunden Kosmologie. Vielleicht werden die Engel selbst unserer Kultur ein wenig von der Phantasie bringen, die wir brauchen.

In meinem Buch »Vision vom kosmischen Christus«[7] prägte ich den Ausdruck »Tiefenökumene«. Tiefenökumene geht für mich über die Beziehungen der Weltreligionen zueinander auf der Ebene von Doktrin und theologischen Studienpapieren hinaus und bedient sich mehr ihrer mystischen Überlieferungen sowie des gemeinsamen Betens und Feierns von Ritualen.

Alle religiösen Überlieferungen, die wir kennen, haben etwas über Engel, Geister und andere außermenschliche Wesen zu sagen. Buck Ghosthorse, ein spiritueller Lehrer der Lakota, sagte mir einmal: »Was ihr Christen als Engel bezeichnet, nennen wir Indianer Geister.« Das ist ein gemeinsamer Boden, auf dem alle unsere religiösen Überlieferungen sich heute treffen können, in einer Tiefenökumene. Engel lassen sich nicht als buddhistisch, muslimisch, hinduistisch, lutherisch, anglikanisch oder römisch-katholisch benennen; sie sind überkonfessionell.

Engel in allen Kulturen

Gewiss werden Engel ein Teil der tiefenökumenischen Bewegung sein. Wir leben in einer geschichtlichen Epoche, in der wir als Menschheit uns fragen müssen: Was haben wir miteinander gemeinsam? Die Grenzen zwischen Kulturen und Religionen schmelzen dahin. Das macht eine ernsthafte Diskussion über unsere abendländische Tradition der Engel umso wichtiger, nicht aus Dominanzstreben, sondern damit wir unsere eigene Überlieferung gut genug kennen lernen, sodass wir uns nicht erschreckt oder bedroht fühlen, wenn wir den Engeln oder Geistwesen anderer Traditionen begegnen. So können wir auf die Bindeglieder, die gemeinsamen Wahrheiten zwischen den verschiedenen Traditionen blicken.

Marc Chagall: Die Erschaffung des Menschen (1956)

Bei unserer Suche nach Weisheit sind heute die schamanischen Traditionen der Welt besonders wichtig. Die so genannten Naturvölker lebten und überlebten Tausende von Jahren unter schwierigsten Bedingungen, wie etwa wilde Tiere, widrige Witterungsverhältnisse, Eiszeiten o.Ä. Sie mussten dabei Wege finden, Gemeinschaft aufzubauen, zu heilen, zu lehren und zu lernen. Hier gibt es eine gewaltige Überlieferung, die fast, wenn auch nicht ganz, verloren gegangen ist und die sehr viel mit Geistern und mit Engeln zu tun hat. Beim Beten mit Indianervölkern habe ich Reste davon erlebt, sie füllen in meiner eigenen religiösen Erfahrung eine Lücke. Auch unsere keltischen Vorfahren kannten eine wohl entwickelte Theologie der Engel und Schutzgeister.

Sheldrake: Ja, das Bewusstsein von nichtmenschlichen Geistern gehört zum Grundbestand religiöser Erfahrung praktisch aller Traditionen, wahrscheinlich seit wir Menschen geworden sind. Darin könnte der Urgrund religiöser Erfahrung liegen. Das Bewusstsein von Geistwesen liegt vor der Vorstellung eines einzelnen Gottes. Bezeichnenderweise kennt die christliche, jüdische und islamische Überlieferung, ebenso wie die hinduistische und buddhistische, die Gegenwart einer Vielzahl von Geistwesen. Selbst in der monotheistischsten aller Glaubensformen, im Islam, finden wir keine Leugnung der Engel. Dieser uralte Strang religiöser Erfahrung wird nicht geleugnet, sondern durch die spätere Evolution der Religionen eher erweitert.

Die Verbannung der Engel aufheben

Fox: Und doch gibt es in der Menschheitsgeschichte einen Augenblick, wo diese Geister exkommuniziert wurden, und zwar in den letzten Jahrhunderten, der so genannten Moderne. Das zeigt, welch ein erstaunlicher Bruch und welche Verdrehung in den letzten Jahrhunderten im menschlichen Bewusstsein stattgefunden haben, als wir versuchten, uns aus unserer Beziehung zu Engeln und Geistern herauszulösen. Das erklärt, wie ich glaube, auch den Preis, den wir in Form von ökologischen Katastrophen, Kriegen und Gier gezahlt haben. Die äußerste Säkularisierung unseres Verhältnisses zu den Engeln besteht wohl darin, sie in die Lächerlichkeit und Sentimentalität zu verbannen.

Sheldrake: Oder sie auf bloße Manifestationen unserer eigenen Psyche zu reduzieren. Viele Leute würden heute wohl sagen: »Gut, die Menschen erleben Engel. Aber das sind bloße Auswüchse ihrer eigenen Phantasie. Engel existieren nicht außerhalb von uns, sie existieren rein subjektiv, nur im Geist der Menschen.«

Es fällt den Menschen nicht schwer, die bloß subjektive Existenz von Engeln anzunehmen. Die große Herausforderung liegt aber darin, das objektive Dasein nichtmenschlicher Existenzen anzunehmen, und dieser Herausforderung stehen wir jetzt gegenüber.

Fox: Ich glaube, wir sollten die Tiefenökumene auch auf die Wissenschaft ausdehnen. Welche Implikationen hat die heutige Naturwissenschaft für die Wiederentdeckung der reichhaltigen, tiefen und umfassenden Erkenntnis der Engel, die uns aus der abendländischen Tradition entgegenkommt, wie sie von Dionysios, Hildegard und Thomas von Aquin repräsentiert wird?

Sheldrake: Das ist eine sehr wichtige Frage, denn die Entdeckungen der heutigen Wissenschaft gehen weit über das hinaus, was irgendeine Tradition der Vergangenheit bisher in den Blick bekommen konnte. Unsere Vorfahren hatten keine Teleskope oder Radioteleskope und keine Ahnung von der Weite des Universums, die die Wissenschaft uns jetzt eröffnet hat, keine Kenntnisse der Vielfalt der Himmelskörper oder der Geschichte der kosmischen Evolution. Wenn wir das alte, maschinenartige Universum nun verlassen und uns auf eine organischere Vorstellung einer sich entwickelnden Natur zubewegen, dann müssen wir uns fragen, welche Arten von Bewusstsein es im Universum außer unserem eigenen gibt.

Dionysios Areopagita

Dionysios lebte im 6. Jahrhundert wahrscheinlich in Syrien. Jahrhundertelang wurde er irrtümlich mit Dionysios Areopagita identifiziert, der von Paulus in Athen bekehrt worden war (Apostelgeschichte 17, 34). Richtiger wird er als Dionysios Pseudo-Areopagita bezeichnet und ist auch als Pseudo-Dionysios bekannt. Bis ins 16. Jahrhundert hinein verlieh diese Verwechslung seinen Schriften große Autorität, und seine Wirkung auf die orthodoxe und die westliche Theologie war enorm.

Stark durch den neuplatonischen Philosophen Proklus (411-485 n. Chr.) beeinflusst, verband er in seinen vier Hauptwerken den Neuplatonismus mit dem Christentum: Über die himmlische Hierarchie, Über die kirchliche Hierarchie, Über die göttlichen Namen, und Mystische Theologie. In seinem Buch über die himmlischen Hierarchien diskutiert er ausführlich die neun Engelordnungen als Mittler zwischen Gott und der Menschheit; und aus diesem Werk, welches die christliche Angelologie stark geprägt

53

hat, stammen die meisten der folgenden Zitate. Seine Theologie wurde als »gemäßigt monophysitisch« bezeichnet, wobei der Monophysitismus eine häretische Lehre war, welche die menschliche Seite Christi in der Inkarnation leugnete. Auf dem Laterankonzil im Jahre 649 wurden seine Werke dann jedoch verwendet, um extremere monophysitische Denker zu bekämpfen, und diese Berufung eines kirchlichen Konzils auf sein Werk half mit, seine Lehrautorität zu festigen. Da Dionysios sich ausführlich über die neun Engelchöre äußert, auf die Paulus nur anspielt, bekam seine Angelologie auf die christliche Theologie einen gewaltigen Einfluss.

Die Vielfalt der Engel

■ Die biblische Überlieferung über die Engel spricht von Tausend mal Tausend und Zehntausend mal Zehntausend, multipliziert also die höchsten geläufigen Zahlen mit sich selbst. Sie gibt dadurch klar zu erkennen, dass die Ordnungen der himmlischen Wesen für uns unzählbar sind. Zahlreich sind nämlich die seligen Heerscharen der Gedanken jenseits unserer Welt. Ihre Zahl übersteigt das schwache und beschränkte Maß der in unserer materiellen Welt verwandten Zahlen.[1] ■

Fox: Dionysios stellt seine Besprechung der Engel in die Weite des Kosmos und nennt Zahlen, die für uns unzählbar sind. Jahrhunderte später wird Meister Eckhart sagen, dass die Engel zahlreicher sind als Sandkörner auf der Erde. Wir reden hier also über eine gewaltige Ansammlung, eine Herausforderung an unsere Phantasie. Um ein Gefühl für die Zahl der Engel zu bekommen, müssen wir über die uns bekannten Zahlen hinausgehen, ihnen einfach weitere Nullen hinzufügen.

Sheldrake: Da wir große Zahlen gewöhnlich als astronomisch bezeichnen, fällt uns wieder die Verbindung mit den Sternen ein. Wir erkennen jetzt einen Kosmos, der erfüllt von unzähligen Galaxien ist, von welchen jede Milliarden Sterne umfasst. Beim Blick auf den Nachthimmel können wir nur Sterne unserer eigenen Galaxie sehen, deren Hauptteil wir als Milchstraße wahrnehmen. Wenn die Engel mit den Sternen in Verbindung stehen, würde sich daraus eine, im wörtlichen Sinne, astronomische Anzahl von Engeln ergeben.

Fox: Astronomische Zahlen und astronomische Wesenheiten.

Sheldrake: Ja, und wenn wir uns die Engel als verbunden mit den verschiedenen Wesen in der Natur vorstellen, dann müssen wir auch die Millionen biologischer Spezies auf der Erde und auf wahrscheinlich Milliarden anderer Planeten um andere Sterne und in anderen Galaxien mit in Betracht ziehen. Und wiederum sind diese Planeten selbst Organismen, wie auch unser Planet, Gaia. Unsere Phantasie bleibt winzig gegenüber der ungeheuren Zahl von Organisationsformen in der Natur, wie Dionysios es auch gegenüber den Engeln sagt.

Fox: In dem Zusammenhang scheint es passend, sich einem der Lieblingsthemen des Dionysios zuzuwenden, der Hierarchie. Mit seinem Buch »Über die himmlische Hierarchie« scheint Dionysios den Hierarchiebegriff selbst erfunden zu haben.

Hierarchien, Felder und Licht

■ Hierarchie ist meines Erachtens eine geheiligte Ordnung, Erkenntnis und Tätigkeit, die sich Gott so gut wie möglich angleicht und sich – entsprechend den ihr von Gott her eingegebenen Erleuchtungen – nach dem jeweiligen Verhältnis zur Nachahmung Gottes erhebt. Die gottgemäße Schönheit allerdings geht als solche grundsätzlich keine Verbindung mit etwas ihr Ungleichem ein, weil sie unteilbare Einheit, Wert und Ursache der Vollkommenheit ist, wohl aber gewährt sie jedem an ihrem eigenen Licht Anteil, wie es ihm zukommt. Sie führt in einer göttlichen Weihehandlung die Geweihten in dem Maß zur Vollendung, wie sie sich in Harmonie mit dem Ganzen ohne Abweichung auf sie hin haben bilden lassen.

Zweck der Hierarchie ist demnach: Angleichung an Gott so gut wie möglich und Einswerdung mit ihm als Führer und Geleiter zu jeder Art geheiligter Erkenntnis und Tätigkeit im Hinblick auf seine reinste göttliche Schönheit. Diese prägt so weit wie möglich die daran Teilhabenden zu prächtigen Bildern Gottes und vervollkommnet sie zu klaren und fleckenlosen Spiegeln, die den Strahl vom Quell des Lichts, vom Gottesprinzip, aufnehmen; sich von dem verliehenen Glanz in geheiligter Weise erfüllen lassen und ihn vorbehaltlos auf das Nachgeordnete ausstrahlen, wie es das Gottesprinzip bestimmt. Nach diesen Bestimmungen ist es nämlich weder denen, die in Heiliges einweihen, noch denen, die eingeführt werden, erlaubt, in irgendeiner Weise außerhalb des heiligen Prinzips, das auch ihre eigenen Weihen begründet, tätig zu werden. Sie dürfen nicht einmal in einer abweichenden Weise existieren, wenn sie den von diesem Prinzip ausgehenden, gottgleich machenden Glanz begehren und mit dem geziemenden Respekt vor dem Heiligen darauf achten und sich von ihm prägen lassen, wie es der Stellung eines jeden der geheiligten Geister gebührt.

Also: Wer das Wort »Hierarchie« ausspricht, bezeichnet ganz allgemein eine Art von geheiligter Gliederung, Abbild der Schönheit des Gottesprinzips, welche in hierarchisch gegliederten Ordnungen und Erkenntnissen die Mysterien ihrer eigenen Erleuchtung begeht und sich an das ihr eigene Prinzip angleicht, so weit es ihr zusteht. Denn für alle an der Hierarchie Beteiligten bedeutet Vervollkommnung: im Rahmen der Möglichkeiten des jeweiligen Standes zur Nachahmung Gottes aufzusteigen und, was ja göttlicher als alles ist, »Gottes Mitarbeiter« zu werden, wie die Bibel schreibt, und die göttliche Wirkung so weit wie möglich an sich offenbar werden zu lassen. Das heißt: Da es Ordnung der Hierarchie ist, dass die einen gereinigt werden, die anderen reinigen, die einen die Erleuchtung bekommen, die andern die Erleuchtung vermitteln, die einen in den Stand der Vollendung eingeführt werden, die andern diesen Stand bewirken, wird zu jedem seine Art der Nachahmung Gottes passen.[2] ■

Sheldrake: Was Dionysios hier ausführt, gehört zu der neuplatonischen Vorstellung der Emanation von dem Einen, der Quelle, aus welcher alle Dinge ausfließen. In der Antike war die Vorstellung einer Kette des Daseins sehr wichtig und blieb auch bis in die Moderne hinein ein verbreitetes Thema. Es gibt eine Quelle des Daseins und dann die jeweiligen Abstufungen des Daseins darunter, welche immer abgeschwächter werden, je weiter der Abstieg in die Materie geht. Das scheint mir der neuplatonische Hintergrund des dionysischen Denkens zu sein. Stimmst du mir zu?

Fox: Ja, und ich finde es schwer, heute damit umzugehen. Die Idee, dass alles aus einer Quelle ausfließt, ist gut. Dieses Bild vermittelt mir auch die heutige Schöpfungsgeschichte, in welcher alles mit einem stecknadelkopfgroßen Feuerball begann. Aber die Vorstellung, dass Wesenheiten, um geistig zu sein, der Materie fern sein müssten, halte ich für einen der großen Fehler des hellenistischen Denkens, aus dem alle möglichen Arten des Dualismus hervorgegangen sind.

Und ich glaube auch, dass die Rede des Dionysios noch anderes umfasst, wenn er zum Beispiel in seinem ersten Satz vom »Erheben« spricht. Die Vorstellung des Herabströmens von der Spitze nach unten legt uns nahe, das unten Befindliche abzuwerten, ob das nun die Erde ist, auf der wir stehen, oder die unteren Chakren unseres eigenen Wesens.

Es ist ein im Neuplatonismus liegendes Problem, bei dem ich mich nicht wohl fühle. Dadurch, dass in unserem Jahrhundert die Energie in der Materie und der Geist in der Materie zusammengekommen sind, konnten diese falschen Vorstellungen eines Dualismus von Materie und Geist ausgeräumt werden.

Interessant ist aber die Art, wie Dionysios die Hierarchie beschreibt: eine heilige Ordnung, ein Wissen und eine Tätigkeit in der Teilhabe an der Gottähnlichkeit und natürlich ein Antworten im Hinblick auf das Ebenbild Gottes. Ein solches Verständnis ist nützlich.

Interessanterweise bezieht sich seine nächste Definition der Hierarchie auf die Schönheit Gottes. Er weist darauf hin, dass die erste Gabe, die aus der Quelle ausströmt, Schönheit und Licht sei. Schönheit ist für ihn Licht. Und das ist wunderbar. Ich halte es heute für äußerst wichtig, dass wir die Schönheit wieder als einen anderen Namen der Gottheit entdecken. Die Sehnsucht nach ihr liegt zum Beispiel der Leidenschaft für die ökologische Gerechtigkeit zugrunde. Schönheit ist eine der großen Energiequellen, die wir als Individuen besitzen, und unser Erleben der Schönheit gehört zum gemeinsamen Erbe unserer Spezies.

Sheldrake: Gibt es da aber nicht ein Problem mit dem Bild Gottes als der Quelle des Lichts? Das impliziert doch, dass man an der Spitze die hellste Quelle hat; und weiter entfernt davon vermischt sie sich mit Dunkelheit, und diese Dunkelheit wird dann eine andere neuplatonische Vorstellung der Materie.

Jessi Oonark: Eskimo-Schamane im Flug (1971)

Fox: Genau.

Sheldrake: In dieser Sichtweise gehört Dunkelheit nicht zum Göttlichen, sondern ist ein negatives Prinzip. Wenn wir Dunkelheit und Licht als polare Prinzipien innerhalb des Göttlichen sehen, dann bekommen wir ein ganz anderes Bild. Wir haben eine Sicht von unten nach oben wie auch von oben nach unten. Wir sehen, dass das Vermischen von Licht und Materie, das Herabfließen von einer hellen Quelle nicht etwas völlig Negatives oder eine Verwässerung des ursprünglich göttlichen Prinzips ist.

Fox: Ich habe das erfahren, als ich die Nacht über in Wäldern wach geblieben bin; mir wurde klar, dass die Nacht nicht nur die Abwesenheit der Sonne ist, sondern dass sie ihre eigene Kraft hat. Die Dunkelheit bricht herein. Sie hat ihre eigene Energie; und das geht in der neuplatonischen Sicht der Dinge verloren. Sie wertet die Materie ab, sie wertet die Dunkelheit ab, und sie wertet das Untere ab.

Meister Eckharts »Oben ist unten, und unten ist oben«, klingt viel zeitgemäßer. Buckminster Fuller sagt, dass die Benutzung der Worte oben und unten seit vierhundert Jahren überholt ist, weil in einem gekrümmten Universum die Dinge zwar hinein- und hinausgehen, aber nicht hinauf- und hinuntergehen können.

Deswegen halte ich die ganze Vorstellung des Kletterns auf der Jakobsleiter, den gesamten Archetypus des Hinaufsteigens für eine Flucht aus der *materia* – der Mater, der Mutter, der Erde. Das gehört zur hierarchischen Weltsicht, die für den Neuplatonismus selbstverständlich war und die wir heute nicht mehr hinnehmen können.

Es ergeben sich daraus auch wichtige politische Implikationen. In dem Text selbst gibt es zum Beispiel eine Aussage, eine Fußnote, die ich ziemlich beunruhigend finde. Es handelt sich um ein Zitat von Proklus, einem der einflussreichsten neuplatonischen Philosophen: »Eine Eigenschaft der Reinheit ist es, herausragendere Naturen von den untergeordneteren fern zu halten.«

Eine solche Definition von Reinheit bedeutet: Halte deine Hände sauber, bewahr dich vor denen, die unter dir stehen. Damit lässt sich natürlich jede Neigung zu einem Klassenvorurteil nähren. Es fördert eine Mentalität der Unberührbarkeit, wodurch sich diese neuplatonische Philosophie des Proklus, Plotin oder Dionysios von der biblischen Überlieferung unterscheidet, welche die ärmeren Dinge des Lebens als rein nach ihrem eigenen Maß ehrt und im Kreis der Wesen, in welchem wir alle leben, willkommen heißt. Auch die Naturvölker denken in Begriffen eines Kreises des Daseins und nicht einer Leiter. Daraus ergibt sich die Frage: Können wir diesen Archetypus einer Kette des Daseins so verändern, dass wir sie mehr als Kreis oder Spirale denn als Leiter sehen?

Sheldrake: Ich glaube ja. Ich glaube aber, dass in dem Bild von oben und unten auch ein Wert liegt. Wenn wir nach oben schauen, dann sehen wir den Himmel. Das Hinaufschauen zum Himmel ist sehr wichtig und in unserer modernen Zeit schauen die meisten nicht genügend hinauf. Unser Blick ist auf die Erde fixiert und auf die irdischen Dinge. Fast alles, was wir kaufen und verkaufen, stammt von der Erde, wie auch das Geld, mit dem wir kaufen und verkaufen. Das All, die Umwelt des Himmels, das grenzenlose Potential des Raumes, die ungeheure Vielfalt himmlischer Wesen fallen einfach nicht mehr in unseren Blick.

Fox: Schauen wir dabei wirklich hinauf oder schauen wir hinaus? Wenn du zum Beispiel hoch genug kommst, sagen wir auf einen hohen Berg, in einem Flugzeug oder Satelliten, dann weißt du, dass du hinausschaust, und dann wird das Universum erst richtig weit. Mit anderen Worten: Wir schauen nur deshalb auf so begrenzte Weise hinaus, weil sich unsere Augen nicht auf unserem Scheitel befinden. Wir haben da eine Art biologisches Problem, dass wir unseren Kopf verrenken müssen, um ein paar Sterne zu sehen. Aber das ist nicht immer so. Wenn es Horizonte gibt – ich mag dieses Wort, Horizonte – dann schauen wir über die Erde hinaus. Dabei denke ich an das, was sie in Montana als großen Himmel bezeichnen, wo man den Horizont dahinten richtig spüren kann, wo du den Himmel einfach siehst, indem du geradeaus schaust. Und ich erinnere mich auch noch daran, wie ich in Süddakota einmal aus einer Schwitzhütte kam und die Milchstraße regelrecht aufflammte: Du konntest alle Sterne sehen, und sie liefen wie ein Regenbogen von der Erdoberfläche in die Krümmung des Raumes über uns und auf der anderen Seite wieder zur Erde hinunter.

Aber wie du schon sagst, sind die Menschen in den Städten gezwungen hinaufzuschauen, weil wir den Horizont zerstört haben. – Auf jeden Fall stimme ich mit deinem wesentlichen Gesichtspunkt voll überein, dass uns in unserer Art zu schauen die Weite des Kosmos abgeht.

Sheldrake: Ich finde auch, dass Hinausschauen ein guter Ausdruck ist. Und die beste Art, die Sterne zu betrachten, ist im Liegen. Dann braucht man den Hals nicht anzustrengen und kann den Himmel wirklich bewundern. Ich vermute, dass die frühesten Himmelsgucker solche Menschen wie zum Beispiel Hirten waren, die unter freiem Himmel schliefen.

Zum Horizont hinauszuschauen ist ein wichtiger Weg. Die meisten Megalithen der Alten Welt, wie etwas Stonehenge, waren Observatorien, um das Auf- und Untergehen der Himmelskörper gegen den Horizont zu beobachten. Die Steine teilten den Horizont in Bögen oder Bereiche auf.

Die Idee einer Hierarchie ist auch noch auf andere Weise bedeutsam. In jeder holistischen Weltanschauung – zum Beispiel in Whitehead's organischer Naturphilosophie oder in der holistischen Weltsicht, die sich in der heutigen Wissenschaft und Philosophie entwickelt – ist es wesentlich, dass auf jeder Organisationsebene das Ganze mehr ist als die Summe seiner Teile. Die Natur besteht aus einer Reihe sich unterscheidender Ebenen, was man eben gewöhnlich als Hierarchie bezeichnet. Am besten bezeichnet man das als eine eingefaltete Hierarchie (nested hierarchy), weil es Ebenen innerhalb von Ebenen gibt. In einem Kristall zum Beispiel trifft man, wenn man ihn als Ganzes betrachtet, auf Moleküle. Und jedes der Moleküle innerhalb dieses Kristalls besteht selbst wieder aus Atomen, und auch jedes Atom ist ein Organismus für sich mit einem Kern und Elektronen in der Hülle. Und jeder Atomkern besteht dann wieder aus Neutronen, Protonen und den Kräften, die diese zusammenhalten, und so weiter.

Diese verschiedenen Organisationsebenen begegnen uns überall. Unser eigener Körper als Ganzheit zum Beispiel beinhaltet Organe, Gewebe, Zellen, Organellen und Moleküle. Und wir als individuelle Organismen sind wiederum Teile eines größeren Systems. Wir sind Teile einer Gesellschaft, und Gesellschaften gleichen Organismen auf höherer Ebene. Diese existieren in Ökosystemen. Und dann gibt es da den Planeten, Gaia, dann das Sonnensystem, welches eine Art Organismus darstellt; dann die Galaxie und Galaxiengruppen.

Wenn wir uns die Natur auf diese Weise anschauen, finden wir auf jeder Ebene eine Ganzheit, die mehr ist als die Summe ihrer Teile; und die Ganzheit umfasst die in ihr enthaltenen Teile. Es gibt keinen Planeten unabhängig von seinem Sonnensystem, immer muss er ein Teil eines größeren Ganzen sein. Man kann auch kein Sonnensystem unabhängig von Galaxien behaupten, soweit wir jedenfalls wissen. Genauso wie San Francisco eine Stadt innerhalb der Vereinigten Staaten ist. Die Vereinigten Staaten sind größer als San Francisco, und die Vereinigten Staaten wiederum sind nur ein Teil des amerikanischen Kontinents...

Mit dieser Art von Organisationsmustern sind wir in jeder Hinsicht vertraut: geographisch in der Zusammensetzung der Natur; sogar in der Art, wie unsere Sprache organisiert ist, mit Phonemen in Silben, Silben in Wörtern, Wörtern in Phrasen, Phrasen in Sätzen: alles ineinander eingefaltete Hierarchien.

Für diese eingefalteten Hierarchien hat Arthur Koestler ein anderes Wort vorgeschlagen: Holarchie. Er zog das Wort »Holarchie« vor, weil es nicht so an eine Priesterherrschaft erinnert.

Diese ineinander eingefalteten Hierarchien oder Holarchien der Natur lassen uns einen Sinn in dem erkennen, worüber Dionysios spricht. Wir können uns die Engelhierarchien in einem solchen inklusiven Sinne vorstellen. Manche Engel könnten zum Beispiel den Engeln der Galaxien entsprechen, andere den Engeln des Sonnensystems, und wieder andere denen der Planeten. Und so, in einer Reihe konzentrischer Kugeln, wurden die himmlischen Hierarchien auch oft dargestellt.

Fox: Ich glaube, es geht da auch um eine dreidimensionale Beziehung. Wenn wir es auf eine zweidimensionale Leiter reduzieren, dann fällt uns das Motiv der Herrschaft und Dominanz auf. Betrachten wir dies aber als Kugeln innerhalb von Kugeln, dann stehen diese nicht aufeinander, um einander Befehle zu geben, sondern haben jeweils ihren eigenen Raum und ihre eigene Stellung.

Einen Punkt wollte ich bei den Aussagen des Dionysios über die Hierarchie noch gern betonen, nämlich, dass ein jedes Wesen »nach der Möglichkeit seines Standes« an der göttlichen Ordnung und der Ebenbildlichkeit teilhat und »wie die Schrift sagt, Gottes Mitarbeiter wird und die göttliche Wirkung an sich offenbar werden lässt«. Er sagt, die Hierarchie sei eine heilige Ordnung, eine Erkenntnis und eine Tätigkeit. Die Tätigkeit fließt aus von dieser Teilhabe an der Schönheit; und Gottes Mitarbeiterinnen und Mitarbeiter zu sein ist, wie er sagt, Nachahmung Gottes. Ich denke, das verleiht seinem Bild der Hierarchie eine dynamische Dimension.

Der Ausdruck Holarchie gefällt mir sehr gut. Wir müssen

neue Wörter erfinden, weil gerade ein Wort wie »Hierarchie« so viel Gewicht bekommen hat, vielleicht viel mehr, als Dionysios je beabsichtigte. Politische Unterdrückung und vieles andere stecken darin. Der beste Teil des Wortes Hierarchie scheint mir in »*Hier*-« zu liegen. Beim Wort Hierarchie denken in unserer Sprache die meisten an etwas Hohes, daran, dass die, die oben sind, die Unteren ausbeuten. Das ist natürlich nicht so: *hieros* ist griechisch und bedeutet heilig. Weil wir den Sinn für das Heilige im All und auf der Erde verloren haben, sind wir in unsere Probleme geraten.

Sheldrake: Ich finde Holarchie gut, weil *hieros* nicht nur heilig, sondern auch ganz bedeutet. Das englische Wort »*holy*« hat die gleiche Wurzel wie »*whole*«. Und so bedeutet auch das griechische *holos* ein Ganzes.

Fox: Dionysios benutzt da noch einen anderen kraftvollen Ausdruck: »Diese (göttliche Schönheit) prägt so weit wie möglich die daran Teilhabenden zu prächtigen Bildern Gottes und vervollkommnet sie zu klaren und fleckenlosen Spiegeln, die den Strahl vom Quell des Lichts, vom Gottesprinzip, aufnehmen.«

Hildegard von Bingen sagt, dass jedes Geschöpf ein glänzender, leuchtender Spiegel der Gottheit sei. Das ist Überlieferung, eine wunderbare Überlieferung. Gott schaut auf uns wie in einen Spiegel und sieht darin das göttliche Selbst. Wir sind göttliche Spiegel. Und natürlich brauchen Spiegel Licht. Ein Spiegel im Dunkeln ist nicht sehr nützlich. Spiegel sind bedürftig, sie müssen etwas empfangen.

Der Spiegel ist in der mystischen Überlieferung ein sehr verbreitetes Motiv; der Ausdruck »spekulative« Mystik bedeutet sogar Spiegelmystik. Das lateinische Wort für Spiegel lautet nämlich *speculum*. Dionysios sagt also, dass die Dinge Spiegel der Gottheit seien. Es geht nicht um das Spekulieren und darum, die Mystik in einen philosophischen Akt der Rationalisierung zu wenden, sondern darum, das Spiegelbild in den Dingen zu finden. Alles spiegelt Gott.

Und die Engel haben dann eine besondere Kraft des Spiegelns. Vielleicht ist es wie mit den ausgefeilten Spiegeln im Hubble-Teleskop. Sie stellen einen Sprung in der menschlichen Kunst der Spiegelherstellung dar und waren sehr wichtig, um mehr Licht in unsere Fernrohre zu bringen und mehr vom Universum zu sehen. Der Spiegel ist eine wundervolle technische Erfindung.

Sheldrake: Um mit der Idee der Hierarchie fortzufahren: Wichtig an der Organisation natürlicher Holarchien ist, dass man sie sich als Organisationsebenen durch Felder vorstellen kann. Ich nenne diese Felder *morphogenetische Felder*, die Felder, die die Gestalt und Organisation eines Systems bestimmen. So können wir uns vorstellen, dass eine Galaxie ihr eigenes Feld hat, ein Sonnensystem sein Feld hat, und auch ein Planet. Die Ebenen umfassender Organisation stellen auch Ebenen umfassender Felder dar. Auch ohne meine Theorie der morphogenetischen Felder haben wir eine Vorstellung eines galaktischen Schwerkraftfeldes oder eines solaren Schwerkraftfeldes, welches das gesamte Sonnensystem zusammenhält und die Planeten um die Sonne kreisen lässt, oder eines Schwerkraftfeldes der Erde, welches uns auf der Erde hält und den Mond in seiner Umlaufbahn. Es gibt auch Magnetfelder der Galaxie, der Sonne und der Erde und mit ihnen zusammenhängende elektrische Felder. Selbst wenn wir uns an die begrenzten Vorstellungen von Feldern halten, die die heutige Wissenschaft bietet, haben wir hier ineinander gefaltete Hierarchien von Feldern oder eine Holarchie von Feldern.

Gleiches gilt auch für die elektromagnetischen Felder innerhalb eines Kristalles. Innerhalb des Kristallfeldes befinden sich die molekularen Felder, innerhalb dieser die atomaren Felder, die Felder der Elektronen und des Atomkernes. Diese wiederum sind nicht nur elektromagnetische, sondern auch Quantenfelder.

In vieler Hinsicht hat das moderne Konzept von Feldern die überlieferte Vorstellung der Seele als unsichtbare organisierende Instanz abgelöst. Bis ins 17. Jahrhundert hinein wurden sogar Elektrizität und Magnetismus in Begriffen der Seele beschrieben, welche sich unsichtbar über den Magneten oder elektrisch geladenen Körper hinaus ausdehne und in der Lage sei, über eine Entfernung hinweg zu wirken.

Felder sind die zeitgemäße Art und Weise, sich die unsichtbaren Organisationsprinzipien der Natur vorzustellen. Diese unsichtbaren Organisationsprinzipien dachte man sich historisch als Seelen. Die Seele des Universums, die *anima mundi*, ist durch das Schwerkraftfeld ersetzt worden. Die magnetische Seele wurde durch das Magnetfeld ersetzt, die elektrische Seele durch das elektrische Feld. Die vegetativen Seelen der Pflanzen und Tiere, die das Wachstum der Embryonen und des Körpers organisieren, wurden in der modernen Entwicklungsbiologie durch morphogenetische Felder ersetzt. Die Tierseele kann ersetzt werden durch Felder des Instinkts und Verhaltens, und unsere geistige Aktivität können wir in Begriffen von mentalen Feldern verstehen.

Fox: Damit wir von der Vorstellung wegkommen, die Seele befände sich im Körper, können wir auch sagen, der Körper sei in der Seele. Wie weit, bis zu welchem Horizont können unsere Seelenfelder streunen? Mit anderen Worten, wie weit reichen unsere Gedanken, Hoffnungen und Träume, unsere Leidenschaften und unser Wissen? In gewisser Hinsicht ist alles, worüber wir sprechen, in unser Seelenfeld eingeschlossen. Wir können nur über das sprechen, was wir wissen oder zu wissen glauben, und so wachsen unsere Felder, das heißt unsere Seelen, auf vielerlei Weise bis an die Grenzen des Universums hinaus. Es gibt also ein Erwachen des menschlichen Feldes, könnte man sagen. Wir verabschieden uns von jener Winzigkeit einer Seele in der Zirbeldrüse oder der Großhirnrinde, die die Moderne der Seele zuerkannte, und verstehen sie jetzt als eine umfassende Dynamik, als ein Bewusstsein von allem, was wir wissen können.

Sheldrake: Da stimme ich zu. Ich glaube, dass unser Erkennen sich von unserem Gehirn aus ausdehnt, alles zu umfassen, was wir wahrnehmen, erfahren und wissen können. Unsere mentalen Felder sind weitaus größer als unsere Hirne. Und während unsere Vorstellungen sich ausdehnen und unser Gefühl für den Kosmos sich erweitert, bekommen unsere Felder kosmische Dimension.

*Greif – geflügelte Tiermischgestalt, Susa – Persien
(4. Jahrhundert vor Christus)*

Sofern wir Engel als holarchisch organisiert betrachten, können wir sie vielleicht auch mit Engelfeldern in Verbindung bringen. Die Engel selbst könnten wir uns als eine besondere Manifestation der Aktivität dieser Felder vorstellen, so wie Photonen eine besondere Art sind, wie wir uns die Aktivität und die Energie in einem elektromagnetischen Feld denken können.

Wie die Quantenwesen hätten so auch die Engelwesen einen Doppelaspekt: einen Aspekt der Ausbreitung, der mit ihrem Aktivitätsbereich zu tun hat, sowie einen Aspekt der Manifestation als Aktivitätsquanten.

Fox: In Annäherung sprechen wir dabei über Photonen und über Felder, die als Licht zusammenkommen: Engellicht.

Sheldrake: Und die traditionelle Rolle der Engel ist die von Vermittlern, von Boten. Der Name *Engel* (von griechisch angelos = Bote) selbst stammt von dieser Bedeutung »Bote«. Es sind also Wesen, die verbinden; und genau das tun auch Felder.

Fox: Und wie passend ist es, dass sie als Boten in unserer Zeit wiederkehren, in der wir gerade diejenige Qualität des Universums wieder entdecken, die als wechselseitige Verbundenheit bekannt ist.

Als wir uns das Universum unverbunden und isoliert vorgestellt haben, mussten die Engel in Urlaub gehen. Ihre Hauptaufgabe ist die Verbindung und Verknüpfung, sodass es in einer Welten-Maschine für sie nicht viel zu tun gab.

Ich mag die Idee von Engeln als Verbindenden. Die Überlieferung sagt, dass manche in Form von Wissen und Führung Verbindung schaffen, andere in Form von Heilung, andere wieder in Form von Verteidigung und manche in Form von Inspiration. In einer Zeit, in der wir die wechselseitige Verbundenheit wieder entdecken, haben diese Engel, die einen Pol einer Verbindung mit dem anderen zu verbinden scheinen, sinnvollerweise eine Menge Arbeit. Wir sollten Schilder aufstellen: »Engel gesucht.« In einer Epoche der Verbundenheit gibt es für Engel in der Tat eine Menge zu tun.

Sheldrake: Und eine solche Verbundenheit innerhalb von Feldern ist natürlich keine Einbahnstraße. Wenn ich einen großen Magneten mit einem starken Magnetfeld habe und einen kleinen Magneten danebenlege, dann beeinflusst das Feld des großen Magneten das des kleinen und wird auch von diesem beeinflusst. Wenn ich den kleineren Magneten bewege, ist das gesamte Feld davon betroffen.

Fox: Damit haben wir eine gute Analogie für eine gesunde Hierarchie oder Holarchie. Es geht um wechselseitigen Einfluss, wobei der große Magnet dem kleinen zwar sagt, was zu tun ist, es aber auch ein Geben und Nehmen gibt.

Sheldrake: Selbst nach Newton arbeitet die Gravitation nach diesem Prinzip. Alle Materie im Universum zieht alle andere Materie an. Hier ist die Idee einer wechselseitigen Verbindung vorherrschend, nicht die eines einseitigen Einflusses. Nach Einstein sehen wir diese gegenseitige Verbundenheit nun als durch Schwerkraftfelder vermittelt, welche alle im Schwerkraftfeld des Universums, im universellen Feld, enthalten sind.

Wenn wir uns also alles, was uns betrifft, als durch Boten oder unsichtbare Verbindungen oder Engel vermittelt vorstellen, dann wird etwas von dem, was uns zustößt und was der Welt zustößt, durch das Engelfeld auf umfassendere Organisationsebenen, auf umfassendere Bewusstseinsfelder zurückübertragen.

Fox: Dieses Bild der Felder scheint mir viel zuträglicher zu sein als das Bild, das wir uns von einer Leiter machen. Ein Feld ist dreidimensional.

Sheldrake: Engel wirken in Feldern der Aktivität, der Koordination und Verbindung. Materielle Körper schließen sich gegenseitig aus. Man kann nicht zur selben Zeit am selben Ort zwei Billiardbälle haben. Felder aber durchdringen sich. Der Raum, in dem wir sitzen, ist zum Beispiel vom Schwerkraftfeld der Erde erfüllt, weshalb wir hier nicht in der Luft schweben. Dieses Schwerkraftfeld ist vom elektromagnetischen Feld durchdrungen, mit Hilfe dessen wir uns gegenseitig sehen können und das auch von Radiowellen, Fernsehübertragungen, kosmischen Strahlen, ultravioletten und infraroten Strahlen und allen möglichen Arten unsichtbarer Strahlung überlagert ist.

Und diese stören einander nicht. Radiowellen stören sich gegenseitig nur, wenn sie die gleiche Frequenz haben. Aber alle Radio- und Fernsehprogramme der Welt können koexistieren und sich im gleichen Raum durchdringen, ohne sich gegenseitig auszuschließen oder einander zu leugnen. Selbst wenn wir nur die Felder betrachten, die die Schulwissenschaft derzeit erkennt – Quantenfelder, elektromagnetische Felder und Schwerkraftfelder –, durchdringen sie sich alle. Und so ermöglicht uns die Vorstellung, dass Engel feldartig sind, zu sehen, wie auch sie einander durchdringen können.

Fox: An dem Wort *Feld* gefällt mir, dass es ein Alltagsbegriff ist. Ein Feld spricht das Raumgefühl an. Es fühlt sich an wie eine Einladung zum Spielen: Man spielt in einem Feld. Und in einem Feld wachsen auch Dinge. Ein Feld erzeugt etwas, ist ein Ort des Lebens und der Aktivität. Es hat auch damit zu tun, unsere Füße auf dem Boden zu haben. Es umfasst Materie, Erde, von unten aufkeimendes Leben. Das Feld ehrt die unteren Chakren. Ich halte Felder für eine wunderbare, kraftvolle Metapher, um die Engel wieder auf die Erde zu bringen und sie dennoch dreidimensional zu lassen. Deswegen möchte ich dem Wort *Feld* in seinem nichtwissenschaftlichen Bedeutungszusammenhang Achtung zukommen lassen. Es spricht zu uns auch von etwas Alltäglichem und deutet etwas an, das uns willkommen heißt.

Wir können auch die Bedeutung des Wortes *empfangend* wieder entdecken. In gewisser Hinsicht ist ein Feld ein Spiegel. Es saugt das Licht auf und wandelt es durch Photosynthese in Leben um, in Nahrung. Von Feldern kommen wunderbare Dinge. Alle Nahrung stammt offenbar von Feldern. Weiden und Obstwiesen und Bolzplätze und Spielfelder. Gaia ist ein Spiel von Feldern. Sie lädt die Menschen zum Spielen ein.

Gestern beobachtete ich hier in London Fußballspieler, die im Regent's Park mit dem Ball herumschossen; und ich hatte dabei das Erlebnis, dass Gaia nicht nur der Boden ist – Gaia ist auch diese zweibeinigen Geschöpfe mit dem Gummiball, die auf dem Land spielen. Aber für all diese Spiele braucht man Felder. – Was anderes sind denn Beziehungen, was eine Ehe, als die Bemühung, ein Feld zu schaffen? Was ist ein Zuhause anderes als ein Feld? Was ist, Kinder, neue Wesen in die Welt zu bringen, und die Sterbenden zu tragen, und alles, was dazwischen liegt? Das Leben lebt in Feldern, in Feldern wechselseitiger Verbundenheit.

Sheldrake: Als Faraday zum ersten Mal das Wort *Feld* im wissenschaftlichen Sinne benutzte, verwendete er damit ein gewöhnliches englisches Wort, dem all diese Bedeutungen schon anhängen. Die Hauptbedeutung ist ein Acker, und daraus entsteht die allgemeine Bedeutung eines Feldes als eines Aktivitätsbereiches, wie in »Schlachtfeld«, »Interessensfeld« und »Sichtfeld«. Ein Feld ist, wo man etwas tut. Um Felder zu schaffen, mussten die ersten Menschen, die Land bebaut haben, zunächst einmal Bäume fällen. Auf einer solchen Lichtung bauten sie dann Dinge an. Wenn wir aufhören, Felder zu bewirtschaften, wenn wir keine Landwirtschaft mehr treiben, dann wandeln sich die Felder wieder in Wald um. Dann erhalten wir eine andere Art von Feld: das natürliche, sich selbst organisierende Feld des Waldes.

Teilhabe und Offenbarung

■ Alles Seiende hat demgemäß Anteil an der schöpferischen Vorsehung, die aus der alles verursachenden Gottheit jenseits von Sein und Denken hervorquillt. Es existierte nämlich gar nicht, wenn es nicht am Seinsgrund teilhätte. Alles Leblose hat demgemäß durch bloßes Sein an ihm teil. Denn das Sein von allem ist die Gottheit über allem Sein. Die Lebewesen haben teil an ihrer Leben spendenden Kraft, die selbst vor allem Leben ist.

Die zu Überlegung und Denken befähigten Wesen haben teil an ihrer Weisheit, die jenseits von Überlegung und Denken ist, vollkommen aus sich selbst und vor aller Vollkommenheit. Es ist jedoch klar, dass unmittelbar um die Gottheit die Wesen stehen, die in vielfacher Weise an ihr Anteil haben. Also haben die Hierarchien der himmlischen Wesen in einem höheren Grad Anteil an den Gaben des Gottesprinzips bekommen als die leblosen Wesen, die vernunftlosen Wesen und die mit unserer Art von Verstand begabten Wesen. Als reine Geisteswesen nämlich bilden sie sich zur nachahmenden Darstellung Gottes und schauen mit überirdischer Vernunft auf ihre Entsprechung zum Gottesprinzip und trachten, nach ihm die Gestalt ihres Denkens zu bilden. Infolgedessen haben sie verständlicherweise reichlichere Gemeinschaft mit ihm, sind ihm zugewandt und streben immerdar nach oben, wie es ihnen aufgrund ihres göttlichen und unabwendbaren Dranges bestimmt ist. Sie nehmen die vom Ursprung ausgehenden Ausstrahlungen rein und ohne materielle Beimischung an und richten sich nach diesen aus. Ihr ganzes Leben ist Denken.

Diese sind es also, die an erster Stelle und vielfältig am Göttlichen teilhaben und an erster Stelle und vielfältig die Verborgenheit des göttlichen Ursprungs offenbaren. Deswegen werden sie auch der Benennung Engel gewürdigt, weil das vom göttlichen Ursprung ausgehende Licht sie zuerst erleuchtet und durch sie hindurch die unser Fassungsvermögen übersteigenden Offenbarungen auf uns übergeleitet werden. (...)

Wenn aber einer sagte, einigen heiligen Männern seien auch unmittelbar von Gott Offenbarungen zuteil geworden, soll er auch dies klar zur Kenntnis nehmen aus den hochheiligen Worten, dass, was das verborgene Wesen Gottes an und für sich ist, »niemand gesehen hat«, noch je sehen wird, sondern dass Erscheinungen Gottes den Heiligen zuteil geworden sind im Rahmen der Gott angemessenen Offenbarungen durch gewisse Heilige und den Schauenden fassbare Visionen.

Die allwissende Schrift nennt jene Vision, welche Gott sozusagen durch Gestaltung des Gestaltlosen in seiner bildhaften Darstellung erkennen ließ, mit Recht Theophanie, Gotteserscheinung, weil die Schauenden zu tieferer Einsicht in das Wesen

Gottes geführt werden und ihnen dadurch göttliches Licht zufließt und sie ein Stück weit in die göttlichen Dinge eingeweiht werden.

Diese Gottesvisionen aber vermittelten die himmlischen Kräfte den ruhmreichen Vätern in mystischer Schau. Oder ist es nicht so, dass die biblische Überlieferung zwar sagt, dass die heilige Gesetzgebung dem Moses unmittelbar von Gott gegeben worden ist, um uns wahrhaft darin einzuweihen, dass sie das Abbild einer göttlichen und heiligen ist, uns aber andererseits die Schrift klar auch darüber belehrt, dass sie vermittels von Engeln zu uns gekommen ist, weil die von Gott gesetzte Ordnung vorschreibt, dass das Zweite durch Vermittlung des Ersten an das Wesen Gottes herangeführt wird. (...), dass nämlich im Bereich jeder Hierarchie erste und mittlere und letzte Ränge und Kräfte vorhanden seien und dass die Gottnäheren als Mystagogen und Führer zur Annäherung, Erleuchtung und Gemeinschaft mit Gott für die Niederen wirken.

Ich sehe aber, dass die Engel zuerst in das göttliche Geheimnis der Menschenliebe Jesu eingeweiht wurden, und dass dann über sie die Gnade der Erkenntnis zu uns gelangte. In diesem Sinn also hat der im höchsten Grad gottnahe Gabriel den Hierarchen Zacharias darin eingeweiht, dass der Sohn, den er wider alle Hoffnung aus göttlicher Gnade erzeugen werde, ein Prophet sein werde, ein Prophet des göttlichen Wirkens Jesu als

Mensch, das im Sinne des Prinzips des Guten und heilsam der Welt in Erscheinung treten werde. Ebenso hat er der Maria eröffnet, dass in ihr das vom Gottesprinzip ausgehende Mysterium der unaussprechlichen Gestaltwerdung Gottes stattfinden werde.

Ein anderer der Engel dagegen unterrichtete Josef, dass nun die an den Vorvater David ergangene Verheißung wahrhaft in Erfüllung gegangen sei. Ein anderer wieder verkündete den durch Rückzug von der Menge und Ruhe gereinigten Hirten die frohe Botschaft, und mit ihm überbrachte die Menge des himmlischen Heeres den Menschen auf der Erde jenen vielgerühmten Lobgesang.[3] ■

Fox: Teilhabe ist eines der wichtigsten Konzepte im Werk des Dionysios, und ich halte es für ein immer noch wichtiges Wort. Ja, es ist sicherlich auch Teil des Denkens im neuen Paradigma, welches von Subjekt-Objekt-Beziehungen zu Beziehungen der Teilhabe übergeht. Wir alle haben teil an der Quelle der Kraft. Alle Dinge, sogar unbelebte, haben an ihrem Sein Anteil. Lebendige Dinge haben teil an der Leben spendenden Kraft. Vernunftbegabte Dinge haben teil an der Weisheit. Interessanterweise spricht Dionysios hier von Weisheit und nicht von Wissen. Weisheit umfasst auch das Herz, sodass es sich um eine sehr umfassende Art von Wissen handelt.

Die Wesen, die Gott umgeben, haben weitergehend teil, weil sie in größerer Fülle mit der Gottheit eins sind. Das ist ein schöner Ausdruck, die Einheit in Fülle. Diese erfüllte

Einheit ist die Quelle der Engel. Sie empfingen die ursprüngliche Ausstrahlung auf reine Weise. Sie sind empfangend gegenüber Licht und Ausstrahlung. Dieses wichtige Wort *Strahlung* durchzieht die mystische Überlieferung. In den Schriften der Bibel bedeutet das Wort *doxa* Herrlichkeit oder Ausstrahlung. Und die *Schekina* der jüdischen Überlieferung vom weiblichen Gesicht Gottes ist eine strahlende Gegenwärtigkeit Gottes. Es geht um Gegenwart. Die Frage ist also nicht, ob Gott existiert, sondern wo die Gegenwärtigkeit ist. Wo ist die Ausstrahlung? – Zeige mir die Ausstrahlung.

Engel waren die ersten, die das göttliche Licht empfangen haben, die zuerst die Strahlung empfunden haben, laut Dionysios. Und sie gaben die Offenbarungen wiederum an uns weiter. Es ist interessant, dass er die Offenbarung mit der Teilhabe und dem Empfangen des Lichts verbindet.

Dann fährt er fort, über Leute zu reden, die heilige Visionen und Theophanien hatten. Eine Gotteserscheinung, eine *Theophanie*, ist ein wunderbares Wort für die Schau des Göttlichen. Er wendet es auch auf die Heilige Schrift und die Geschichte Jesu an. Die Engel initiierten das heilige Mysterium Jesu. In der Geschichte Jesu gibt es viele Beispiele für Engel: der Engel, der die Geburt Johannes des Täufers ankündigte; der Engel, der Jesu Geburt ankündigte; der Engel, der Josef erklärte, was er tun solle; die Engel, die vor den Hirten bei Jesu Geburt erschienen, und so weiter. Teilhabe wird zur Offenbarung, welche vom Ort der Kommunion der Fülle kommt, von der Gottheit. Die Gegenwart von Engeln bei all diesen Ereignissen im Leben Jesu ist ein Hinweis, dass hier der kosmische Christus in Jesus verehrt

Nike von Samothrake (190 vor Christus)

wird, denn wo es Engel gibt, da gibt es auch kosmische Kräfte.

Sheldrake: Auch mir gefällt der Ausdruck »Teilhabe«. Er vermittelt mir ein Gefühl des göttlichen Lebens, das allen Dingen innewohnt, den unbelebten, den belebten und den vernunftbegabten Geschöpfen. Darin liegt nicht nur eine Bewegung des Göttlichen zu uns hin, sondern das heißt auch, dass wir alle Teil des Lebens des göttlichen Wesens sind.

Eine Vorstellung, die in den alten Diskussionen über Engel immer wieder auftaucht, ist mir allerdings noch unklar: dass sie »die vom Ursprung ausgehenden Ausstrahlungen rein und ohne materielle Beimischung annehmen und sich nach diesen ausrichten und ihr ganzes Leben Denken ist«. Dionysios schrieb dies innerhalb der neuplatonischen Tradition, deren Verständnis von »reinem Denken« sich von unserem sehr unterschied. Vielleicht könntest du das noch etwas verdeutlichen, denn es ist ja offenbar nicht so, dass er hier von jemandem spricht, der oder die völlig verkopft ist. Das Wort *intellectus* (Denken) hat eine viel weitere Bedeutung, als wir ihm heute zumessen, oder nicht?

Fox: Ja, ich glaube, dass diese Worte dem näher kommen, was wir heute als »vollkommene Bewusstheit« bezeichnen würden. *Theoria* bedeutete im Griechischen das, was wir heute als »Meditation« bezeichnen. Es geht darum, Herz und Kopf in der Kontemplation zusammenzubringen. – Ich habe auch Probleme damit, besonders in dem Zusammenhang, wo er davon spricht, dass das »rein und ohne materielle Beimischung« zu sein hat. Hier sind wir wieder bei der neuplatonischen Annahme, dass man immateriell zu sein habe, um rein zu sein, und ein Intellektueller, um rein und erleuchtet zu sein. Ich sehe hierin eine Quelle für viele unserer dualistischen Schwierigkeiten im Abendland.

Ich glaube nicht, dass diese Spannung völlig auflösbar ist. Diese Ansichten entstammen einer Kultur, die sich mit der Materie sehr unwohl gefühlt hat und deren ganze Philosophie dieses Gefühl stützte. Materie ist der unterste Rang in der Kette des Seins und wird nur toleriert.

Sheldrake: Dieses neuplatonische Verständnis der Materie brachte eine Leugnung spiritueller Prinzipien mit sich und gab der Dunkelheit – wie wir sahen – eine negative Bedeutung. Durch die naturwissenschaftliche Revolution und den Materialismus nahm die Materie eine ganz andere Bedeutung an. Sie wurde zum wirklichen Stoff der Dinge. Für den Materialisten ist die Materie Grundlage von allem und wurde als fest und dauerhaft begriffen. Ihre Bedeutung aber hat sich im Lichte der modernen Physik wiederum verändert. Materie ist in Feldern gebundene Energie und somit eine Aktivitätsstruktur. Die Felder selbst sind im eigentlichen Sinne immateriell. Das elektromagnetische Feld und das Schwerkraftfeld bestehen nicht aus Materie, sondern vielmehr besteht – wie Einstein sagte – Materie aus Feldern. Materie ist Energie, die in Feldern gebunden ist, eher ein Prozess als ein Ding.

Fox: Es scheint, als sei das Pendel zum anderen Pol ausge-schlagen. Zunächst wurde die Materie zum Problem, dann der Geist. Aber wie du schon sagst, kommen wir der Mitte jetzt näher. Ich glaube, dass das Wort *Energie* uns dabei viel hilft. Thomas von Aquin definiert den Geist an einer Stelle als den Impuls in allem. Somit ist der Geist ebenso ein Teil der Materie wie auch der Nichtmaterie.

Das ist ein weiterer Grund dafür, dass ich den Begriff »Feld« heute für so geeignet halte. Er gestattet es uns, verschiedene Ausdrucksformen von Energie zu respektie-ren, manchmal eben auch als Materie. Materie ist keine Sache an sich, sie besteht aus Beziehungen und ist also ziemlich immateriell.

Sheldrake: Genau. Sie ist sogar im wörtlichen Sinne imma-teriell. Ein Atom besteht zu mehr als 99 Prozent aus leerem Raum – oder besser gesagt, ist erfüllt von Feldern. Elektro-nen, Protonen und Neutronen sind Schwingungsmuster innerhalb dieser Felder; sofern man sie jedoch als Teilchen auffasst, nehmen sie nur einen winzigen Raum ein.

»Offenbarung« ist in der Art, wie die Theologen ihn benutzen, ein ziemlich trockener Begriff. Mir gefällt da die Idee des Dionysios von einem Aspekt der Teilhabe an göttlicher Weisheit und Tätigkeit.

Fox: Richtig. Es geht hier wieder um Beziehung, um Teilha-be an Leben und Weisheit. Mir kommt dabei das Bild eines Fisches im Wasser. Das Wasser ist im Fisch, und der Fisch ist im Wasser. Diese Metaphorik der Teilhabe an der Gott-heit, an der Quelle, ist ein ziemlicher Affront gegen den

Theismus. Sie klingt panentheistisch. Das ist die Vorstellung, dass alles irgendwie im Göttlichen gebadet ist und dass das Göttliche alles durchspült.

Wieder geht es hier nicht darum, die Erde zu verlassen oder eine Leiter hinaufzuklettern, um das Göttliche zu finden. Es geht darum, für die Theophanie, die Gotteserscheinung, zu erwachen, um die Schau des Göttlichen überall um uns herum und in uns. Der Ausdruck »Teilhabe« trägt diese aktive, dynamische Beziehung mit der Gottheit in sich.

Sheldrake: Eine weitere Implikation dieses Zitats ist, dass die Engel zunächst an dem teilnehmen, was geschehen wird, und es dann hervorbringen helfen: »Ich sehe aber, dass die Engel in das göttliche Geheimnis der Menschenliebe Jesu zuerst eingeweiht wurden, dann aber über sie die Gnade der Erkenntnis zu uns gelangte.« In gewisser Hinsicht sind die Engel eine schöpferische Kraft, sie gehören zu dem schöpferischen Impuls, durch welchen die Entwicklung oder Entfaltung oder Evolution der Geschehnisse stattfindet.

Fox: Das englische Wort »revelation« bedeutet, etymologisch gesehen, den Schleier zu heben, den Vorhang zur Seite zu ziehen. Es ist wie auf einer Bühne: Der Vorhang hat sich gerade gehoben, und alle sind gespannt auf die Show, an der sie teilnehmen werden. Wie du schon sagst, ist das Wort »revelation« (Offenbarung) verwässert worden, es hat seine Energie verloren und bedeutet nur noch ein Weiterreichen des Dogmas. In Wirklichkeit aber bedeutet es das

Heben des Schleiers der Illusion und Projektion, um die Wirklichkeit, die Schönheit und Gnade hindurchscheinen zu lassen.

Die Verbindung von Teilhabe und Offenbarung bringt etwas von diesem dynamischen Charakter wieder zurück. Alles wirklich Offenbarende ist spannend. Es macht wach.

Die verschiedenen Arten Engel

Nach der Klassifikation des Dionysios gibt es neun Engelchöre:

Erste Ordnung	Zweite Ordnung	Dritte Ordnung
Seraphim	Herrschaften	Prinzipien (»Fürsten«)
Cherubim	Kräfte	Erzengel
Throne	Mächte	Engel

■ Die erste Ordnung

Die Benennung »Seraphim« bedeutet, wie die Kenner des Hebräischen sagen, entweder »Entflammer« oder »Erhitzer«, die Benennung Cherubim »Fülle der Erkenntnis« oder »Ausgießung des Wissens«. Sinnvollerweise wird nun die erste der himmlischen Hierarchien von den obersten Manifestationen des Seins in heiligem Dienst verwirklicht, denn diese hat ihre Stelle über allen anderen, weil sie unmittelbar um Gott steht und weil die zuerst wirksam gewordenen Offenbarungen Gottes und Vollkommenheitswirkungen auf sie als Nächstanschließende in besonders ursprungsnaher Weise übergeleitet werden. So haben die höchsten Seinsstufen also die Namen »Erhitzer«, »Throne«, »Ströme des Wissens«, die ihre gottähnlichen Eigenschaften enthüllen.

Denn die Benennung Seraphim gibt uns Aufschluss über ihre nie unterbrochene ewige Bewegung um das göttliche Wesen, die hitzige, rasche, überkochende Natur der unverwandten, nie erlahmenden, nie abgelenkten Bewegung, die Eigenschaft, das Tiefergestellte energisch an sich anzugleichen, wie als ob sie auf jenes ihre Wärme übertrügen und sie zur eigenen Hitze entflammten, glühend und alles verbrennend zu reinigen, ihre nicht zu verhüllende, unauslöschliche, nie vergehende Lichtform und Leuchtkraft, die alle unerleuchtete Verdunkelung vertreibt und zum Verschwinden bringt.

Der Name »Cherubim« bezeichnet ihre Fähigkeit, Gott zu schauen, die höchste Lichtausstrahlung aufzunehmen und in ursprünglich wirkender Kraft die Harmonie des Gottesprinzips zu schauen, die Erfülltheit mit der Wissen erzeugenden Botschaft und die Bereitschaft, im Überfließen den Nachstehenden die geschenkte Weisheit vorbehaltlos abzugeben.

Der Name der obersten und erhabenen »Throne« meint: jeder zur Erde ziehenden Herabminderung

entzogen zu sein und keine Verbindung mit Niede-
rem einzugehen, den nicht sinnlich gemeinten
Schwung in die Höhe, die unerschütterliche Zu-
rückgezogenheit von jeder niederen Randzone,
das Gründen in der Umgebung des wahrhaft
Höchsten mit ungeteilten Kräften, unerschütterlich
und sicheren Standes, die Fähigkeit, die Einkehr
des göttlichen Prinzips ganz unsinnlich und immateriell in sich aufzunehmen und Gott zu tragen und
dienstbar zu jeder Art der Aufnahme Gottes offen
zu sein. (...)[4]

Demgemäß hat die oberste Gliederung der heiligen Engel mehr als alle anderen die Eigenschaft
zu entflammen und die Weisheit des Gottesprinzips überströmend weiterzugeben, das höchste
Wissen um die Erleuchtungen von Gott zu erkennen und die Eigenschaft von Thronen, die die
Offenheit für die Aufnahme Gottes andeutet.[5]

Die zweite Ordnung

Der Name der »heiligen Herrschaften« kennzeich-
net einen ungebundenen und von jeder nach unten ziehenden Herabminderung freien Aufstieg,
der sich in keiner Weise von tyrannischen Un-
gleichartigkeiten nach unten ablenken lässt, sondern vielmehr eine freie Überlegenheit jeder wert-
mindernden Knechtung zeigt, unnachgiebig gegenüber jeder Herabminderung und aus jeder Un-
gleichartigkeit herausgehoben, ohne Unterlass

nach der wesenhaften Herrschaft und dem Herrschaftsprinzip strebt und der sich selbst und das
ihm Untergeordnete nach der hierarchischen Analogie mit diesem so weit wie möglich zum Guten
ausbildet, und zwar nicht zu einer beliebigen
Scheinvorstellung, sondern zu dem wie durch
Herrscherspruch gültigen Sein als Ganzem hinge-
wandt und nach seiner Möglichkeit der steten Got-
tesähnlichkeit als Herrschaftsprinzip teilhaftig.

Die Bezeichnung »heilige Kräfte« offenbart eine
gewisse männlich geartete, unerschütterliche
Mannestugend in allen göttlichen Wirksamkeiten,
die niemals zu schwach wird zur Aufnahme der ihr
vom Gottesprinzip her zugemessenen Erleuchtungen. Vielmehr steigt sie kräftig zum Nachvollzug
Gottes auf, gibt niemals ihre gottartige Bewegung
unmännlich auf, sondern richtet ihren Blick ohne
Schwanken auf die krafterzeugende Kraft vor allem Sein und wird zu deren kraftgestaltigem Abbild, soweit sie es vermag. Sie wendet sich auf
diese als dem Prinzip aller Kraft kräftig hin, verleiht
aber andererseits auch dem Folgenden Kraft und
weitet es gottgemäß aus.

Der Name der »heiligen Mächte« erklärt ihre mit
den göttlichen Herrschaften und Kräften gleichran-
gige, unverwechselbar wohlgegliederte und für
jede Aufnahme göttlicher Gaben geeignete Ordnung sowie den geordneten Charakter der die
Sinnenwelt übersteigenden Vollmacht des Denkens, das seine bevollmächtigten Kräfte nicht

nach Tyrannenart gegen das Unterlegene miss-
braucht, sondern unbezwinglich wohl geordnet
zum göttlichen Wesen emporstrebt und gleichzeitig das ihm Folgende nach Art des Guten mit sich
hinaufzieht. Es befindet sich im steten Prozess der
Angleichung an das Vollmacht schaffende Er-
mächtigungsprinzip, soweit es kann, und gibt dessen Licht an die Engel weiter, soweit diese es
fassen können, in den in seinem Sinn wohl geordneten Abstufungen der ermächtigenden Kraft.[6]

Die dritte Ordnung

Die Benennung »himmlische Prinzipien« offenbart
das gottgemäß Prinzipielle und das – mit geheiligter und den Kräften des Prinzips angemessener
Ordnung – Leitende. Zweitens sind sie gänzlich
auf das über jedem Prinzip stehende Prinzip hin
ausgerichtet und leiten andere nach Art des Prinzips. Drittens tragen sie die Prägung des Prinzipien
schaffenden Prinzips an sich, soweit das möglich
ist, und enthüllen das in diesem begründete, über
allem Sein stehende Organisationsprinzip durch
die schöne Ordnung der vom Prinzip ausgehenden Kräfte.

Die Benennung »Erzengel« gehört einerseits in
dieselbe Rangklasse wie die himmlischen Prinzipi-
en. Denn sie und die Engel haben, wie ich sagte,
dieselbe Hierarchie und gehören derselben Gliederung an. Aber da es keine Hierarchie gibt, die

nicht erste und mittlere und letzte Kräfte enthält, ist es das Besondere der heiligen Ordnung der Erzengel, dass sie Gemeinschaft stiftend an beide Extreme rührt. Sie hat nämlich Gemeinschaft mit den allerheiligsten Prinzipien und den heiligen Engeln. (...)

Die »Engel« bilden nämlich, wie ich schon zuvor gesagt habe, abschließend die Grenze der genannten Gliederung der himmlischen Gedanken. Sie haben nach himmlischen Maßstäben die Eigenschaft von Boten (Engel) im untersten Grade und werden von uns aus passender gegenüber den höheren Rängen »Boten« genannt, insofern ihre Hierarchie größere Nähe zum Offenbaren hat und mehr in der Umgebung der Sinnenwelt steht. (...)

Die Heilige Schrift nennt Michael als Regierenden des jüdischen Volkes und andere als Regierende über andere Völker. (...) Ein Prinzip gilt für alle, und die jeweils die Hierarchie ausübenden Engel führen die ihnen Folgenden auf dieses Prinzip empor. (...)

Sowohl dem Pharao wurde von dem Engel, der den Ägyptern vorsteht, als auch dem Herrscher der Babylonier von dem für ihn zuständigen Engel das Wissen um den fürsorglichen und Macht verleihenden Charakter der universalen Vorsehung und Herrschaft in Visionen zugeleitet. Jenen Völkern erstanden in den Dienern des wahrhaft seienden Gottes Wegführer, insofern Gott den geheiligten, engelnahen Männern Daniel und Josef durch Engel gewisse Visionen offenbarte. (...)

Es gibt eine einheitliche Vorsehung über alles insgesamt, die über allen sichtbaren und unsichtbaren Kräften über allem Sein gegründet ist. Hingegen richten die einem einzelnen Volk vorstehenden Engel diejenigen, die ihnen aus freiem Willen folgen, auf diese Vorsehung aus.[7] ■

Fox: Vorhin sahen wir, dass Dionysios eine astronomische Anzahl von Engeln annahm, dass er aber auch versuchte, sie zu klassifizieren und einzuteilen, sie in Gruppen zusammenzustellen. Dionysios ist nicht der Einzige, der dies versuchte. Ambrosius hatte eine Liste von neun Engeltypen, Hieronymus sieben, Gregor der Große neun, Isidorus von Sevilla neun. Mosess Maimonides im Mittelalter nannte zehn, Johannes von Damaskus neun, auch Dante neun. Thomas von Aquin folgte der Klassifizierung des Dionysios.

Diese Bemühungen, die Engel einzuteilen, scheinen im Grunde Versuche zu sein, die neun Sphären des Universums zu benennen: die sieben Planeten und ihre Bereiche, die man sich als Kugeln vorstellte, plus den Bereich der Erde und die Sphäre der Fixsterne.

Das ist wichtig, weil sich hier das Zusammentreffen von Psyche und Kosmos zeigt und wie kosmologisch die antike Weisheit war. Sie war nicht anthropozentrisch, sah die Seele nicht innerhalb des Körpers. Die Darstellung dieser neun Sphären können wir auch auf den Mikrokosmos des Menschen beziehen, auf die Chakren. So finden wir also den Makrokosmos der Himmelssphären und den Mikrokosmos der menschlichen Sphären vor. Die Engel sind Verbindende, Verwaltende und Boten, die den Mikrokosmos, das menschliche Wesen, berühren und verbinden und uns in die Sphären der kosmischen Kräfte einbinden.

Dionysios macht sehr ökumenische Aussagen über die Engel, die anderen Völkern zugesprochen wurden: Engel, die den Pharao und den Herrscher von Babylon ebenso wie die biblischen Gestalten Daniel und Josef leiteten. Er ruft auf zu einer Art von Engelökumene, wenn er sagt, dass es nur eine Vorsehung gebe und alle Engel dieser dienten.

Sheldrake: Die Vorstellung der Verbindung von Mikrokosmos und Makrokosmos gefällt mir: Die Ordnung unserer Psyche und unseres Körpers steht in Verbindung mit der Ordnung des Alls. Die Korrespondenz von Mikrokosmos und Makrokosmos hilft uns, die Vorstellung zu vermeiden, die himmlischen Kräfte hätten mit uns keine Verbindung, oder in die Falle des psychologischen Reduktionismus zu fallen und all diese Dinge als Projektionen von Archetypen der menschlichen Seele zu verstehen.

In dieser etwas verwirrenden Einteilung der Engel scheint Dionysios nicht ganz genau zu wissen, was er über die Herrschaften, Mächte und Gewalten sagen soll. Er scheint nach unterscheidenden Merkmalen zu suchen. Schon die Tatsache, dass andere Leute unterschiedliche Klassifizierungen aufgestellt haben, zeigt, dass es darüber keine genaue Übereinstimmung gab. Aufgrund der alten Kosmologie mit ihrer Reihe von Sphären, von ineinander liegenden Kugeln, brauchte man jedoch solche Hierarchien. Sie mussten die Engel mit der hierarchischen Ordnung des Alls verbinden, so wie sie diese damals eben verstanden.

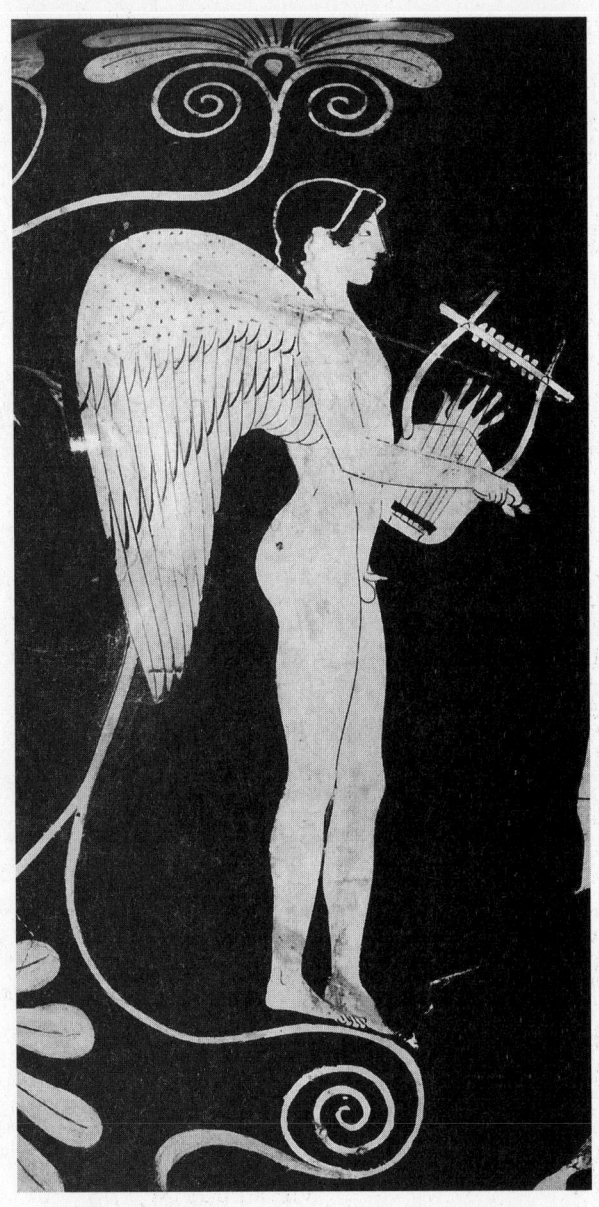

Leier spielender Eros in Gestalt eines geflügelten
Epheben (3. Jahrhundert vor Christus)

Wir stellen uns das All nicht mehr in Form von konzentrischen Sphären um die Erde herum vor. Wir denken an verschiedene Planetenumlaufbahnen um die Sonne, die sich in der Galaxie befindet und unsere Galaxie in einem Galaxienhaufen. Wir haben heute eine viel gründlichere und umfassendere Kenntnis von einer himmlischen Hierarchie.

Vielleicht kann man die mittlere Hierarchie der Engel – die Herrschaften, Kräfte und Mächte – als korrespondierend zu dieser Ordnung des Alls ansehen, verbunden mit den Galaxienhaufen, Galaxien und Sonnensystemen. Vielleicht besteht die erste Hierarchie – die Seraphim, Cherubim und Throne – aus Prinzipien, die jenseits und innerhalb aller Ebenen der Ordnung des Kosmos liegen.

Die letzte Hierarchie – die Fürsten, Erzengel und Engel – scheinen mehr mit der Ordnung der irdischen Dinge zu tun zu haben. Interessanterweise wird tatsächlich jedem Volk ein eigener Engel zuerkannt, nicht nur ein Engel des Volkes selbst, sondern auch des Ortes. Der Engel Ägyptens war nicht nur der Engel des ägyptischen Volkes, sondern auch der Engel des Landes Ägypten. Das paßt zu der Vorstellung von Schutzgottheiten, die sich in der gesamten antiken Welt fand, von schützenden Wesen jeder Nation und jeden Landes. Die Römer anerkannten sie in ihrem gesamten Reich: Der Schutzgeist Britanniens beispielsweise war die Britannia, die immer noch auf dem britischen Papiergeld dargestellt ist.

Die Engel, die die Regionen der Erde hüten, entsprechen wohl den Prinzipien, überschneiden sich aber verwirrenderweise in dieser Rolle mit den Erzengeln. Michael ist ein

Schutzgeist Israels und sollte eher zu den Prinzipien als zu den Erzengeln gehören, wenn es nach Dionysios Einteilung geht. Und dann haben wir Engel, die zu den Menschen Bezug haben wie etwa persönliche Schutzengel.

Dionysios gibt uns eine ungeheuer weite Übersicht über die Organisationsebenen. Aber es ist schwer, in seiner Klassifizierung einen Sinn zu sehen. Dass es so viele Benennungssysteme für Engel gab, zeigt, dass über die Details Verwirrung herrschte. Man stimmte aber darin überein, dass es vielfältige Ordnungsebenen im Kosmos und auf der Erde gab.

Fox: Um Einzelheiten waren sie damals etwas verlegen. Wie du schon sagtest, werden die Beispiele des Dionysios immer dünner. Aber wie du auch gezeigt hast, könnte unsere heutige kenntnisreichere Kosmologie dafür sorgen, dass sich mehr Einzelheiten über die Organisationsfelder angeben lassen.

Geister eines Ortes und Geister eines Landes: Das halte ich für einen wichtigen Punkt. Engel haben nicht nur mit Menschen zu tun, sondern mit dem Land selbst und mit allen Wesen, die auf dem Land leben und dort gelebt haben, einschließlich der Geister der Vorfahren und der Tiere.

Der Begriff Korrespondenz gefällt mir; da geschieht etwas zwischen Mikrokosmos und Makrokosmos, zwischen dem Ganzen und dem Lokalen. Eine Engelordnung, wie Dionysios sie vorgeschlagen hat, gestattet uns, in Analogiebegriffen zu denken und weniger schablonenhaft. Dadurch öffnet sich der Geist, öffnen sich Beziehungen.

Sheldrake: Und solche Korrespondenzen sind nicht nur kuriose Überbleibsel einer vorwissenschaftlichen Denkweise. Wir kennen sie auch in der modernen Naturwissenschaft. Durch die Einsichten der Chaostheorie und besonders der fraktalen Geometrie können wir sehen, dass bestimmte Muster auf verschiedenen Ebenen wiederkehren. In selbstähnlichen Fraktalen treten Muster auf allen Ebenen auf, ganz gleich wie groß oder klein. In der Dynamik von Flüssigkeiten gibt es die gleichen Wirbelmuster, in einer umgerührten Teetasse, in Whirlpools, in Tornados und in der globalen Atmosphäre. Und solche Spiralmuster sehen wir auch in Galaxien. Wir können gleichartige Muster auf allen Ebenen der Natur beobachten.

Auf ähnliche Weise spiegeln sich die Planetenumlaufbahnen um die Sonne aus der astronomischen Ebene in den Atomen, deren Kerne der Sonne ähneln und um die die Elektronen wie Planeten kreisen. Magnetpole gibt es in allen Maßstäben: auf der atomaren Ebene, bei Kompassnadeln, in den Magnetpolen der Erde und der Sonne. Die Naturwissenschaft hat viele Formen mikroskopischer und makroskopischer Korrespondenzen entdeckt. Aus ganzheitlicher Sicht können wir Korrespondenzen in der Art und Weise sehen, wie die Dinge in verschiedenen holarchischen Ebenen der Natur organisiert sind.

Fox: Das ist spannend. Wenn wir auf die Definition von Hierarchie zurückgehen und das Wort *Muster* einsetzen, dann lautet das: »Muster ist meines Erachtens eine geheiligte Ordnung, Erkenntnis und Tätigkeit ...«

Ich frage mich, ob Muster nicht ein viel passenderer und

zeitgemäßer Begriff für Hierarchie ist. Wir sprachen über Holarchie, über eingefaltete Ebenen der Ganzheit; und Ganzheit umfasst Muster. Ein Muster bezieht sich mehr auf einen spezifischen Bereich, wogegen Holarchie die Synthese von allem anzeigt. Nehmen wir ein Ei, das sich entwickelt: Im Inneren entfaltet sich ein Muster. Und wie du sagst, finden sich im Mikrokosmos und im Makrokosmos entsprechende Muster – die Wirbelmuster in einer umgerührten Teetasse und in den Stürmen auf der Sonne.

Warum suchen wir derart nach Mustern? – Vielleicht geht es unserem Geist genau darum, um das Herstellen oder um das Entdecken von Mustern. Irgendwie sucht er danach. Interessanterweise sagt Erich Jantsch, dass Gott der Geist des Universums sei und dieser Geist sich entwickle. Würde das bedeuten zu sagen, Gott sei das Muster des Universums, der Geist hinter dem Muster? Unsere Suche nach der Kommunion mit dem Göttlichen ist eine Suche nach der Kommunion mit dem Muster der Dinge. Deshalb solche große Freude und Begeisterung beim Finden von Mustern. Ob wir sie nun durch die Naturwissenschaft oder durch die Kontemplation finden, Muster erfreuen uns. Was ist denn ein Musikstück, was ein Tanz? Sind das nicht alles auf irgendeine Weise Muster? Vielleicht ist alle Kreativität ein Ausdruck von Mustern. Chaos, so lernen wir, unterscheidet sich von Ordnung nur dadurch, dass ihm ein subtileres Muster innewohnt.

Sheldrake: Ein Muster hat auf jeden Fall mit Form und mit Ordnung zu tun; und genau das repräsentieren in der Natur die Felder. Felder geben den Dingen Form, Ordnung und

Muster eben. Wir könnten sagen, dass der musterbildende Aspekt des Göttlichen, der sich in der Natur spiegelt, dem Logosprinzip in der Heiligen Dreifaltigkeit entspricht. Diese musterbildende Aktivität sieht Dionysios von den Cherubim ausgehend: Sie haben mit Wissen, Weisheit und Ordnung zu tun. Die Seraphim haben mit Licht und Brennen, mit Energie zu tun. Deshalb handelt es sich bei ihnen um die Vermittler des dynamischen Aspektes der Heiligen Dreifaltigkeit, den Heiligen Geist, der dem Wind, dem Atem, dem Leben, dem Licht, der Bewegung und der Inspiration entspricht.

In der modernen Naturwissenschaft haben wir Felder, die Muster geben, und Energie, die Aktualität, Bewegung und Aktivität gibt. Dionysios sieht die Cherubim als den musterbildenden oder weisheitlichen und die Seraphim als den brennenden oder entzündenden Aspekt der ersten Prinzipien, die der manifesten Welt unterliegen.

Fox: Interessant ist, dass die Seraphim zuerst kommen – der Eros, das Feuer, die Energie. Das entspricht dem ersten Chakra. Und das finden wir auch im ersten Bericht der Genesis: Das ordnende Prinzip kommt, nachdem es schon Energie, Unordnung gibt. Angesichts dessen, was du erzählt hast, ist weiter interessant, sich noch einmal die Beschreibung der Seraphim anzusehen als »nie unterbrochene ewige Bewegung, ... hitzige, rasche, überkochende Natur ... nie erlahmende, nie abgelenkte Bewegung ... zur eigenen Hitze entflammte, glühend und alles verbrennend ... die nicht zu verhüllende, unauslöschliche, nie vergehende Lichtform und Leuchtkraft, die alle unerleuchtete Verdunkelung vertreibt und zum Verschwinden bringt.«

Ist das nicht eine unglaubliche Beschreibung von Energie? Interessanterweise wird aber in der jüdischen Tradition die Weisheit mit dem Logos nicht einfach identifiziert, sondern ist davon sogar verschieden. Sie ist Eros. Wie das Buch der Weisheit sagt: »Das ist Weisheit, das Leben zu lieben.« Nicht nur davon zu wissen, sondern es zu lieben.

Weisheit bringt Logos und Eros, das Muster und die Energie zusammen. Für sich allein kann Logos zum Wissen werden, zusammen aber, glaube ich, bringen sie Weisheit hervor.

Licht und Feuer

■ Gott als Wesen des Lichts und Ursache des Seins und des Sehens ist also für alles, was Licht empfängt, von Natur aus und letztgültig Ursache der Erleuchtung. In der Nachahmung Gottes ist es aber eingerichtet, dass das im Einzelbereich Überlegene dem Nachgeordneten Ursache ist, weil die göttlichen Lichter durch dieses auf jenes abgeleitet werden.

Mit Recht halten die übrigen Engelwesen die oberste Gliederung der himmlischen Gedanken nach Gott für die Ursache aller geheiligten Gotteserkenntnis und nachahmenden Darstellung Gottes, weil die vom Gottesprinzip ausgehende Erleuchtung sich durch sie auf alle und auf uns verbreitet. Aus dem gleichen Grund führen sie alle geheiligte und Gott nachahmende Tätigkeit auf Gott als den

Urheber zurück, beziehungsweise auf die ersten gottartigen Gedanken als die ersten Träger göttlicher Kräfte und Lehrer der Offenbarungen des Göttlichen. (...) Die Gliederungen der untergeordneten Wesen haben zwar teil an der Kraft zu entzünden, zu wissen, zu erkennen oder Gott in sich aufzunehmen, aber in einem verminderten Grad und indem sie auf die Ersten schauen und durch sie, die gewürdigt sind, die nachahmende Darstellung Gottes erstmalig ins Werk zu setzen, auf den ihnen gemäßen Stand der Gottähnlichkeit gehoben werden. (...)[8]

Wir wollen also mit unserer Darlegung beginnen und in einer ersten Erläuterung der Ausdrucksformen untersuchen, warum die Schrift das geheiligte Bild des Feuers fast vor allen andern schätzt. Du wirst zum Beispiel feststellen, dass sie nicht nur feurige Räder bildet, sondern auch feuerglühende Lebewesen und Männer, die wie Feuer blitzen, und dass sie um die himmlischen Wesen selbst Haufen von glühenden Kohlen legt und Flüsse, die in unwiderstehlichem Feuerstrom dahinbrausen. Aber auch die Throne sind nach dieser Darstellung feurig, und dass die obersten Seraphim »Entflammer« sind, deutet sie mit ihrer Benennung an und weist ihnen die Eigenschaft und die Wirkung des Feuers zu und schätzt überhaupt auf allen Ebenen die vom Feuer genommene Metaphorik. Das Feurige offenbart also, glaube ich, das am meisten Gottähnliche an den himmlischen Gedan-

ken. Die geheiligten Propheten bezeichnen nämlich das Bild des gestaltlosen Seins jenseits des
Seins vielfach in der Gestalt des Feuers, weil es
ihrer Meinung nach, soweit das im Medium des
Sichtbaren möglich ist, viele Abbildungen der Eigenschaften des Gottesprinzips bietet, wenn man
so sagen darf. Denn das wahrnehmbare Feuer ist
sozusagen in allem vorhanden und durchdringt
alles, ohne sich damit zu vermischen, und ist von
allem getrennt und leuchtet ganz hell und ist zugleich wie verborgen, an sich unerkennbar, wenn
nicht Materie vorliegt, an der es seine eigentümli-
che Wirksamkeit offenbaren kann, nicht zu fassen
und nicht zu schauen. Es bezwingt kraft seines
eigenen Wesens alles und verwandelt das, worin
es eindringt, zu seiner eigenen Tätigkeit, und teilt
sich selbst allem mit, was irgendwie ihm nahe
kommt. Es erneuert durch die Wärme in seiner
Glut, erhellt mit seinen unverhüllten Erleuchtungen, ist unbezwinglich, unvermischbar, schei-
dend, unveränderlich, nach oben strebend, sich
schnell bewegend, hoch oben zu Hause, duldet
kein herabziehendes Nachlassen, ist ständig in
gleicher Weise bewegt, andere bewegend, umfassend, nicht zu umfassen, bedarf keines anderen,
wächst im Verborgenen, offenbart seine eigene
Größe je nach den Stoffen, auf die es trifft, ist aktiv
und kräftig, in allem anwesend, unsichtbar, unbe-
achtet, scheinbar nicht vorhanden, aber durch Rei-
ben in der ihm eigenen Weise und Natur plötzlich

aufleuchtend, wie es bei einer wissenschaftlichen Untersuchung geschieht, und springt dann unhaltbar über, ohne sich in seinen vollkommenen Selbstäußerungen zu mindern.

Und noch viele Eigenschaften des Feuers könnte man finden als passende Abbilder der Wirksamkeit des Gottesprinzips, soweit das in den Vorstellungen der Sinneswelt möglich ist. Eben das wissen die Theologen und nehmen deshalb ihre bildlichen Darstellungen der himmlischen Seinsstufen vom Feuer und zeigen darin deren Gottähnlichkeit und ihre nachahmende Darstellung Gottes, soweit das möglich ist.[9]

Es ist noch zu betrachten, dass auch Flüsse, Räder und Wagen mit den himmlischen Seinsarten in Verbindung gebracht werden. Die feurigen Flüsse bezeichnen nämlich die vom Gottesprinzip ausgehenden Kanäle, die einen uneingeschränkten, nie versiegenden Zufluss herbeileiten und sie mit Leben spendender Fruchtbarkeit nähren.

Die Wagen bedeuten die verbindende Gemeinschaft der Gleichrangigen. Die geflügelten, ohne Rückwendung und Abweichung nach vorn rollenden Räder bedeuten die Kraft ihrer auf geradem, rechtem Weg voranschreitende Wirkung, insofern sich ihre Gedankenrotation in einer Weise, die weltliche Vorstellungen übersteigt, auf dieselbe gerade dahinführende Bahn ausrichtet.[10] ■

Sheldrake: Das sind wunderschöne Stellen über die ursprüngliche Natur des Lichtes und des Feuers und die Wichtigkeit von Licht und Feuer als göttliche Bilder in der Bibel und in der Überlieferung. Die gleiche Metaphorik tritt in vielerlei Form auf. In der Hindu-Überlieferung wird Shiva als Schöpfer und Zerstörer in Gestalt des Nataraja dargestellt, der in einem Feuerring tanzt. Feuer als Reiniger, Wandler, und auch als Zerstörer ist ein Urbild, das sich überall auf der Welt findet. Wir alle hängen von der Sonne ab, die Feuer ist, und alle menschlichen Kulturen sind abhängig von der Zähmung des Feuers. Die Verwendung des Feuers ist typisch für menschliche Wesen. Feuer hat eine zentrale Rolle darin gespielt, uns zu Menschen zu machen, und liefert den Menschen überall eine wunderbare Quelle für Bilder.

Die zentrale Rolle des Feuers drückt sich in diesen Passagen außergewöhnlich klar und schön aus. Zuerst kommen die Seraphim, die Feurigen. Und in der Schöpfungsgeschichte der Genesis ist der erste schöpferische Akt Gottes zu sagen: »Es werde Licht«, und es gab eine Trennung von Licht und Finsternis.

Zu Dionysios' Metaphorik des Lichts und des Feuers finden sich in vielen Kulturen und auch in der modernen Naturwissenschaft Parallelen. Wenn man dieses schöpferische Urereignis ausdrücken möchte, benutzt man entweder den Ausdruck Urknall für eine anfängliche Explosion mit der höchsten vorstellbaren Hitze, oder es wird ein Ausdruck wie »der ursprüngliche Feuerball« verwendet. Die moderne Kosmogonie beginnt mit dieser unbegreiflichen Hitze oder dem Feuer, von welchem aus alle Dinge ins Dasein traten.

Gustave Doré: Vision von Gottes Thron (19. Jahrhundert)

In der Stelle über die Flüsse und Räder und Wagen spricht Dionysios über »geflügelte Räder, die sich immer weiter bewegen«. Dieses Bild gibt uns eine Kombination der Bewegung in einer Linie und der im Kreis. Mathematisch lässt sich die Kombination von Weiter- und Kreisbewegung in Wellengleichungen darstellen. Die Wellenphysik, auf der fast die gesamte moderne Physik basiert, gründet sich auf die Mathematik der Drehung, auf das Rad. Eine Sinuswelle entsteht, wenn man ein algebraisches Modell der Drehung eines Rades auf eine Strecke aufträgt.

Fox: Chakren werden durch sich drehende Räder dargestellt und entsprechen im Osten wie im Westen den himmlischen Sphären. Das erste Chakra ist das Feuerchakra, welches – wie du schon gezeigt hast – oszilliert und schwingt. Es ist aber auch Same der Kundalini, jenes Feuers, das alle anderen Chakrenpunkte entzünden kann.

Auch andere Traditionen preisen das Feuer, das in der Weltanschauung des Dionysios eine sehr wesentliche Rolle spielt. Er spricht über das Empfangen der »Quelle des Lichts«, »die Strahlen der höchsten Gottheit«, von denen wir mystisch erfüllt werden. Immer wieder identifiziert er die Erfahrung von Schönheit mit derjenigen von Licht.

Seine Vorliebe für die Feuer- und Lichtmetaphorik mag daher rühren, dass er in der Wüste lebte. Wir haben es hier mit einem syrischen Wüstenmönch zu tun, der also lernen musste, sich in seinem Alltag mit Feuer und Licht anzufreunden.

Er spricht von der göttlichen Ausstrahlung, vom Empfangen des Lichts und dem Wesen der Gottheit als Licht. Es gibt eine Lichtquelle für alles, was erleuchtet ist. »Erleuchtung« selbst ist nicht auf das Abendland oder den Nahen Osten beschränkt, sondern ist auch eine buddhistische Vorstellung, der Durchbruch in das Licht.

Dionysios sagt, dass wir an der göttlichen Ausstrahlung teilhaben. Das bringt mich wieder zurück zur hebräischen Überlieferung der *Schekina*, welche Ausstrahlung bedeutet: das göttliche Feuer, die Gegenwärtigkeit von Feuer, die Gotteserfahrung des Mose im brennenden Busch und das Feuer, das das Volk Israel bei der Durchquerung der Wüste begleitete... Dionysios sagt, dass in der Schrift »das geheiligte Bild des Feuers vor allen andern geschätzt wird. (...) Das Feurige offenbart also das am meisten Gottähnliche an den himmlischen Gedanken.«

Er schafft in der Tat eine Verbindung zum Feuer der Lichtwellen und Photonen, wenn er sagt, dass Feuer in gewisser Weise in allem sei und alle Dinge durchdringe, ohne sich mit ihnen zu vermischen. Interessanterweise gibt Feuer sich selbst niemals fort, es ist »von allem getrennt und leuchtet ganz hell und ist zugleich wie verborgen, an sich unerkennbar, ... unbezwinglich und unsichtbar.« Es wärmt, es wiederbelebt, es erleuchtet, es verwandelt und es versteht. »Scheinbar ist es nicht vorhanden, ... leuchtet aber plötzlich auf.« Ich denke da an ein Feuer, das schon auszugehen scheint, auf das man dann etwas Papier legt und das wieder zum Leben erwacht. Darum sagt er, dass die Weisen die himmlischen Wesen nach dem Bilde des Feuers dargestellt haben – denn das Feuer ist eine der reichhaltigsten Metaphern für die Gottheit.

Man könnte nun über das Feuer in allen einzelnen Cha-

kren reden, denn in jedem von ihnen gibt es ein Feuerele-
ment. Das sexuelle Feuer im zweiten Chakra; das Feuer des
Zorns, die Leidenschaft des Zorns im dritten Chakra; das
Feuer der Wärme im Herzen, das schmilzt, –»die erste
Wirkung der Liebe ist das Schmelzen«, wie Thomas sagt –;
das Feuer des Halses, die prophetische Stimme, die sich
erhebt; das Feuer der Intuition, der Erleuchtung und Kreativität im dritten Auge; und dann das Feuer des Scheitelcha-
kras, des Kronenchakras, das sich mit allen anderen Feuern
im Universum verbindet, einschließlich der Engelfeuer, der
himmlischen Wesen.

Sheldrake: Wo Dionysios über das in allen Dingen verborgene Feuer spricht, spricht die Naturwissenschaft über
Energie. In allen Dingen ist Wärme, und nur am absoluten
Nullpunkt, der theoretischen Grenze, erlischt die thermi-
sche Schwingungsenergie völlig. Aber selbst dann gibt es
noch die verborgene Energie, die die chemischen Bande
zusammenhält, und die Energie, die in der atomaren und
subatomaren Materie zusammengefasst ist, die durch Felder in Materie gebunden ist.

Der Quantenphysiker David Bohm sagt: »Materie ist
gefrorenes Licht.« Lichtenergie kann in materieller Form
gefangen werden, in der Schwingungsnatur der Atome und
subatomaren Teilchen. Und Materie kann auch wieder
Licht abgeben. Zum Beispiel wird im Verbrennen von Papier Energie freigesetzt, die ursprünglich von der Sonne
stammt und durch Photosynthese in den Blättern gebunden
und schließlich im Holz verborgen wurde.

Die thermodynamischen Prinzipien, die im 19. Jahrhundert aufgestellt wurden, bilden in der Naturwissenschaft eine große, umfassende Einsicht. Sie zeigen, dass alle Formen von Energie in alle anderen umgewandelt werden können und dass das Herz aller Dinge Energie ist. Die sichtbarste und ausdrücklichste Form der Energie ist das Feuer, aber in allen Dingen ist Energie verborgen. Die ursprüngliche Quelle all dieser Energie ist, nach der modernen Kosmologie, der ursprüngliche Feuerball, aus dem das Universum geboren wurde.

Fox: Interessanterweise ist eine der großen Sünden des Geistes die Trägheit. Was ist Trägheit? Mangel an Energie, Mangel an Feuer. Hildegard von Bingen fragt: »Warum lebst du ohne Leidenschaft, warum lebst du ohne Blut?« Mit anderen Worten, wo ist das Feuer?

An Pfingsten, einem Durchbruch des Geistes, treffen wir auch wieder auf die Feuermetaphorik. Das schmelzende Feuer, das Feuer, welches inspiriert, das wandelnde Feuer. Wie du schon sagst, ist Feuer ein alltägliches Ereignis, weil Photosynthese ein Prozess ist, bei welchem im wörtlichen Sinne Licht in Nahrung umgewandelt wird. Wir essen also Feuer, wenn wir Nahrung zu uns nehmen.

Ich weiß noch, dass ich, als mein Hund gestorben war, mit meiner Hand an seinem Körper direkt spüren konnte, dass er nicht mehr da war, weil die Wärme fort war. Leben und Wärme gehören zusammen.

Ich betete einmal mit einem Hopi in einer Kiva, und wir sprachen über das Beten mit den Klapperschlangen. Ich fragte ihn: »Wenn du eine Schlange fängst und mit ihr beten willst, ist sie dann nicht sehr nervös?« Und er sagte: »Ja, das ist sie, aber ich singe ihr etwas vor. Eine Schlange ist sehr empfindsam für Wärme und Kälte, da sie ein Reptil ist, und sie fängt die Wärme des Liedes auf und beruhigt sich schnell.« Diese Vorstellung, dass Musik und Herzensarbeit Wärme schaffen können, erzeugt ebenso Feuer und Energie – vielleicht ähnlich mächtig wie die Photosynthese. Wir haben nur noch nicht entdeckt, wie wir unsere Wärme freisetzen können.

Und Hildegard sagt: »Keine Wärme im All geht verloren.«

Engel als Götter

■ Du wirst aber auch Stellen finden, wo das Wort Gottes sowohl die himmlischen, über uns stehenden Wesen als auch die von Gott besonders geliebten heiligen Männer bei uns Götter nennt, obwohl doch die Verborgenheit des Gottesprinzips alles Sein übersteigt, außerhalb der Welt des Seienden und über ihr steht und nichts aus der Welt des Seienden ihm im Wortsinn und uneingeschränkt ähnlich genannt werden kann. Dennoch gilt: Alle denkenden und zu diskursiver Erkenntnis fähigen Wesen, die auf die Einswerdung mit dem Gottesprinzip im Rahmen ihrer Kräfte mit ihrem ganzen Wesen ausgerichtet sind und unablässig nach dessen göttlichen Erleuchtungen streben, soweit es ihnen möglich ist, sind wegen dieser nachahmenden Darstellung Gottes nach Kräften, wenn man so sagen darf, auch der Bezeichnung »Gott« würdig.[11] ■

Sheldrake: Diese Bezeichnung der himmlischen Wesenheiten als Götter ermöglicht eine Beziehung der Engel aus Christentum, Islam und Judentum zu den Devas des Hinduismus, die als »die Leuchtenden« bekannt sind, und auch zu den Gottheiten vieler anderer Religionen. Dionysios anerkennt explizit die Schutzgottheiten Ägyptens und Babylons als Engel (siehe Seite 95).

Die Gottheiten der polytheistischen Religionen wurden in den Monotheismus integriert, indem man sie als Engel behandelt. Erkennt man die vielen Götter als dem einen höchsten Gott untergeordnet, so können sie als göttliche Mittler oder göttliche Mächte anerkannt werden. Der auf den ersten Blick so krasse Gegensatz zwischen Monotheismus und Polytheismus wird gemildert und durch die Anerkennung von Engeln modifiziert.

Fox: Das ist sehr interessant. Darin zeigt sich nämlich eine tief ökumenische Haltung des Dionysios. Man fragt sich, ob die Akzeptanz himmlischer Wesen als Götter sich auch auf himmlische Wesen als Göttinnen anwenden lässt, eine Öffnung für weibliche ebenso wie für männliche Gottheiten.

Im ersten Korintherbrief (8,5) gibt es eine ungewöhnliche und ziemlich unerwartete Aussage des Paulus, die das bestätigt, worüber du gerade gesprochen hast: »Auch wenn es wirklich so genannte Götter, sei es im Himmel oder auf Erden, gibt – wie es denn viele solche Götter und Herren

113

gibt –, so gibt es doch für uns nur den einen Gott, den Vater, von dem alle Dinge sind und leben auf ihn hin. Und einer ist Herr, Jesus Christus, durch den alle Dinge sind und wir durch ihn.«

Diese Stelle klingt ähnlich wie die Stellen über den kosmischen Christus im Neuen Testament, dass Christus Macht über die Engel, Erzengel und Throne und Herrschaften habe. Paulus gewährt den unsichtbaren Kräften und Mächten hier viel Raum, stellt aber auch fest, dass man vor diesen Mächten keine Angst zu haben braucht, weil Christus als Repräsentant des Schöpfergottes Macht über sie alle hat. Ein Teil der guten Botschaft ist, dass der Kosmos, in dem wir leben, von Grund auf ein freundlicher Ort ist, weil Gott der Schöpfer und Christus das letzte Wort über das haben, was diese Gottheiten oder Engel tun.

Sehr auffallend ist, dass Dionysios in dieser Passage sagt, es gebe Wesenheiten, die Gott nachzuahmen suchen und des gleichen göttlichen Namens würdig sind. Er benutzt auch den Ausdruck »Vergöttlichung«. Was der Westen als unsere Heiligung bezeichnet, bezeichnet der Osten als Vergöttlichung: Es geht um das Christuswesen, die Gottesnatur, in uns allen. Es ist bedauerlich, wie selten westliche Theologen den Ausdruck oder auch nur die Vorstellung davon benutzen. Eine Ausnahme von dieser Regel ist jedoch Meister Eckhart.

Engel in der Natur

■ Die unbegrenzte, mächtige Ausstrahlung Gottes erstreckt sich auf alles Seiende, (...). Von dieser kommen die gottähnlichen Mächte der Engelhierarchien, von ihr haben sie ihre unwandelbar bestehende Existenz sowie alle ihre intelligenten, unsterblichen und unablässigen Bewegungen. Sie haben das unveränderliche Selbst und das unverminderte Begehren nach dem Guten von der unbegrenzt guten Kraft erlangt, die ihnen gewährt, dieses zu vermögen und zu sein, ferner nach dem ewigen Sein zu begehren und schließlich das ewige Vermögen begehren zu können.

Es tritt aber ein Teil der unaufhörlichen Kraft in Menschen, Tiere, Pflanzen und in die ganze Natur des Universums hinein. Sie stärkt im Geeinten die gegenseitige Freundschaft und Gemeinschaft und im Individuellen das unvermischte Sein gemäß der jeweiligen charakteristischen Gesetzmäßigkeit und Bestimmung. Sie erhält weiterhin das Gute in den Ordnungen und Einrichtungen des Universums und bewahrt das unsterbliche Leben der Engel unverletzt. Sie macht außerdem die himmlischen, leuchtenden und den Sternen zugehörigen Elemente und Ordnungen unveränderlich und verleiht ihnen Äonendauer. Sie scheidet die Umläufe der Zeit durch den Sternenlauf, vereinigt sie aber durch deren Wiederherstellung. Sie macht die Kräfte des Feuers unvergänglich und die Strömungen des Wassers unaufhörlich, sie begrenzt das Luftmeer, sie gründet die Erde auf dem Nichts, sie bewahrt ihre Leben zeugenden Wehen unangetastet. Sie erhält die gegenseitige Verbindung und Vermischung der Elemente unvermischt und ungeteilt. Sie hält die Verbindung von Seele und Körper zusammen. Sie bewegt die zur Ernährung und zum Wachstum bestimmten Kräfte der Pflanzen. Sie erhält die substantiellen Kräfte des Weltalls und schützt die unauflösbare Beständigkeit des Universums. Und sie gewährt letztendlich die Vergottung selbst, indem sie den Vergotteten die Kraft dazu gewährt. Kurz und gut, es gibt überhaupt nichts Seiendes, das dem allgewaltigen Schutz und Umfassen durch die göttliche Kraft entzogen ist. Denn das, was überhaupt keine Kraft besitzt, existiert nicht und existiert auf keinerlei Weise, und es gibt auch keine Bestätigungen desselben.[12]

Dass die Engel auch Winde genannt werden, deutet an, dass ihr Flug schnell und fast ohne Zeitverlust überall hingelangt, dass ihre Bewegung von oben nach unten und wieder von unten nach oben Verbindung schafft und das Nachstehende zur höheren Stufe hin ausrichtet, und dass sie das Erste dazu bewegt, das Niedere teilhaben zu lassen und im Sinne der Vorsehung zu erheben. Man könnte sagen, dass die Bezeichnung Wind für den luftartigen Geist auch die Gottartigkeit der himmlischen Gedanken bezeichnet. Es bietet nämlich auch diese Benennung eine Metapher für die Wirksamkeit des Gottesprinzips, insofern der Wind von Natur aus beweglich ist und Leben zeugt und schnell und unaufhaltsam dahinfährt und die Ursprünge und Ziele seiner Bewegung uns unerkennbar und unsichtbar verborgen sind: »Denn du weißt nicht, woher er kommt und wohin er geht.« Aber die Schrift hüllt sie auch in eine Wolke und gibt dadurch zu erkennen, dass die geheiligten Gedanken zwar von dem verborgenen Licht in einer Weise erfüllt werden, die weltliche Vorstellungen übersteigt. Doch nehmen sie den ihnen zuerst erscheinenden Lichtschein im Verborgenen in Empfang und leiten ihn ohne Vorbehalt auf die nachstehenden Ränge in sekundären Erscheinungsformen und entsprechend ihrer Stellung im System weiter. Die Wolkengestalt bedeutet allerdings auch, dass sie die zeugende und Leben spendende und wachstumsfördernde und zur Reife bringende Kraft beinhaltet angesichts der regen Entwicklung der himmlischen Gedanken, die den aufnehmenden Schoß durch reichliche Wassergüsse zu Leben gebärenden Wehen erwecken.[13] Gehen wir nun über zur geheiligten Entfaltung der geheiligten Darstellung der himmlischen Gedanken in Tiergestalt. Dabei sollte man meinen, dass die Gestalt eines Löwen das leitende Wesen, die Stärke und Unbezwinglichkeit darstellt und die Tendenz zu einer starken Annäherung an die Verborgenheit des unsagbaren Gottesprinzips (...).

Die Gestalt des Stiers bedeutet die Stärke und höchste Lebenskraft, die Funktion, Furchen im Feld des Denkens aufzureißen, damit es die himmlischen, fruchtbringenden Regenfälle aufnehme. Die Hörner stehen für das Bewahrende und das Unbezwingbare.

Die Gestalt des Adlers bedeutet das königliche, zur Höhe strebende, schnell dahinfahrende Wesen, das scharfsichtig, wach, beweglich, erfindungsreich auf kraftspendende Nahrung aus ist, das zugleich ungehindert und unverwandt und in immer erneuerter kraftvoller Anspannung der Sehkräfte auf den uneingeschränkten, lichtreichen Strahl schaut, der aus der Sonne des Gottesprinzips hervorbricht.

Die Gestalt der Pferde bedeutet das leicht lenkbare Wesen. Und zwar bedeuten weiße Pferde das leuchtende und dem göttlichen Licht möglichst verwandte Wesen; schwarze Pferde das verborgene Wesen; rote Pferde das feuerartige und tatkräftige Wesen; weiß und schwarz gescheckte Pferde das Wesen, das die Extreme infolge seiner Fähigkeit zur Überleitung verbindet und das das Erste mit dem Zweiten und das Zweite mit dem Ersten verknüpft, einmal auf dem Weg der Rückwendung und einmal auf dem Weg der Entfaltung. Wenn wir nun aber nicht auf einen angemessenen Umfang der Abhandlung achteten, hätten wir auch die Eigenschaften der genannten Lebewesen im Detail und alle ihre körperlichen Ausformungen in passende Verbindung mit den himmlischen Kräften gebracht nach dem Grundsatz der Analogieverbindung ungleichartiger Kräfte, indem wir ihre Erregbarkeit auf höherer Ebene als Tapferkeit im Denken, deren letzter Nachhall die Erregung ist, ihre Brunst als göttlichen Liebestrieb und, allgemein gesagt, alle Sinnesempfindungen und die Vielzahl der Glieder auf die unsinnlichen Denkakte und auf das Eine gerichtete Kräfte der himmlischen Wesen zurückführen.[14] ∎

Fox: In dieser Stelle findet eine Erlösung des Phänomens Macht statt. Die Engelordnungen erhalten ihre göttliche Macht, einschließlich ihres Strebens nach dem Guten, von einer unendlich guten Macht. Dionysios preist ihre Kraft, zu dieser unablässigen Macht zu streben.

Aber diese Macht ist nicht auf die Engel beschränkt. Die gleiche Kraft fließt durch Menschen, Tiere, Pflanzen, die gesamte Natur und das All. Alle Dinge sind von dieser ewig fließenden Kraft erfüllt. Interessanterweise haben alle Wesen, einschließlich der Engel, an der gleichen Energie oder Kraft Anteil. In dieser Hinsicht unterscheiden wir uns von den Engeln nicht. Dionysios bietet ein Bild dieser Kraft als einer mütterlichen Umarmung, die große Sicherheit vermittelt: »Es gibt überhaupt nichts Seiendes, das dem allgewaltigen Schutz und Umfassen durch die göttliche Kraft entrissen ist.«

Das Universum ist von Kraft erfüllt. Jeder Wind, aus allen Richtungen, ist eine Kraft. Alle Wesen haben Anteil an den Engelkräften, und Engel durchdringen alles. Mir gefällt, dass sie vom Höchsten zum Niedersten reichen und von den Tiefen in die Höhen. Die Engel besitzen erzeugende, Leben spendende Kräfte. Dionysios sieht Kräfte überall in der Natur, in der Engel spielen, einschließlich in den Charakteristika von Tieren wie etwa Wut oder Zorn. Das ist insofern interessant, als er an anderer Stelle auf der Intellektualisierung dieser immateriellen Geister besteht. Hier scheint er den Engeln Zorn, Widerstand und Begehren zuzuordnen, mit anderen Worten Leidenschaften.

Natur und Engel scheinen bei ihm auf der Ebene der Kräfte zusammenzukommen. Vielleicht haben wir heute andere Begriffe dafür, wie Energie zum Beispiel. Aber Dionysios hat ein sehr kosmisches Verständnis für die Allgegenwart der göttlichen Kraft, die sich durch die Engel und alle anderen Wesen ausdrückt. Diese eine göttliche Kraft spielt in allen diesen verschiedenen Feldern, einschließlich in der Spezies der Engel.

Sheldrake: Ja, er scheint zu implizieren, dass jede Organisationsform in der Natur, einschließlich von Licht und Feuer, Wind und dem Leben der Tiere von Bewusstsein durchdrungen ist, nicht nur einem undifferenzierten oder transzendenten göttlichen Bewusstsein, sondern einem differenzierten Bewusstsein, das der jeweiligen Organisationsform angemessen ist.

Die Natur wird durch Felder organisiert, und diese Felder sind Aktivitätsbereiche, die Energie oder Kraft binden und ordnen. Wenn die göttliche Kraft durch und in allen Dingen fließt, wenn sie die Energie aller Dinge ist, und wenn sie durch die Engel kanalisiert wird, dann hängen die Felder,

Seraphim – nach der Vision des Ezechiel (8. Jahrhundert)

die dieser Kraft ihre differenzierte Form geben, mit Bewusstsein und Intelligenz zusammen. Somit wären die Engel das Bewusstsein der in allen Ebenen der Natur tätigen Felder, wie etwa im Strom der Winde und in den Kräften lebender Wesen wie der Tiere. Die erzeugenden Naturkräfte stehen mit Intelligenz in Zusammenhang.

Dionysios entwirft uns ein Bild der lebendigen Natur, die von differenzierter Intelligenz, von Bewusstsein und von Teilhabe am göttlichen Wesen durchdrungen ist.

Fox: Würdest du das als Animismus bezeichnen?

Sheldrake: Mehr als Animismus. Der Animismus sagt, dass die Natur lebendig sei und alle Lebewesen von Seelen durchdrungen. Eine Seele aber muss nicht unbedingt bewusst sein. Die Seele einer Pflanze oder auch die vegetative Psyche, die das Wachstum eines menschlichen Embryos organisiert, ist nicht unbedingt bewusst. Die meisten seelischen oder psychischen Tätigkeiten laufen unbewusst oder gewohnheitsgemäß ab. Sogar bei uns selbst ist der größere Anteil unserer Psyche unbewusst.

Was Dionysios denkt, geht über den Animismus noch hinaus. Er sagt nämlich nicht nur, dass die ganze Natur lebendig ist und dass es belebende Seelen in der ganzen Natur gebe. Wenn wir in Begriffen von Feldern anstelle von Seelen denken, dann impliziert seine Lehre nicht nur, dass alle Dinge Kräfte oder Energien haben, die von Feldern organisiert werden, sondern dass sie durch die Engel Anteil an Bewusstheit und Intelligenz haben und durch sie auch am göttlichen Wesen teilhaben. Ihre Energie und Kraft ist also eine Teilhabe am göttlichen Wesen, vermittelt durch die Engelhierarchien, nicht als blinde Übertragung von Kraft, sondern stets von Intelligenz geleitet.

Ich halte diese Sichtweise besonders im modernen Zusammenhang für sehr relevant, mehr noch als zu Zeiten des Dionysios, als die Natur noch für statisch angesehen wurde – die Tierarten veränderten sich nicht, und es gab keine Evolution in der Natur.

Heute sehen wir alles im Kontext der Evolution. Und die mit allen Organisationsebenen verbundenen Intelligenzen können wir eine schöpferische oder leitende Rolle im Evolutionsprozess spielen lassen.

Fox: Ich würde sagen, dass es größerer Intelligenz bedarf, die Schöpfung als einen Prozess voranzutreiben, als alles auf einmal geschehen sein zu lassen.

Sheldrake: Im Lichte der evolutionären Kosmologie nehmen diese Lehren über die Engelintelligenzen eine ganz neue und außergewöhnliche Bedeutung an.

Fox: Das erinnert mich daran, dass nach Erich Jantsch Gott der Geist des Universums sei, der sich entwickelt und selbstorganisierende Systeme oder Felder erschafft. Damit unterstreicht er die Immanenz des göttlichen Geistes und Sinnes und damit auch der Liebe innerhalb der unzähligen Felder, in denen wir leben, uns bewegen und unser Dasein haben.

Thomas von Aquin

Thomas von Aquin (1225-1274) gilt als geistiges Genie, dessen Fähigkeit zur theologischen Synthese der Tiefe seiner Seele und seines Fühlens gleichkam. Im Alter von fünf Jahren wurde er von seiner Familie in die Benediktinerabtei von Monte Cassino geschickt in der Hoffnung, er könnte eines Tages dort Abt werden. Er enttäuschte seine Familie, indem er als Teenager die Universität von Neapel aufsuchte und das Interesse äußerte, Dominikaner zu werden. Er machte seinen Traum wahr; und nachdem er bei Albertus Magnus in Köln studiert hatte, wurde er Magister der Theologie an der Universität zu Paris.

Umfang und Rang seiner Schriften sind gewaltig; sie füllen 26 enzyklopädische Bände, in denen Thomas versucht, das Christentum im Lichte der neuen Kosmologie seiner Epoche, derjenigen des griechischen Philosophen Aristoteles aus dem fünften vorchristlichen Jahrhundert, neu zu interpretieren. Das rief Kontroversen hervor sowohl mit den auf Augustinus gründenden Fundamentalisten in-

125

nerhalb der Kirche und auch mit den linken Aristotelikern, die eine atheistische Deutung des Aristoteles versuchten. Das Leben des Thomas von Aquin war gekennzeichnet durch große Kämpfe und Kontroversen und gipfelte darin, dass er in seinem letzten Lebensjahr verstummte. Das Einzige, was er noch sagte, war: »Alles, was ich geschrieben habe, ist Stroh.«

Thomas von Aquin fasste Jahrhunderte überlieferten Denkens über die Welt zusammen, wobei er eben auch zur Angelologie neue Fragen und Einsichten beitrug. Sein Einfluss auf die Geschichte der Theologie ist immens gewesen – unter anderem wurde ihm der Titel »Doctor Angelicus« verliehen.

Engel und Kosmos

■ Die gesamte körperliche Welt wird von Gott durch die Engel verwaltet.[1] Die Engel sind ein Teil des Universums, denn sie bilden nicht eine eigene Welt für sich, sondern gehören wie auch die körperlichen Geschöpfe zum Zustand des einen Universums. Das ergibt sich aus der Beziehung eines Geschöpfes zum anderen, denn die Beziehung der Dinge zueinander ist das Wohl des Universums. Denn kein Teil ist vollkommen, der von dem Ganzen getrennt ist.[2] ■

Sheldrake: Thomas von Aquin vermittelt uns hier die Vision eines Universums, das von Intelligenz und Bewusstsein geführt wird, ein völlig anderes Bild als die unbelebte und unbewusste Welt, wie die mechanistische Naturwissenschaft sie darstellt.

Fox: Und er betont die Allgegenwart der Engel – Engel sind überall, wo auch immer die Herrschaft der Vorsehung ausgeübt werden kann. Das bedeutet, dass Engel in kleinen individuellen Situationen wirken können, wie in der Überlieferung der Schutzengel beschrieben, oder auch im Rahmen von Völkern, Kontinenten, Planeten, Sonnensystemen und Galaxien.

Sheldrake: In diesem Zusammenhang würde unser modernes Verständnis des evolutionären Kosmos bedeuten, dass der gesamte Evolutionsprozess von den Engeln beherrscht wird. Das geht weit über jene Vorstellungen aus der Zeit des

Aquinaten hinaus, dass Gott alles mit den Engeln zusammen im Anfang geschaffen habe; und dass dann die Engel einfach regiert haben, was da war. Wir treffen jetzt auf eine Vorstellung des schöpferischen Prozesses, der sich auf die gesamte Geschichte des Universums erstreckt und auch heute noch weitergeht.

Nun wird außerdem die Weite des Kosmos viel größer empfunden, welcher Milliarden von Galaxien und unzählbare Billionen Sterne enthält. Die Aussage, dass das gesamte Wohl des Universums auf der wechselseitigen Beziehung der Dinge beruhe und kein Teil vollendet sei, der vom Ganzen getrennt ist, vergrößert die Reichweite, Aktivität und Macht der Engel gewaltig.

Fox: Und das verleiht dieser wunderbaren Aussage über die wechselseitige Bezogenheit im ganzen Universum eine ganz neue Relevanz, denn die Engel sind nicht nur für sich allein da, mit dem Betrieb der Dinge beschäftigt oder in Glückseligkeit getaucht, sondern sind Teil einer größeren Gemeinschaft. Es gibt eine gesamte Welt, einen Kosmos, eine Gemeinschaft, von der sie ein wesentlicher Teil sind.

Diese Kosmologie hilft auch zu erklären, warum die Engel während der Maschinen-Ära so lächerlich gemacht worden sind, als das Prinzip der wechselseitigen Verbundenheit nicht mehr geachtet wurde. In einem Universum, das auf der Bezogenheit aller Dinge beruht, gibt es einen wirklichen Platz für die Engel. Und das Bewusstsein unter den Engeln umfasst nicht nur Bewusstheit und Wissen, sondern auch Liebe. Wenn die Engel überall sind, dann sind auch Wille und liebevolle Gegenwart überall.

Freude und Ganzheit

■ Ein Ding kann nützlich sein (...) wie der Teil für das Ganze. Auf diese Weise ist der Dienst der Engel den seligen Engeln selbst nützlich, insofern er Teil ihrer eigenen Seligkeit ist. Denn es gehört zur Vollkommenheit hinzu, von der Fülle derselben auf andere übergehen zu lassen.[3] ■

Fox: Die Engel sind nicht nur fleißige kleine Bienen, die im Universum irgendeinen Dienst versehen. Sie sind einbezogen in diesen wunderbaren schöpferischen, immer weiter fortschreitenden Prozess der Entfaltung des Universums von einem Feuerball bis hin zu Billionen Galaxien. Man kann sich vorstellen, wie ihre Intelligenz und Kreativität bei der Ausführung dieses herrlichen Werkes herausgefordert sind, Werkzeuge der Vorsehung zu sein, die Entfaltung des Universums in ihrer gewaltigen Komplexität und Einfachheit zu schauen und zu unterstützen.

Und sie haben Freude daran. Auch wir erfreuen uns daran, Ordnung im Chaos der Dinge auszudrücken, sodass sich Schönheit und Herrlichkeit darin finden. Die eigene Freude mitzuteilen, gehört zu den großen glücklichen Gefühlen des Lebens.

Sheldrake: Der schöpferische Prozess in der Natur erschafft immer neue Formen, neue Muster, die in sich eine Ganzheit tragen. Und der schöpferische Prozess umfasst Sprünge auf neue Ebenen der Synthese, denn es entsteht nicht eine halbe Galaxie, eine halbe Sonne oder eine halbe Idee. Hier realisiert sich eine Verbindung zwischen Ganzheit und Fülle, aus welcher Freude entsteht.

Fox: Und genau darauf weist Thomas in dieser Passage hin, wenn er darüber spricht, Teil des Ganzen zu sein. Und als Teil des Ganzen ist der von den Engeln versehene Dienst ihnen selbst von Nutzen und eine Freude. Kosmologie und Gemeinschaft finden hier zusammen. Wir arbeiten, um Teil des Ganzen zu sein.

Engel sind Teil des großen Werkes des sich entfaltenden Universums. In dieser Hinsicht können Engel die menschlichen Wesen zu der wichtigen Frage hinführen: Sehen wir uns als Teil des großen Werkes? Sind wir mit dem Ganzen verbunden?

Engel und der Himmel

■ Engel nehmen in der geistigen Substanz die gleiche Stufe ein, wie die Himmelskörper in der körperlichen. Deshalb heißen sie bei Dionysios »himmlische Geister«.[4] Jesaia spricht über eine Heerschar himmlischer Wunder, wie das Himmelsgewölbe, die Sterne und die Engel.[5] ■

Sheldrake: Thomas von Aquin spricht hier ausdrücklich die Verbindung der Engel mit dem All an, das himmlische Wesen der Engel. Ein großer Teil der Literatur und Diskussion über Engel in den vergangenen Jahren hat sich mit den

Thomas A. Hayley: Jakobs Traum von der Himmelsleiter
(18. Jahrhundert)

Schutzengeln beschäftigt, die uns helfen und uns führen. Solche Hüter der Menschenwesen sind aber nur ein winziger Teil der schöpferischen Intelligenz des Kosmos, wenn wir die Rolle der Engel in Galaxien, Sternen und im gesamten Prozess der kosmischen Evolution mit in Betracht ziehen. Wenn wir nur auf die modernen Bücher über helfende Engel schauen, könnten wir leicht vergessen, dass wir es mit einer Wesensordnung von gewaltiger kosmischer Wichtigkeit und Weite zu tun haben.

Fox: Ja, es liegt an unserer menschlichen Arroganz zu glauben, dass es die einzige Arbeit der Engel sei, auf unseren Schultern zu sitzen oder mit unseren Kindern herumzuspazieren.

Religiös dualistisch denkende Menschen stellen sich den Himmel häufig als einen anderen Ort nach dem Tode vor. Hier wird aber das Mysterium und die Weite des Universums selbst mit umfasst. Die Engel haben eine leitende Rolle in diesem gewaltigen Tempel, in dem wir wohnen, dem Tempel des Geistes, welcher das Universum selbst ist.

Sheldrake: Auch die moderne Naturwissenschaft basiert auf der Vorstellung, dass das Universum von unsichtbaren Prinzipien regiert wird, den Naturgesetzen. Diese Gesetze sind vom Wesen her geistartig, denn mathematische Gleichungen sind Dinge, die nur im Geist existieren. Es handelt sich dabei nicht um physische Dinge, denen man in der Welt tatsächlich begegnen könnte. Man blickt nicht durch ein Elektronenmikroskop und sieht dort unter den Molekülen Schrödingers Gleichung, oder blickt durch ein Teleskop und sieht Einsteins Gleichungen an den Himmel geschrieben. Es handelt sich vielmehr um nicht sichtbare leitende Prinzipien. Aber sie werden auf diese Weise nur in einem äußerst begrenzten und unkreativen Sinne begriffen, nur als abstrakte mathematische Gleichungen und nicht als lebendige Geister mit schöpferischer Macht. Die Kreativität soll gemäß dieser Sichtweise nur als blinder Zufall in den Evolutionsprozess eingehen.

Fox: Diese Gesetze sind doch im eigentlichen Sinne etwas Unkörperliches, oder?

Sheldrake: Ja, sie sind völlig körperlos. Die Vorstellung, das Universum würde durch körperlose Intelligenzen regiert, ist die allgemein verbreitete moderne Weltanschauung. Wir haben nur eine äußerst trockene, begrenzte und enge Version davon entwickelt.

Fox: Ohne Liebe und ohne Freude.

Sheldrake: Ja. Wenn die Menschen mathematische Gleichungen für die letzte Wahrheit halten, ist das eine Form von Götzendienst. Sie behandeln von Menschen gemachte mathematische Modelle als letzte Wirklichkeit.

In einem sich entwickelnden Universum, so scheint mir, ergibt die Vorstellung schöpferischer Intelligenzen im gesamten Kosmos viel mehr Sinn als eine Ansammlung abstrakter mathematischer Gleichungen jenseits von Raum und Zeit und einer Kreativität, die nur auf Zufall basieren soll.

Die Intuition der Engel

■ Deshalb heißen Engel Verstandeswesen, denn auch bei uns sagt man von dem, was wir auf natürliche Weise sofort begreifen, dass wir es verstehen; und wir bezeichnen als Verstand das Aufnehmen der ersten Prinzipien. (...) Wäre nämlich die menschliche Seele erfüllt vom geistigen Licht wie die Engel, so würde sie bei der ersten Schau der Prinzipien schon deren gesamte Kräfte begreifen, indem sie, was aus ihnen geschlossen werden kann, sofort durch Intuition erfasste.[6] Das geistige Licht (lumen intellectuale) ist in unseren Seelen schwach. In den Engeln aber ist es vollkommen, da sie, wie Dionysios sagt, reine und klare Spiegel sind.[7] ■

Fox: Thomas spricht hier von den Engeln als Experten der Intuition. Sie sehen die Dinge direkt, mit einem reinen Verstehen, das er mit dem Licht identifiziert. Das mag einer der Gründe dafür sein, dass Engel so eng mit dem Licht in Verbindung gebracht werden, mit dem Licht des Wissens und der Wahrheit. Wir haben ja den Ausdruck, dass uns »ein Licht aufgeht« – wir sind im Dunkeln, und uns geht ein Licht auf. Von den Engeln sagt Thomas, dass in diesem Sinne ihr Licht immer *an* ist, dass sie ständig die grundlegenden Verbindungen zwischen den Dingen mühelos sehen können.

An einer anderen Stelle hebt er hervor, dass bei den Menschen das Wissen ebenso durch diskursive Anwendung der Vernunft und Mühe zustande komme wie durch Intuition, Engel aber Virtuosen der Intuition sind. Sie müssen enge Freunde der Künstlerinnen und Künstler sein und all jener, die mit ihrer Intuition sehr im Einklang sind.

Sheldrake: Das stimmt sicherlich. – Wenn wir über das Verstehen reden, können wir die Lichtmetaphern kaum vermeiden. Und das sind mehr als nur Metaphern: Wir sehen die Dinge auch in einer Art inneren Lichts. Das »Auge unseres Geistes« arbeitet, weil unser Geist irgendwie leuchtet.

Das Problem dabei ist, dass nicht alle unsere Intuitionen oder kreativen Sprünge immer richtig sind. Eine wissenschaftliche Hypothese zum Beispiel ist eine Vermutung oder Intuition darüber, wie die Dinge sind. Dann müssen wir aber experimentell untersuchen, ob das richtig oder falsch ist. Wir können nur zu gut brillante Theorien haben, die sich dann als falsch erweisen. So wie Thomas die Engel versteht, sind deren brillante Theorien immer richtig. Denn es sind nicht so sehr Theorien als vielmehr direkte Einsichten in das Wesen der Dinge.

Göttliches Licht

■ Gott ist nicht wegen einer Art Verdunklung unbekannt, sondern wegen der Fülle der Helligkeit. Denn die Vision Gottes geht vom Wesen her über die Natur jedes erschaffenen Geistes hinaus, und zwar nicht nur des menschlichen, sondern auch desjenigen der Engel.[8] Gottes Strahlen ist über-substantiell, das heißt, die göttliche Wahrheit über-schreitet alle Grenzen und Schranken jeden Erken-nens.[9] ▪

Fox: Häufig betont Thomas, wie sehr sich die Engel von den Menschen unterscheiden und über eine größere Fülle geistigen Lichtes verfügen. Er legt jedoch immer auch Wert darauf, dass die Engel in ihren Kräften nicht gänzlich gottähnlich sind. Auch sie haben als Geschöpfe ihre Grenzen. Trotz all ihrer gewaltigen intuitiven Kräfte können sie Gott nicht von Angesicht zu Angesicht sehen. Sie erfahren nicht das Wesen des Göttlichen. Es wäre zu viel, wie wenn wir in die Sonne blickten. Selbst der Engel Sehvermögen würde dadurch verdunkelt und beschädigt.

Sheldrake: Diese Passage erinnert mich an das tibetische Totenbuch, nach welchem man nach dem Tode einem blendenden Licht begegnet. Nur diejenigen, die sich zuvor durch geistige Praktiken darauf vorbereitet haben, sind in der Lage, in dieses Licht zu blicken und hineinzugehen und dadurch befreit zu werden.

Die meisten jedoch ertragen es nicht und wenden sich erschreckt ab. Ihnen wird dann eine Folge geringerer Lichter gezeigt, von welchen sie sich ebenfalls abwenden. Allmählich gelangen sie auf eine Daseinsebene, wo sie sexuelle Phantasien bekommen und schließlich zu körperlosen Voyeuren um kopulierende Paare werden, bis sie schließlich in einem Schoß gefangen und in einem menschlichen Körper wieder geboren werden.

Fox: Wie du schon sagst, betreten wir diesen Bereich der Schönheit und des Lichts und des Schreckens, der ihn begleitet, auf dem Wege geistiger Übungen. Das meinen die Mystikerinnen und Mystiker mit Via Negativa, dem Prozess des Leerwerdens, des Korrigierens und Läuterns, wodurch wir lernen, loszulassen und uns dem Licht hinzugeben, einer Kraft, die größer ist als wir. Ohne dieses Leerwerden, diese *kenosis,* können wir nur in eben der Welt überleben, in der wir uns jetzt befinden. In diesem Sinne wählen wir unsere eigene Zukunft in Abhängigkeit davon, wie sehr wir uns in dieser Lebenszeit haben läutern lassen.

Damit sind wir wieder bei der Dialektik von Licht und Dunkelheit. In der Dunkelheit bereiten wir uns auf mehr Licht vor. Es gibt viele Wege, der Dunkelheit auszuweichen, was sich als Sucht oder Verdrängung zeigt oder einfach als oberflächliches Leben. Wenn wir uns dagegen wehren, ein solches Leerwerden, jene dunkle Seite der Seele zu durchlaufen, dann können wir in uns auch nicht herausmeißeln, ein umfassenderes Erleben des Lichts zu empfangen.

Der Tod birgt sowohl eine dunkle als auch eine lichte Erfahrung. Er ist dunkel, weil er unbekannt ist und Furcht und Geheimnis bedeutet. Diejenigen aber, die irgendwelche Informationen über das erlangt haben, was nach dem Tode geschieht, stellen diesen in Lichtmetaphorik dar. Es scheint also, dass der Tod auch ungeheures Licht umfasst und vielleicht eine Rückkehr zur Quelle allen Lichts bedeutet.

Im ersten Schöpfungsbericht der Genesis ist Licht das erste erschaffene Wesen. Licht ist dem Göttlichen, der

Gottheit, sehr nahe. Es war in Gottes Geist: das erste geschaffene »Ding«. Und: Die heutige Schöpfungsgeschichte beginnt – so sahen wir – mit einem Feuerball.

Sheldrake: In den frühesten Stadien des Urknalles, des ursprünglichen Feuerballs, sind Licht und Dunkelheit noch nicht richtig geschieden. Das ursprüngliche Feuer geht über das hinaus, was wir als Licht und Dunkelheit kennen. Als das Universum sich ausdehnte und abkühlte, geschah erst das, was wir als die Entkopplung von Materie und Strahlung, die Trennung der Materie vom Licht bezeichnen. Mit anderen Worten: Sowohl in unserer zeitgemäßen Schöpfungsgeschichte wie auch im Buche Genesis geht der Trennung des Lichtes von der Dunkelheit ein Zustand voraus, welcher beide überschreitet, eine Art Feuer, das jenseits von Licht oder Dunkelheit ist.

Die Natur des Verstehens

■ Zur Vollkommenheit des Universums ist es notwendig, dass es geistige Wesenheiten gibt. Denn das Verstehen kann kein körperlicher Akt sein und auch nicht irgendeine körperliche Kraft, weil jeder Körper auf das Hier und Jetzt festgelegt ist. Daraus ergibt sich als notwendig, dass das Universum zu seiner Vollkommenheit unkörperliche Geschöpfe enthalten muss. (...) Die unkörperlichen Wesen sind in der Mitte zwischen Gott und den körperlichen Geschöpfen. Die Mitte aber scheint im Vergleich zu jedem Ende das jeweils andere Extrem zu sein, wie Laues verglichen mit Heißem kalt erscheint. Deshalb können die Engel im Vergleich mit Gott als materiell und körperlich erscheinen, nicht weil sie von sich her etwa körperlicher Natur wären.[10] ■

Sheldrake: Diese Diskussion erinnert mich an David Bohms Idee der impliziten Ordnung. Die phänomenale Welt, die Welt, in der wir leben, ist die explizite Ordnung, die entfaltete Ordnung. Dahinter oder jenseits davon liegt die implizite Ordnung oder die eingefaltete Ordnung, aus welcher die von uns erfahrbare Welt hervorgeht. Bohm nimmt aber nicht nur eine implizite Ordnung an, sondern eine ganze Folge von Ordnungsebenen, die immer stärker eingefaltet sind. Innerhalb der impliziten Ordnung gibt es verschiedene Ebenen der Einfaltung.

Schaut man sozusagen von innerhalb der impliziten Ordnung hinaus zur expliziten, dann sieht die je nächste Ebene wie ein Körper aus, da sie sich auf der körperlichen Seite der Dinge befindet. Nach innen schauend sieht die implizite Ebene mehr wie ein Verstehen aus, wie eine Bedeutung – mehr wie eine Idee. Bohm bezeichnet diesen Doppelaspekt der Dinge als »Soma – Bedeutung«.

Fox: Diese Idee von David Bohm ist aufregend, weil sie unsere gedanklichen Vorgänge in einen Zusammenhang stellt, der über die bloße menschliche Erkenntnistheorie hinausgeht. Bohm spricht dabei über kosmische Beziehungen, in denen wir als Denkende stehen, als verstehende, als geistige Wesen. Während unser Verstehen wächst, gibt es eine allmähliche Entfaltung vom Impliziten zum Expliziten. Vielleicht ist es sogar unsere Aufgabe, das Implizite explizit zu machen. In diesem Sinne tragen wir als Spezies zu einem Selbstbewusstsein des Universums bei.

Geist und Körper

■ Verstehen ist eine völlig immaterielle Tätigkeit.[11] Verstehen ist kein Akt des Körpers oder irgendeiner körperlichen Kraft. Es gehört deshalb nicht zum Begriff eines geistigen Wesens, einen Körper zu haben, (...) Nicht alle geistigen Wesenheiten (substantiae intellectuales) sind mit Körpern vereint, sondern einige von ihnen sind vom Körperlichen getrennt. Diese bezeichnen wir als Engel.[12] ■

Fox: Das bedeutet, dass wir Menschen als Spezies in Begleitung dieser anderen Wesen sind, die wie wir nach Verstehen suchen und echte Intuitionen über das Wesen der Dinge haben. Nach Thomas von Aquin werden wir in diesem Prozess dadurch verlangsamt, dass all unsere Kenntnisse auf dem Wege der Sinneserfahrung und des diskursiven Denkens zustande kommen. Die Erfahrung der Wahrheit aber haben wir mit den Engeln gemein.

Außerdem haben wir eine Verantwortung, schöpferisch zu sein, um einem expliziteren Verstehen der Welt ins

Verkündigung an Maria – Ikone (12. Jahrhundert)

Dasein zu verhelfen. Das ist eine unserer Leidenschaften. Deshalb freuen wir uns an der Wahrheit. Wir spüren, dass es zum schöpferischen Prozess des Universums gehört, einige seiner grundlegenden Gesetzmäßigkeiten und feinen Verknüpfungen zu entdecken.

Sheldrake: Dieser Drang nach sozusagen unverkörpertem Wissen ist in der gesamten Entwicklungsgeschichte der Wissenschaft sehr stark gewesen. Descartes sprach vom wissenschaftlichen Geist als einer Art unverkörpertem Verstand, der sich über die unmittelbaren Sinnesarten erheben und die letzten Gesetze der Natur verstehen kann.

Fox: Wie andere kritisiere ich häufig Descartes als den Vater des Dualismus im Abendland, der Geist und Materie spaltete. In unserem Gespräch über die Erkenntnis der Engel müssen wir der kartesischen Weltanschauung jedoch zubilligen, dass unsere geistige Natur in der Lage ist, über das Einzelne hinaus zum Allgemeinen zu gehen.

Aber wir müssen immer wieder auf das Einzelne, auf das Konkrete zurückkommen, denn hier geschieht Moral oder eben nicht. Indem Descartes sich derart auf unsere engelhafte Seite, auf die Abstraktion, spezialisierte, übersah er unsere körperliche Seite und damit auch das Herz und die niederen Chakren, einschließlich der moralischen Empörung. Die kartesische Philosophie ist für uns in dem Maße nützlich, wie wir engelartig sind. Es ist jedoch sehr gefährlich, eine Zivilisation auf eine Philosophie aufzubauen, die auf unseren Gemeinsamkeiten mit den Engeln, mit wissenden Wesen, gründet. Jetzt müssen wir den Preis dafür zahlen. Aufgrund unserer Flucht vor der Natur, vor dem Erdenkörper und unseren eigenen Körpern erleben wir jetzt die ökologische Krise, die zu einem großen Teil auf unserer Ignoranz der Beziehung zum Körperlichen beruht.

Sheldrake: Ja, Descartes war ganz aufseiten der Engel. Er hielt sich ja selbst von einem Engel inspiriert. Er setzte den menschlichen Intellekt, die Engel und Gott in den Bereich des Geistes und folgte damit sehr eng der mittelalterlichen Überlieferung. Während Thomas von Aquin eine dreifältige Aufteilung von Körper, Seele und Geist annahm, schuf Descartes einen Dualismus, indem er den Mittelbegriff, die Seele, eliminierte. Damit blieben die Körper nur noch als unbeseelte Maschinen begreifbar.

Fox: Darin folgte er seinem Mentor, dem heiligen Augustinus, der den Geist als all das definierte, »was nicht Materie ist«.

Jeder Engel eine Spezies für sich

■ Es ist unmöglich, dass es zwei Engel derselben Art gebe. (...) Der Wert der Art ist höher einzuschätzen als der Wert des Einzelnen. Also ist es viel besser, dass die Arten bei den Engeln vervielfacht werden, als dass innerhalb einer Art die Einzelwesen vervielfacht werden.[13] ■

Fox: Aristoteles folgend sah Thomas von Aquin die Materie als das Prinzip der Individuation oder Individualität an. Ein Adler zum Beispiel teilt seine allgemeine Gestalt und seine Eigenschaften mit allen anderen Mitgliedern seiner Spezies, sein materieller Körper jedoch verleiht ihm individuelles Dasein, nach Ort und Zeit festgelegt. Da Thomas lehrte, dass Engel keine Materie enthalten, kann es nur einen einzelnen Engel in jeder Art geben. Deshalb hebt Thomas jeden Engel als eine Spezies für sich, als eine in sich selbst einzigartige Spezies hervor.

Sheldrake: Das bedeutet, dass ein jeder der unzählbaren Engel anders ist. Und zwar nicht anders, wie eine Amsel sich von einer anderen Amsel unterscheidet, sondern so verschieden wie eine Amsel von einer Möwe.

Können Engel Körper annehmen?

■ Manche haben gesagt, die Engel nähmen nie Körper an, sondern alle Engelerscheinungen, von denen wir in der Heiligen Schrift lesen, seien prophetische Visionen gewesen, das heißt, dass sie in der Imagination stattgefunden hätten. Das widerspricht jedoch dem Sinn der Schrift. Was man nämlich nur in der bildhaften Vision schaut, existiert nur in der Einbildungskraft des Schauenden und kann nicht von allen gleichermaßen gesehen werden. Die Schrift aber erzählt von einigen Engelerscheinungen so, dass sie von allen gemeinsam gesehen werden konnten, so wie etwa die dem Abraham erscheinenden Engel von ihm, seiner ganzen Familie und auch von Lot und den Bürgern Sodoms gesehen werden konnten. Und auch der Engel, der dem Tobias erschien, war für alle sichtbar. Daraus ergibt sich, dass all dies in einer körperlichen Schau zustande gekommen ist, durch die gesehen werden kann, was außerhalb der Sehenden liegt und deshalb von allen gesehen werden kann. (...) Da nun die Engel weder Körper sind noch von ihrer Natur aus Körper haben, müssen wir schließen, dass sie zeitweilig Körper annehmen. Die Engel brauchen einen angenommenen Körper nicht für sich selbst, sondern unseretwegen.[14] ∎

Fox: Thomas hält fest, dass Engel von ihrer eigenen Natur her nicht körperlich sind. Dennoch hat er das starke Gefühl, dass Engel bei ihrer Arbeit, bei der Beherrschung des Universums und besonders in ihrer Beziehung zu Menschen Körper annehmen oder etwas, das körperlich zu sein scheint.

Sheldrake: Interessanterweise setzt Thomas sich an dieser Stelle mit etwas auseinander, was wir für eine geläufige moderne Sichtweise halten würden: Wenn die Leute sagen, sie sehen Engel, dann sind das nur Dinge in ihrem eigenen Geist oder ihrer eigenen Imagination; aber außerhalb existieren die Engel nicht wirklich.

Fox: Ja, er will festhalten, dass solche Engelerfahrungen nicht nur privater Natur sind und dass unsere Imagination nicht ausschließlich subjektiv ist. Er sagt, dass solche Engelbegegnungen Erfahrungen von Wahrheit sind, die intersubjektiv sein kann. Sie erscheinen der Imagination vieler Menschen und durchbrechen damit den Subjekt-Objekt-Dualismus.

Wenn er sagt: »Offenbar sind solche Visionen körperlich, das heißt, von Dingen, die außerhalb der Sehenden sind«, gibt er damit wohl eine interessante Definition des Körperlichen: Körperliche Dinge existieren außerhalb des sehenden Subjektes. Die moderne Philosophie aber scheint unfähig zu sein, aus dem Kopf herauszukommen und nachzuvollziehen, dass Dinge existieren, ob wir sie kennen oder nicht.

Mir gefällt die direkte Aussage: »Engel brauchen Körper nicht um ihrer selbst willen, sondern für uns«. Es gehört zur großzügigen Kraft der Engel, uns in körperlicher Form beizustehen, mit uns zu kommunizieren und von uns erkannt zu werden. Thomas scheint damit auch zu sagen, dass jeder Engel, der uns in irgendeiner Weise helfen will, dazu inkarnieren muss.

Direkt im Anschluss an diese Stelle geht Thomas darauf ein, dass auch Christus einen menschlichen Körper annahm. Die Inkarnation scheint ein notwendiges Mittel zu sein, durch welches Menschen irgendetwas, sogar Göttliches einschließend, lernen können.

Sheldrake: Das Annehmen von Körpern ist in zweierlei Zusammenhängen wichtig. Der eine ist die Erscheinung

146

von Schutzengeln. Viele zeitgenössische Bücher über Begegnungen mit Schutzengeln beschreiben das Auftreten der Engel in menschlicher Gestalt, um den Menschen herauszuhelfen. Der andere ist die Darstellung von Engeln: Wenn Engel keine körperliche Gestalt haben, kann man keine Bilder von ihnen fertigen. Es gibt aber unzählige Bilder von Engeln, so auch die Beispiele in diesem Buch.

Engel werden häufig mit Flügeln dargestellt. Nach Thomas von Aquin brauchen die Engel von ihrem Wesen her keinen Körper, geschweige denn Flügel. Sie brauchen sie auch nicht, um sich fortzubewegen. Er sagt, dass sie nur um unseretwillen körperliche Erscheinungsformen annehmen; und vermutlich wurden sie allgemein mit Flügeln dargestellt, um ihre Fähigkeit der schnellen Fortbewegung zu kennzeichnen.

Fox: Ich erinnere mich nicht an eine einzige Stelle in allen Schriften des Thomas über Engel, wo er die Flügel erwähnt. Das Bild der Flügel besitzt aber eine archetypische Kraft und suggeriert nicht nur Bewegung, sondern auch Schweben. Und das gehört unmittelbar zur mystischen Erfahrung. Flügel bringen uns auch den Adler und andere große Vögel als Geistwesen in den Sinn. Indem sie sehr hoch fliegen, bekommen sie eine ganz andere Perspektive der Dinge, und sie besitzen auch die Freiheit, dort oben zu schweben. Nach so etwas sehnen wir uns. Es ist Teil unserer mystischen Natur zu schweben. Und die Künstlerinnen und Künstler haben dies auf ihre Engelbilder projiziert.

Offenbarung und Prophetie:
die Arbeit der Engel

■ Der Heilige Geist bewirkt solche Gnadengaben mittels des Dienstes der Engel.[15] Die göttlichen Erleuchtungen und Offenbarungen werden von Gott durch die Engel zu den Menschen weitergeleitet. Prophetisches Wissen wird nun durch göttliche Erleuchtung und Offenbarung vermittelt. Daher ist klar, dass dies durch die Engel geschieht.[16] Prophetie ist eine Vollkommenheit der Vernunft (intellectus), in der auch ein Engel einen Eindruck hinterlassen kann.[17] Die prophetische Offenbarung, die durch den Dienst der Engel zustande kommt, gilt als göttlich.[18] Prophetie geschieht nämlich zwischen Engeln und Menschen.[19] ■

Fox: Dieser Aspekt des Verständnisses der Engel bei Thomas ist sehr wichtig. Wenn er über die Engel spricht, wie sie göttliche Erleuchtung und Offenbarung transportieren, kommt mir das Bild von Bienen, die Pollen von Blume zu Blume tragen. Die Idee ist, dass Engel prophetische Offenbarung von Prophetin zu Prophet tragen, mit anderen Worten, neue Ideen. Das paßt genau zu Thomas' Verständnis des engelhaften Wissens: Engel als Experten der Intuition. Und das gilt nun auch für Prophetinnen und Propheten. Sie haben moralische Intuition.

Ich verstehe ihn so, dass Engel Botschaften und die Saat der Intuition von Person zu Person tragen. Das mag einer der Gründe dafür sein, dass in Zeiten wie der unseren, wo das prophetische Bewusstsein dringend gebraucht wird, ein wachsender Konsens zwischen verschiedensten Leuten, Wissenschaftlern bis zu Theologinnen, Dichterinnen bis zu Umweltschützern und so weiter, entsteht. Wenn wir darüber sprechen, dass ein Konsens entsteht oder eine Weltanschauung aufkommt, dann spielen die Engel vielleicht wirklich eine Rolle dabei. Wo kommen denn schließlich unsere Träume und unsere Intuitionen her?

»Prophetische Offenbarung« ist ein starker Ausdruck. »Göttliche Erleuchtung« und prophetische Offenbarung: Dass diese durch den Dienst der Engel übertragen werden, weist ihnen in Zeiten sozialer, geistiger und ökologischer Umbrüche eine gewaltige Aufgabe zu. Und in solch einer Zeit leben wir. Die Wiedergeburt der Zivilisation und die Hoffnung auf eine Renaissance hängen ebenso von den Engeln ab wie von menschlichem gutem Willen und Einsatz.

Rabbi Heschel sagt, dass Propheten sich einmischen, wobei Thomas von Aquin festhält, dass diese Einmischungen nicht nur emotionale oder rhetorische, sondern auch geistige sind. Wie auch der Kampf um Gerechtigkeit eine geistige Sache ist. Man kann ohne ein geistiges Leben nicht für Gerechtigkeit eintreten, weil es um die Abwägung von Möglichkeiten geht: wie wir es ja im archetypischen Bild der blinden Frau mit den Waagschalen, der Gerechtigkeit kennen.

Sheldrake: Ich finde Thomas' Vorstellungen über Offenbarung und Erleuchtung durch die Engel auch sehr bedeutsam für die Wiederherstellung unseres Gefühls für Inspiration.

Alle große Kunst und jede große Form von Kreativität beruht auf dieser Vorstellung der Inspiration, der Beatmung durch ein bewusstes Wesen oder eine Intelligenz, die höher ist als wir selbst. Dies wurde in dem klassischen Begriff des Genius vermittelt, des Geistes, der eine Person leitet.

Die antiken Dichter begannen stets mit einer Anrufung ihrer Muse, indem sie um ihre Leitung und Inspiration baten. Diese Tradition wird in der englischen Dichtung fortgeführt, wie etwa bei Spensers *Fairie Queen* und Miltons *Paradise Lost*. Und wenn man heute zu einem Konzert mit traditioneller Musik in Südindien geht, dann beginnt dies mit einer Invokation der Sarasvati, der Göttin der Weisheit und Musik.

Diese Vorstellung einer aus höherer Quelle stammenden Information hat in jüngster Zeit eine sehr populäre Erneuerung erlebt und ist heute nur zu verbreitet. Wir sind von einem misstönenden Konzert gechannelter Botschaften umgeben. In jedem New-Age-Buchladen gibt es Regale voll von solchen Channeling-Informationen. Und obwohl ich diese Vorstellung der Inspiration durch Engel schätze, muss ich doch Vorurteile gegen all dieses so genannte Channeling zugeben.

Fox: In dieser Hinsicht finde ich dies Zitat des Thomas so erfrischend. Er besteht auf der Dimension der Vernunft. Und: Die prophetische Dimension ist auch die Dimension der Gerechtigkeit. Diese beiden Dimensionen vermisse ich beim Channeling des New Age häufig. Viele von diesen Channeling-Medien machen aus ihren Engeln viel Geld – und wo fließt das hin? Wem dient das? Und was ist der wirklich geistige Inhalt von all dem?

Es gibt so etwas wie einen Exzess der rechten Gehirnhälfte. Ein Zugang zu den Engeln, der keine solche Überlieferung umfasst, wie Thomas sie repräsentiert mit den Dimensionen des intellektuellen und prophetischen Lebens, sorgt für eine sehr fadenscheinige Beziehung zur Engelwelt. Das wirkliche Interesse der Engel ist es, der Menschheit zu helfen und zu dienen. Das Channeln kann aber schlicht und einfach damit enden, den Bedürfnissen einzelner Leute nach Geld, nach Ego oder nach Ruhm zu dienen. Auch ich fühle mich gar nicht wohl mit dieser Behandlung der Engel, die im Ergebnis nicht zu mehr Mitgefühl für die Menschen und die Erde führt. Deshalb ist die ausdrückliche Betonung der prophetischen Rolle der Engel bei Thomas von Aquin so erfrischend.

Göttliches Schweigen

■ Engel sind Verkünder der göttlichen Stille. Denn es ist klar, dass ein Herzens- oder Gedankenkonzept, das ohne Stimme ist, in Stille auftritt. Die Stille des Herzens wird aber durch eine wahrnehmbare Stimme verkündet. (...) Engel sind immer Verkünder der göttlichen Stille. Nachdem aber jemandem etwas verkündet worden ist, muss er diese Verkündigung auch verstehen. Da wir außerdem durch unsere Vernunft verstehen können, was die Engel uns verkünden, helfen sie unserer Vernunft mit der Helligkeit ihres eigenen Lichtes, die Geheimnisse Gottes zu begreifen.[20] ■

Fox: Ich halte das für eine sehr schöne Aufgabe, die Thomas von Aquin hier den Engeln zuschreibt: Verkündende der göttlichen Stille zu sein. Und die Engel verkünden nicht nur, sondern helfen uns auch, das Verkündete zu verstehen. Sie berühren unsere Vernunft mit der Helligkeit ihres eigenen Lichtes.

Ich glaube, dass wir die Achtung vor der Stille verloren haben. Unsere Welt ist mit Werbung und Fernsehen angefüllt und mit all diesen Eindringlingen in das Schweigen der Natur. Stille wird immer seltener. Und doch haben die spirituellen Überlieferungen stets gelehrt, dass Stille einer der Wege ist, das Herz zu öffnen und das Göttliche zu uns sprechen zu lassen. Ein Beispiel dafür ist ein Treffen der Quäker; viele Arten der Meditation, vom Zen-Buddhismus bis zur monastischen Meditation, schließen das schweigende Sitzen mit ein.

Dass Engel uns Schweigen bringen, gehört zu unserer Wiederentdeckung einer geheiligten Kosmologie. Ich erinnere mich noch daran, dass der Astronaut Rusty Schweickart davon erzählte, wie die kosmische Stille dort draußen im Raum ihn zu einem Mystiker gemacht hat, nachdem er jahrelang als Pilot für Kampfflugzeuge ausgebildet worden war. Auch Leute, die sich in die Tiefen des Meeres gewagt haben, oder Sporttaucher haben mir von der Ehrfurcht gebietenden Stille dort unten erzählt. Schweigen ist sicherlich einer der Wege ins Herz, in das göttliche Geheimnis. Mit diesem einfachen Satz »Engel sind Verkünder der göttlichen Stille« benennt Thomas eine ganz besondere und sehr geheimnisvolle Aufgabe.

Sandro Botticelli: Geburt des Herrn – Ausschnitt (1500)

Sheldrake: Bedeutet das, dass ein Weg zum Kontakt mit den Engeln darin besteht zu schweigen? – Das würde ja nahe legen, dass immer, wenn wir in der Meditation in einen Raum der Stille gehen, insofern diese Stille göttlich ist, die Verkündigung dieser göttlichen Gegenwart durch einen Engel geschieht.

Fox: Das stimmt, Engel sind dann gegenwärtig. Stille ist ein Vakuum, das Engel ansaugt. Sie können der heiligen Stille nicht widerstehen. Nicht immer aber nähern wir uns der Stille durch Meditation, auch wenn dies ein nahe liegender Weg ist. Meiner Erfahrung nach entsteht, wo Ehrfurcht erlebt wird, immer eine Erfahrung von Stille. In einem Ritual zum Beispiel, das nicht unbedingt schweigend vollzogen werden muss, ein gutes Gebet – all das bringt immer Stille hervor. Wenn das stimmt, dann ist es auch wahr, dass ein gutes Gebet Engel ruft, dass es Engel gegenwärtig werden lässt.

Sheldrake: Ist das aber nicht eine sehr paradoxe Aussage, dass die Engel die göttliche Stille verkünden, denn Verkündigung bedeutet doch im allgemeinen Geräusch.

Fox: Ja. Thomas benutzt immer wieder solche Aussagen, die uns aufrütteln. Ich glaube, dass er absichtlich paradox redet, um die göttliche Stille anzukündigen.

Sheldrake: »Denn es ist klar, dass ein Herzens- oder Gedankenkonzept, das ohne Stimme ist, in Stille auftritt.«

Fox: Ich glaube, das bezieht sich auf die Natur der Engel, nämlich keine Stimme zu haben. Dadurch werden sie zu besonders Begabten im Schweigen. Vergessen wir nicht, dass sie durch Intuition lernen, und ist nicht Intuition etwas Nonverbales? In diesem Sinne stellt Intuition eine direktere Verbindung sowohl zum Herzen als auch zum Geist dar.

Sheldrake: Würde das bedeuten, dass die Art der Kommunikation, die Engel mit uns verbindet, der Telepathie ähnlicher ist als dem eigentlichen Hören?

Fox: Ja, ich glaube, das meint er damit. Oder dass sie sogar durch unsere Intuitionen und Träume eintreten. Wenn du träumst, dann bist du still, und die Engel werden davon angezogen und gelockt.

Sheldrake: »Die Stille des Herzens wird aber durch eine wahrnehmbare Stimme verkündet.« Sagt er damit, dass wir unsere Stimmen benutzen müssen, um zu verkünden, was wir in der Stille des Herzens finden?

Fox: Ja, wir verkünden und wir lobpreisen. Und dafür haben wir ja im Wesentlichen unsere Stimmen, um die Geheimnisse zu verkünden und das, was wir in der Stille unseres Herzens gelernt haben.

Sheldrake: Ich sehe immer noch nicht, wie das in die traditionelle Sicht passt, dass die Engelchöre »Heilig, heilig, heilig« singen.

Fox: Das ist gut getroffen. Aber hier gilt ein Sowohl-als-auch. Was die Künstlerinnen und Künstler ausdrücken, ist die Stille des Herzens, die sie zuvor erlebt haben. Mit anderen Worten: Sie haben etwas zu sagen, das an die Tiefen des Geheimnisses reicht. Sie machen nicht einfach Geräusch, sondern kommen aus einer wahren Stille. Jedes Gebet muss aus einer tiefen Stille kommen, und das gilt auch für das Gebet mit den Engeln.

Im Schweigen sammeln wir unsere Wahrheit und findet Leerwerden statt. Das ist die Via Negativa, die der Via Creativa vorausgeht. Jenes Leerwerden gestattet es den Geistern einzutreten. Und ein anderes Wort für Geister ist Engel.

Die Dichterin M. C. Richards fragt: »Im Anfang war das Wort, aber was war vor dem Wort?« Ihre Antwort ist: Stille. Das echte Wort kommt aus der Stille, dem Schweigen.

Arbeiten mit Engeln

■ Wir tun Gottes Werke (...) gemeinsam mit den heiligen Engeln.[21] ■

Fox: Diese Aussage bedeutet für mich, dass wir Mitarbeitende Gottes sind. Und dass diese Mitarbeit mit Gott auch bedeutet, dass wir Mitarbeitende mit den Engeln sind. Um unsere göttliche Arbeit zu tun, haben wir unsichtbare Helfer, die Engel. Das ist eine gute Nachricht, denn ich glaube, dass wir heutzutage alle Hilfe brauchen, die wir für unsere geistige Arbeit bekommen können. Es gibt Erlebnisse in unseren Träumen, Intuitionen und Einsichten, sogar im Widerstand und beim Heilen, die sich durch die Gegenwart von Engeln leichter erklären lassen als durch irgendeinen anderen Grund.

Sheldrake: In den vergangenen zwei- bis dreihundert Jahren haben viele Menschen, einschließlich der Christen, die Engel nicht besonders ernst genommen. Sie sind als Relikte eines vergangenen Zeitalters angesehen worden, als mythische Wesenheiten mit Flügeln. Wenn denn die Engel wirklich sind, in welchem Sinne auch immer, dann sind sie die ganze Zeit über da gewesen und haben den Menschen geholfen – oder sie, im Falle böser Engel, behindert.

Inwieweit glaubst du, dass die Zusammenarbeit mit den Engeln einer bewussten Anerkennung ihres Daseins bedarf oder sogar einer Anrufung der Engel? Wenn sie sowieso die ganze Zeit über geholfen haben, obwohl die Menschen sich ihrer gar nicht bewusst gewesen sind, bedeutet das doch, dass sie sehr unauffällig arbeiten können und sogar auf eine Weise, die es nicht erfordert, dass die Menschen bitte und danke zu ihnen sagen. Sie wirken sowieso.

Wie viel mehr aber könnten sie helfen, wenn wir ihre Gegenwart anerkennen? Und wie sollten wir ihre Gegenwart erkennen und ihre Hilfe anrufen?

Fox: Das ist eine sehr gute und sehr praktische Frage. Thomas kommt immer wieder darauf zurück, dass wir ja schließlich selbstbewusste Wesen seien. Die Engel mischen sich nicht in unsere Entscheidungen oder unsere Mysterien ein, in die Geheimnisse unseres Herzens. Deshalb scheint mir sehr wichtig, dass wir sie selbst rufen. Ansonsten ist ihr Werk auf äußere Angelegenheiten beschränkt. – Was aber wirklich getan werden muss, spielt sich in Bereichen der Phantasie, Kreativität, Intuition, dem Hervorbringen neuer Lebensformen von der Politik bis zur Erziehung ab. Wenn wir die Hilfe der Engel wünschen, dann werden wir sie in unseren eigenen Geist und in unser Herz einladen, wie auch in unseren kollektiven Geist und unser gemeinsames Herz.

Möglicherweise haben uns die Engel in der Epoche der Moderne, als wir sie praktisch aus unserem Geist, dem Herzen, den Gedanken und unseren Institutionen verbannt haben, mehr oder weniger verlassen. Vielleicht waren sie auf einem anderen Planeten tätig, wo sie willkommener waren. Zum Wunder eines verlebendigten Kultes wird es gehören, dass uns die Gegenwart der Engel wieder bewusst wird. Sie können angerufen werden. Und sehr wichtig ist der Punkt, auf den du bereits hingewiesen hast: Wir können ihnen danken.

Sheldrake: Das würde auch den Festen des heiligen Michael oder dem Fest aller Engel am 29. September eine außergewöhnliche Bedeutung geben, jenem Tag im Kirchenjahr, an dem sie am meisten anerkannt werden, auch wenn viele von denen, die das tun, über ihre Tätigkeit rätseln. Das Fest existiert aber immer noch als ein wichtiger Teil des kirchlichen Kalenders. Diese überlieferten Feste bewusster zu feiern, ist ein Weg, die Engel anzuerkennen.

Auch in der jüdischen Überlieferung gibt es Rituale und Gebete für die Engel, vielleicht auch in der christlichen Tradition. Meinst du, dass wir beim Studium mittelalterlicher Texte, als die Engel noch ernster genommen und häufiger in Kirchen und Kathedralen dargestellt wurden, Gebete und Praktiken in Bezug auf die Engel finden, die uns heute als Ausgangspunkt dienen können?

Fox: Auf jeden Fall! In der abendländischen Liturgie kennt die Vorbereitung auf die Messe mehrere Gebete, in denen die Engel ausdrücklich angerufen werden. Das Sanctus, das »Heilig, heilig, heilig« ist ein Gesang der Engel, wie er in den prophetischen Büchern der hebräischen Bibel gesungen wird. Die Engel sind also in jeder Eucharistiefeier anwesend, sofern wir in einem kosmologischen Zusammenhang beten. Wie du aber schon sagtest, sind wir dafür taub geworden; vielleicht hat das alles in den letzten Jahrhunderten nicht viel bedeutet. Ja, es war uns eher peinlich.

Im Mittelalter wurde enorm viel über Erfahrungen mit Engeln spekuliert und geschrieben. Das Bewusstsein der Menschen war eindeutig so, dass es Geister gibt, mit denen man umzugehen hatte, sowohl Verbündete als auch solche, die täuschen, und auch Feinde. Das war nicht nur eine christliche Anschauung, sondern fand sich auch unter den eingeborenen Völkern Amerikas und, soweit wir sagen können, unter allen anderen Völkern. Dieses Bewusstsein ist ein Teil der Tiefenökumene unserer Zeit. Die Rückkehr zu einem bewussten Beten mit den Engeln, damit die guten Engel uns unterstützen und sich gegen die bösen Engel wenden, bildet einen Teil unserer gemeinsamen Pilgerreise als Menschen in den tiefsten geistigen Brunnen unserer Überlieferungen. Die Tiefenökumene erfordert ein Erwachen für die Kräfte der Geister und Engel. Und: Die Engel werden uns erwecken.

Wo ist der Ort der Engel?

■ Ein Engel befindet sich durch eine Kraftausübung an einem bestimmten Ort. Will man diesen Kontakt als eine Handlung (operatio) bezeichnen, weil Handlung die angemessene Wirkung einer Kraftausübung ist, dann kann man sagen, dass ein Engel sich an einem Ort befindet, indem er dort handelt – sofern »Handlung« in dem Sinne verstanden wird, dass sie nicht nur aktive Bewegung (motio), sondern auch die Art von Zusammenführung (unitio) beinhaltet, wodurch ein Engel seine Kraft in Verbindung mit einem Körper bringt, indem er ihn entweder beherrscht oder beinhaltet oder auf andere Weise.[22] Es folgt daraus auch nicht, dass ein Engel in einem Ort enthalten sei. Denn eine unkörperliche Wesenheit, die durch ihre Kraft etwas Körperliches berührt, enthält dieses und wird nicht von diesem enthalten. Die Seele enthält nämlich den Körper, und ist nicht in diesem enthalten. In diesem Sinne sagt man, dass ein Engel an einem körperlichen Ort nicht enthalten ist, sondern dort ist als ein diesen irgendwie Enthaltender.[23] ■

160

Fox: Es ist offenbar schwierig, über den Ort von Engeln zu sprechen, da Engel definitionsgemäß keinen Körper haben. Ein Ort scheint nun aber eine körperliche Qualität zu sein. Es beeindruckt mich, wie Thomas von Aquin die Gegenwart eines Engels unmittelbar mit seiner Handlung verbindet. Ein Engel ist an einem Ort, indem er dort handelt. Und eine solche Handlung meint nicht nur eine Bewegung, sondern auch eine Vereinigung oder Verbindung, vielleicht Beziehung.

Der Punkt, dass ein Engel nicht an einem Ort enthalten ist, sondern diesen vielmehr enthält, ist ein wenig rätselhaft. Dadurch wird die Gegenwart eines Engels zu etwas anderem, als wir es sonst gewöhnt sind.

Sheldrake: Die nächstliegende Analogie dazu scheint mir wieder bei den Feldern zu liegen. Wir würden zum Beispiel auch nicht sagen, dass das allgemeine Schwerkraftfeld im Universum enthalten ist, sondern wir würden sagen, das Universum sei in diesem Feld enthalten. Ebenso enthält das elektromagnetische Feld, durch welches das Licht reist, das, worauf es einwirkt. Das elektromagnetische Feld um uns herum etwa, durch welches wir Dinge sehen und selbst gesehen werden können, enthält uns. Es wirkt auf uns ein, und wir wirken auf es ein.

Das bringt uns wieder auf die Frage nach der Vergleichbarkeit von Engeln und Photonen. Ein Photon ist ein Aktivitätsquantum. Photonen werden durch ihre Auswirkung lokalisiert, genauso wie Thomas es über die Engel sagt. Es gibt noch eine weitere Ähnlichkeit darin, dass ein Photon nicht im üblichen Sinne des Wortes materiell ist. Ein Photon hat keine Masse. Es hat, mit anderen Worten, keinen wirklichen Körper, sondern ist unkörperlich.

Ich glaube in diesem Sinne, dass die Wissenschaft uns wichtige Metaphern oder Parallelen zu der Vorstellung von Engeln als immateriellen oder unverkörperten Wesen liefert, die in der Lage sind, Körper zu enthalten und durch ihre Wirkungen anwesend zu sein. Darum geht es letztlich in der gesamten Quantentheorie.

Fox: Könnte man ein Feld als einen Ort bezeichnen?

Sheldrake: Nein, das kann man nicht. Du kannst wohl sagen, dass ein Feld auf einen bestimmten Ort einwirkt. Und Felder haben eine bestimmte Lokalisation. Wenn du aber über ein Feld sprichst, das zum Beispiel ein Elektron beinhaltet, dann ist dieses Elektronenfeld in einem gewissen Sinne mit abnehmender Wahrscheinlichkeit über eine unendliche Entfernung ausgedehnt. Felder haben keine festen Grenzen. Ein Magnetfeld um einen Magneten herum hat keine scharfe Umrandung. Es breitet sich mit immer weiter abnehmender Kraft unendlich aus. Das Schwerkraftfeld der Erde hält den Mond in seinem Orbit und beeinflusst auch die Sonne und die Planeten. Es hat auch einen Einfluss auf entfernte Sterne und Galaxien, der jedoch vernachlässigbar gering ist.

Fox: Ich finde es ganz erstaunlich, dass zwischen dem Denken und der Phantasie des Aquinaten und demjenigen der heutigen Naturwissenschaft derartige Analogien bestehen. Es ist doch faszinierend, dass der Geist des Thomas beim Nachdenken über die Engel auf die gleiche Art von Beziehungsstrukturen gestoßen ist, mit denen auch die heutige Naturwissenschaft spielt. Engel und Photonen – welche Überraschung!

Engel handeln an einem Ort zu einer Zeit

◼ Wenn wir etwas zu einer einzelnen Kraft in Beziehung setzen, müssen wir es als Eines in Beziehung zu ihr setzen. Wie also das gesamte Universum als Eines in Beziehung zur universellen Kraft Gottes gesetzt wird, so wird ein Besonderes als Eines in Beziehung zur Kraft des Engels gesetzt. Und da nun ein Engel durch die Anwendung seiner Kraft auf einen Ort an diesem Ort ist, folgt daraus, dass er nicht überall und nicht an mehreren Orten, sondern nur an einem Orte ist. (...) Es ist nicht nötig, dass sein Vorhandensein an einem einzigen unteilbaren Ort bestimmt wird, sondern er kann teilbar oder unteilbar, größer oder kleiner sein, je nachdem der Engel willkürlich seine Kraft auf einen großen oder kleinen Ort einwirken lässt. Und dieser ganze Ort, auf welchen er seine Kraft anwendet, wird ihm entsprechend ein einziger Ort sein.[24] ◼

Sheldrake: Hier wird die Analogie des Feldes noch deutlicher. Ein Feld ist ein Ganzes. Man kann zum Beispiel nicht einen Teil eines Magnetfeldes herauslösen. Wenn man einen Magneten in kleine Stückchen teilt, ist wiederum jeder Teil dieses Magneten ein vollständiger Magnet mit einem vollständigen Magnetfeld. Wenn man kleine Magnetstücke zu einem Magneten zusammensetzt, dann verbinden sich alle Felder zu einem einzigen Magnetfeld.

Es gehört zum Wesen eines Feldes, dass es die Dinge, auf welche es einwirkt, zusammenfasst und sich zu ihnen als ein Ganzes in Beziehung setzt. Das Schwerkraftfeld des Sonnensystems zum Beispiel bezieht sich gemeinsam auf Sonne und Planeten und gibt dem System damit eine Einheit.

In der Biologie haben die morphogenetischen Felder, die dem Körper Form verleihen, die gleiche Eigenschaft. Das morphogenetische Feld, das ein Giraffenembryo formt, bringt während seines Wachstums all die sich entwickelnden Organe unter seinen Einfluss und koordiniert ihr Wachstum so, dass sie sich entwickeln und zusammenwirken, um schließlich eine Giraffe zu werden. Durch das Feld beziehen die Teile sich als eine Ganzheit aufeinander, als ein lebendiger Organismus.

Die Sicht des Aquinaten paßt gut zu modernen Feldtheorien, geht jedoch darüber hinaus. Die Feldtheorien ähneln den mittelalterlichen Seelenvorstellungen als der Instanz, welche einen lebendigen Körper organisiert und enthält. Thomas von Aquin weist selbst darauf hin und zieht eine Parallele zwischen der enthaltenden Natur der Seele und der Art, in welcher Engel an Orten gegenwärtig sind. Die

Jesus am Ölberg (12. Jahrhundert)

Tätigkeit der Engel geht aber über die der Seelen oder Felder hinaus. Es handelt sich nicht um unbewusste oder durch Gewohnheit gebildete Teile des Naturverlaufs, sondern sie haben Bewusstsein und Entscheidungsfähigkeit.

Fox: Thomas unterstreicht das, wenn er sagt, dass die Engel ihre Kraft willkürlich auf mehr oder weniger ausgedehnte Körper wirken lassen können. Das ist eine Entscheidung aufseiten der Engel, eine Willkür und eine Wahlmöglichkeit, an diesem oder an jenem Ort schöpferisch zu sein, sich diesem oder jenem Körper zu verbinden: eine Wahl der Liebe also.

Die Liebe der Engel

■ Der Wille der Engel ist von Natur aus liebevoll.[25]
Engel können kraft ihrer Natur nur liebevoll sein.[26] ■

Fox: Ich halte es für wichtig, dass wir es hier nicht nur mit wissenden, sondern mit liebenden Wesen zu tun haben. Engelkräfte sind nicht neutral. Einstein sagte, die wichtigste Frage, die man im Leben stellen könne, sei: »Ist das Universum ein freundlicher Ort oder nicht?«. Thomas sagt, jene Engelwesen, die das Universum regieren, seien liebevolle Wesen.

Felder betrachten wir nicht unbedingt als liebevoll. Sie spielen ihre Rolle in der Welt, indem sie etwas tragen und Dinge möglich machen. Hier haben wir es aber mit Wesen zu tun, die auch nähren, sich sorgen und lieben. Und wir finden eine Bestätigung dafür, dass die wechselseitige Verbundenheit innerhalb des Universums nicht nur unpersönlich ist, sondern von mitfühlenden Wesen abhängt, die eben lieben und sorgen.

Sheldrake: Auch ich halte das für eine wichtige Ergänzung. Das Schwerkraftfeld vereint das gesamte Universum. Wie die Liebe ist es von seinem Wesen her einend. Gewöhnlich stellen wir uns die Schwerkraftanziehung aber als einen völlig unbewussten Vorgang vor. Das Element des Bewusstseins einzuführen, geht weit über das Feldkonzept der heutigen Wissenschaften hinaus.

Fox: Und wir haben ja auch Metaphern, die die Schwerkraft und die Liebe miteinander verbinden, zum Beispiel im Englischen »falling in love«. Wenn wir den vermenschlichenden Aspekt aus unserer Sprache wegdenken, einschließlich bei dem Ausdruck »falling in love«, dann kann uns klar werden, wie sehr uns die kosmischen Mächte wie zum Beispiel die Engel lieben. Und das kann uns vielleicht auch in Zeiten tragen, in denen menschliche Liebe uns im Stich lässt.

Können mehrere Engel gleichzeitig an einem Ort sein?

■ Zwei Seelen sind nicht im gleichen Körper, und deshalb auch nicht zwei Engel am gleichen Ort. Zwei Engel sind nicht zugleich am selben Ort, weil es unmöglich ist, dass es zwei vollständige und gleichzeitige Ursachen für ein und dieselbe Sache gebe. (...) Insofern man sagt, dass ein Engel dadurch an einem Ort sei, dass seine Kraft diesen Ort unmittelbar und vollkommen enthält, so kann an einem Ort nur ein einziger Engel sein.[27] ■

Fox: Das ist die Frage, mit der Thomas der oft wiederholten Karikatur der scholastischen Angelologie am nächsten kommt, nach welcher die Scholastiker Jahre mit Diskussionen darüber verbracht haben sollen, wie viele Engel auf einer Nadelspitze Platz finden können.

Sheldrake: Wie ist diese Karikatur denn entstanden?

Fox: In meiner ziemlich gründlichen Lektüre mittelalterlicher Literatur und Theologie bin ich niemals darauf gestoßen, dass diese Frage aufgeworfen, geschweige denn länger behandelt wurde. Ich glaube, dass die rationalistischen Historiker und Philosophen der letzten Jahrhunderte es für nötig hielten, das Mittelalter schlecht zu machen. Viele Menschen sind ja in dem Glauben erzogen worden, das Mittelalter wäre ein durch und durch finsteres Zeitalter gewesen. Das jedoch ist schwer nachzuvollziehen, wenn man beispielsweise die Kathedrale von Chartres oder andere große Kathedralen aus jener Zeit besucht. Offenbar verstanden Menschen jener Epoche eine Menge vom Bauwesen, von Bleiverglasung und Kosmologie oder der Verbindung von Religion zu Kosmos und Geist gar nicht zu sprechen.

Sheldrake: Was der Aquinate in diesem Absatz sagt, ist doch, dass es ebenso wenig zwei Engel geben kann, die auf das gleiche System einwirken, wie zwei Seelen den gleichen Körper enthalten können. Das Wesen der Seele ist es, dass sie das einende Prinzip des Körpers bildet, sodass die Tätigkeit zweier Seelen im gleichen Körper diese einende Qualität leugnen würde, außer wenn sie sich abwechseln.

Fox: Wie Dr. Jekyll und Mr. Hyde?

Sheldrake: Ja, selbst in den extremsten Fällen von multipler Persönlichkeit, mit Dutzenden verschiedener Persönlichkeiten, treten sie in Folge voneinander auf und handeln nicht gleichzeitig. Ebenso kann man mit einem Fernseher verschiedenste Kanäle nacheinander sehen, aber nie alle gleichzeitig.

Diese Analogie stützt die Aussage des Thomas, dass es nicht zwei Engel geben kann, die am gleichen Ort und zur gleichen Zeit handeln. Wenn wir auf der anderen Seite aber die Feldmetapher für Engel annehmen, dann kann es durchaus zwei Felder geben, die gleichzeitig wirksam sind. Das elektromagnetische Feld wirkt zum Beispiel auf meinen Körper ein: Ich kann sehen und gesehen werden. Gleichzeitig wirkt auch das Schwerkraftfeld auf und durch meinen Körper, indem es mich auf dem Stuhl festhält und daran hindert, in die Luft zu schweben. Wenn ein Schutzengel auf eine Person Einfluss nimmt, befindet sich diese Person auf der Erde, und auch der Engel der Erde hält und beeinflusst die gesamte Umgebung, innerhalb welcher diese Person und ihr Schutzengel wirksam sind. Das System des Thomas würde also ermöglichen, dass zwei Engel dann am gleichen Ort und zur gleichen Zeit wirksam sind, wenn diese in ihrer Größe und Reichweite unterschiedlich sind.

Wie Engel sich bewegen

■ Da ein Engel, wie gesagt, nur durch den Kontakt seiner Kraft an einem Ort ist, kann die Ortsbewegung eines Engels nichts anderes sein, als verschiedene Kontakte zu verschiedenen Orten – und zwar aufeinander folgend und nicht gleichzeitig, denn der Engel kann nicht gleichzeitig an mehreren Orten sein, wie oben gesagt wurde. Und solche Kontakte brauchen nicht kontinuierlich zu verlaufen. (...) Seine Bewegung kann auch stetig sein. Oder er kann auch einen Ort als ganzen zugleich verlassen und sich völlig einem anderen Ort zuwenden, wodurch dann seine Bewegung nicht stetig sein wird.[28] Wie wir bereits sagten, kann die Ortsbewegung eines Engels stetig oder unstetig sein. Ist sie kontinuierlich (...), so muss der Engel dazu einen Zwischenraum durchmessen.[29] Ist die Bewegung des Engels aber diskontinuierlich, so ist es möglich, dass er von einem Punkt zum anderen gelangt, ohne einen Zwischenraum dabei zu durchmessen. (...) Diese Bewegung von einem Punkt zum anderen ohne einen Zwischenraum ist für einen Engel möglich, jedoch nicht für einen Körper, denn ein Körper wird bemessen und ist enthalten von einem Ort. Daraus ergibt sich, dass er in seiner Bewegung den Gesetzen des Ortes unterworfen ist. Das Wesen eines Engels ist aber dem Orte nicht unterworfen und nicht darin enthalten, sondern ist ihm vielmehr übergeordnet und enthält ihn. Darum liegt es in seiner Macht, sich einem Ort zuzuwenden, wie er es will, mit Hilfe eines Zwischenraumes oder ohne einen solchen.[30] ∎

Sheldrake: Ich nehme an, dass eine der Möglichkeiten, wie ein Engel sich kontinuierlich bewegen kann, darin besteht, dass er auf etwas Bewegtes einwirkt. Wenn sich zum Beispiel eine Person, auf die ein Schutzengel einwirkt, umherbewegt, dann wird die Bewegung des Engels kontinuierlich sein, ebenso wie die Bewegung dieses Menschen kontinuierlich ist. Wenn er von einem Ort zum anderen geht, dann geht er dabei durch die dazwischen befindlichen Orte.

Interessant dagegen ist die Vorstellung einer diskontinuierlichen Bewegung, in welcher ein Engel sozusagen von einem Ort, an dem er handelte, zu einem anderen springt, ohne dabei die dazwischen befindlichen Orte durchlaufen zu müssen.

In der Quantentheorie existiert eine Entität wie ein Photon oder ein Elektron zwischen einer Handlung und einer anderen als eine »Wellenfunktion«. Und diese Wellenfunktion breitet sich im Raum als eine Wahrscheinlichkeitsverteilung aus. Man kann nicht genau sagen, wo sie sich befindet. Lokalisiert ist sie nur, wenn sie wirkt. Die gesamte ausgebreitete Wahrscheinlichkeitswelle kollabiert an einem bestimmten Punkt. Das wird als »Kollabieren der Wellenfunktion« bezeichnet.

Eine der Paradoxien der Quantentheorie besteht darin: Wenn man einzelne Photonen hat, die nacheinander durch einen Apparat mit zwei Schlitzen fliegen, bekommt man auf dem lichtempfindlichen Film dahinter ein Interferenzmuster, als wären die Photonen als Wellen durch beide Schlitze gegangen. Diese Wellen kollabieren sozusagen in dem Moment, in dem das Photon auf ein bestimmtes Silberkorn in dem Film einwirkt.

Mathematisch wird eine Wellenfunktion in der Quantentheorie interessanterweise durch eine vieldimensionale Formel dargestellt und nicht im gewöhnlichen dreidimensionalen Raum. Während sie sich zwischen den Orten, auf die sie einwirkt, befindet, ist sie in einer Art von imaginärem Raum, der als mathematische, aber nicht als physikalische Wirklichkeit existiert.

Quantenwesen wie Photonen sind in ihrer Wirkung diskontinuierlich. Wenn ein Photon die Sonne verlässt, gibt es dort ein Wirkungsquantum. Wenn es auf die Erde auftrifft und dort leuchtet, gibt es eine weitere Wirkung. Dazwischen kann das Photon jedoch nur als eine im Raum ausgebreitete Wellenfunktion dargestellt werden. Sobald es wirkt, kann man es lokalisieren. Das heißt aber nicht, dass es vorher an einem Ort lokalisiert gewesen ist, sondern nur, dass es durch seine Wirkung an jenem Ort kollabiert oder verdichtet ist. Seine Neigung, an einem oder an einem anderen Ort Wirkung zu entfalten, kann nur in Form von Wahrscheinlichkeiten vorhergesagt werden. Es hat ein Maß an Unbestimmtheit oder Freiheit.

Die Themen, die Thomas von Aquin hier in Bezug auf die Engelbewegungen abhandelt, entsprechen also genau den Vorstellungen, die wir uns in der Quantentheorie über die Bewegung von Photonen und anderen Quantenpartikeln machen.

Fox: Erstaunt dich das so sehr wie mich? – Ich nähere mich diesem Sachverhalt aus der Sicht der Theologiegeschichte an und finde es einfach verblüffend, dass sich Thomas im 13. Jahrhundert mit den gleichen Fragen herumgeschlagen hat, mit denen auch heute die Quantenphysik spielt: Kontinuität, Diskontinuität, Lokalisierung von Wirkungen und was dazwischen liegt. Überrascht dich, solches bei einem mittelalterlichen Denker zu finden?

Sheldrake: Ja, auch ich war erstaunt. Teilweise erwachte mein Interesse an der Arbeit des Thomas über die Engel genau dadurch, dass ich auf diese Parallelen stieß. Ich glaube, dass diese Parallelen deshalb auftreten, weil er sich mit der gleichen Frage beschäftigt: Wie kann etwas Nichtmaterielles und Unteilbares sich bewegen und auf Körper einwirken, die sich an verschiedenen Orten befinden?

Fox: Es kann auf eine solche Frage nur eine bestimmte Menge von Antworten geben.

Interessant ist auch, dass das Wirken von Photonen und das Wirken von Engeln jeweils ein bestimmtes Element an Freiheit einbezieht; im Falle der Engel betont Thomas die Wichtigkeit einer bewussten Wahl: »Ein Engel kann sich einem Ort zuwenden, wie er will.«

Ist die Bewegung der Engel unmittelbar?

■ Die Bewegung eines Engels findet im Augenblick statt. (...) Er bewegt sich von einem Ort zu einem anderen, ohne dass es dabei eine Zwischenzeit gibt.[31] Wenn ein Engel sich bewegt, dann liegen der Anfang und das Ende dieser Bewegung nicht in zwei Augenblicken, zwischen welchen eine Zeit verläuft. Und der Beginn der Bewegung erstreckt sich auch nicht auf eine Zeit, die durch einen Augenblick am Schluss beendet wird. Sondern der Anfang liegt in einem Augenblick und das Ende in einem anderen. Zwischen diesen liegt überhaupt keine Zeit. Sagen wir also, dass eine Engelbewegung in der Zeit geschieht, jedoch nicht auf die Weise, in der körperliche Bewegungen stattfinden.[32] ■

Fox: Wenn ich richtig sehe, dann ist es das, was dich zuerst in Bezug auf Engel und Photonen begeistert hat, diese Vorstellung, dass bei der Ortsbewegung der Engel keine Zeit vergeht. Kommt das nicht auch dem sehr nahe, was wir über die Photonen denken?

Sheldrake: Ja, ein Photon kann in einem Augenblick an einem Ort sein, sagen wir, wenn Licht die Sonne verlässt, und dann kann es an einem anderen Ort in einem anderen Augenblick sein, etwa wenn das Licht von der Sonne etwas auf der Erde berührt und erhält. Nach normalem Zeitmaß liegt zwischen diesen beiden Augenblicken eine Spanne von acht Minuten. Wir können also eine Lichtgeschwindigkeit annehmen.

Nach der Relativitätstheorie jedoch – und das war der Ausgangspunkt für Einstein – verläuft aus der Sicht des Photons selbst überhaupt keine Zeit. Es gibt eine unmittelbare Verbindung zwischen dem die Sonne verlassenden Licht und dem Aufprall auf die Erde, wobei das Photon selbst nicht gealtert ist.

Man nimmt an, dass die so genannte kosmische Hintergrundstrahlung ein Überbleibsel vom Urknall ist, ja, sie stellt sogar eine der Hauptbeweisführungen für das Auftreten des Urknalls vor 15 Milliarden Jahren dar. Diese Photonen sind also so alt, wie nur irgend denkbar, doch haben sie sich nicht erschöpft, weil sie in sich selbst zeitlos sind. Wir können die Worte des Aquinaten benutzen, um die Bewegung eines Photons zu beschreiben: »Der Anfang liegt in einem Augenblick und das Ende in einem anderen. Zwischen diesen liegt überhaupt keine Zeit. Sagen wir also, dass eine [Photonen]Bewegung in der Zeit geschieht, jedoch nicht auf die Weise, in der körperliche Bewegungen stattfinden.«

Ein wesentlicher Punkt an der Relativitätstheorie ist jedoch, dass sich kein Körper mit Lichtgeschwindigkeit bewegen kann, da die Masse von Körpern zunimmt, wenn sie sich der Lichtgeschwindigkeit annähern. Bei Lichtgeschwindigkeit wäre ihre Masse unendlich. Licht kann sich also nur deshalb mit Lichtgeschwindigkeit bewegen, weil Photonen masselos sind.

Fox: Diese Vorstellung, dass Photonen nicht altern, ist sehr interessant. Thomas sagt auch, dass Engel nicht altern. Daraus mag sich eine gewisse Rechtfertigung für jene Bilder, die besonders im Barock populär waren ergeben, in denen Engel als Babys dargestellt werden. Es gibt kein Problem eines vergreisenden oder eines erschöpften Engels. Das ist ein menschliches Problem, weil wir an Masse und an Körper gebunden sind.

Eine andere Art, das auszudrücken, ist, dass sich Engel im ewigen Jetzt befinden. Wenn keine Zeit stattfindet, während sie sich bewegen, dann werden sie auch nicht durch Vergangenheit und Zukunft bedrängt, sondern existieren immer im Jetzt. So sind sie in besonderer Weise dem Mystischen innewohnend, denn das Mystische in uns lebt auch immer im Jetzt.

Sheldrake: Und auch die Photonen existieren im ewigen Jetzt. Interessant ist, dass Engel häufig als Lichtwesen beschrieben werden. Die Verbindung zwischen Licht und

Engeln besteht schon seit frühesten Zeiten. Mehr als ein Zufall ist, dass wir heute bemerkenswerte Parallelen zwischen den Engeln und dem Wesen des Lichts finden.

Fox: Wir sprechen von einem Photon als einem Teilchen und auch einer Welle. Vielleicht ergibt sich so ein Hinweis bezüglich der Engel, dass ihre Wirkungsweise manchmal mehr wellenartig und ihre Anwesenheit manchmal mehr teilchenartig scheint.

Sheldrake: Der Wellenaspekt des Photons hat mit seinem nicht lokalisierten Wesen und seiner Bewegung zu tun. Der Teilchenaspekt hat mit seiner lokalisierten Wirkung zu tun. Sofern ein Engel an einem bestimmten Ort handelt, ist er wie ein Teilchen; sofern er unverkörpert und beweglich ist, ist er wie eine Welle, wie ein Schwingungsfeld.

Imagination

■ Unser Verstand ist tätig und empfängt durch seine Beziehung zu den Vorstellungsbildern, die zum empfangenden Verstand in Beziehung stehen wie die Farben zum Sehen, zum tätigen Verstand aber wie die Farben zum Licht. Das gibt es aber im Engel nicht. Also gibt es im Engel den Verstand nicht als tätig und empfangend.[33] ■

Fox: Thomas greift hier das Thema der menschlichen Vorstellungskraft auf. Dabei benutzt er die mittelalterliche Unterscheidung zwischen dem empfangenden Intellekt (*intellectus possibilis*) und dem tätigen Intellekt (*intellectus agens*). Der empfangende Verstand steht für eine Bewusstheit der Vorstellungen und Ideen, der tätige Verstand macht die Eindrücke, die wir aus der materiellen Welt empfangen, verstehbar. Zusammen ergeben sie das, was wir mit Kreativität oder Vorstellungskraft meinen.

Er fragt, ob Engel auch eine Vorstellungskraft haben, und kommt zu dem Schluss, dass dies nicht der Fall ist. Unsere Vorstellungskraft verbindet uns mit der sinnlichen Wahrnehmung, welche Engel nicht haben. Für Thomas liegt die Vorstellungskraft auf halbem Wege zwischen dem Sinneswissen und dem geistigen Wissen. Diejenigen, die mit einer reichen Vorstellungskraft begabt sind – nennen wir sie nun schöpferische Menschen oder Künstler –, bilden also für die übrigen eine Verbindung zwischen dem Geistigen und dem Alltag.

Thomas von Aquin glaubt, dass die spezifisch menschliche Art des Verstehens den empfangenden und tätigen Verstand umfasst, eine Verbindung, die die Intelligenz an die tierische Sphäre anknüpft. Und das stimmt natürlich. Tiere träumen. Mein Hund wachte manchmal mit einem Alptraum auf. Und Tieren eignet auch eine Art Vorstellungskraft, zumindest ein Spielen mit ihren gemachten und ihren möglichen Erfahrungen.

Thomas spricht den Engeln eine Vorstellungskraft deshalb ab, weil sie so völlig im Jetzt leben. Vorstellungskraft ist mit dem Gedächtnis verbunden, mit der Vergangenheit

Benjamin West: Er ist nicht hier, denn er wurde auferweckt (1806)

und der Zukunft. Darin liegt ihre Kraft, aber auch ihre Schwäche. In einer Kultur wie der unseren können Menschen ausschließlich in ihrer Imagination leben, sogar in der anderer, etwa von Werbestrategen. So können Vorstellungen, die Phantasie, zu einer Ablenkung vom Leben im Jetzt werden – doch muss das nicht so sein.

Das Geschenk einer vitalen Kunst besteht darin, dass sie die Imagination und Phantasie aufgreift und uns mit ihnen in das Jetzt zurückbringt, in die Tiefe und Wahrheit dessen, was wirklich ist.

Wenn Thomas sagt, dass Engel keine Vorstellungskraft hätten, dann honoriert er damit diese einzigartige Gabe, die wir als menschliche Wesen besitzen. Wir sind geistige Wesen wie die Engel und auch sinnlich wie die Tiere, und unsere Phantasie ist eine Brücke dazwischen, die uns dienen kann. Wir können sie mit geistigen Werten und Intelligenz und Energie anfüllen. Oder wir können ihr erlauben, uns an unsere niedere Natur zu binden und sich nicht darüber hinaus zu bewegen.

Die Vorstellungskraft setzt uns von den Engeln ab. Sie zeigt, dass wir etwas besitzen, was sie nicht haben. Man könnte dies auch anders klären: Sind Engel Künstler? – Eher nein. Und vielleicht ist das einer der Gründe, warum sie traditionellerweise zu Gottesdiensten kommen. Vielleicht kommen sie, um Mozart zu hören, weil sie keine Mozarts haben. Vielleicht besuchen sie die Kathedrale von Chartres, weil kein Engel je eine solche Kathedrale gebaut hat. Das ist die Aufgabe der Menschen. Kult und Ritual sind Geschenke der menschlichen Phantasie, um die Kraft der Gemeinschaft zu jener Ebene zu erhöhen, an der Engel ebenso interessiert sind wie wir. Das ist das Geschenk, das wir den Engeln machen können, die Gabe unserer Kunst, die Gabe unserer Phantasie.

Wissen Engel einzelne Dinge?

■ Die Engel behüten einzelne Menschen, wie es im Psalm 91 heißt: »Seinen Engeln hat er aufgetragen, dich zu behüten.« (...) Wenn die Engel keine Erkenntnis von einzelnen Dingen hätten, könnten sie keine Vorsehung (providentia) über das Geschehen in dieser Welt ausüben, das immer aus einzelnen Handlungen besteht. (...) Die Verwaltung und Vorsehung und Bewegung beziehen sich auf Einzelnes, so wie es hier und jetzt ist.
So wie der Mensch durch die verschiedenen Erkenntniskräfte alle Gattungen der Dinge erkennt, durch den Verstand das Allgemeine und Immaterielle, durch die Sinne das Einzelne und Körperliche, so erkennt der Engel durch seine Geisteskraft beides. Denn es liegt in der Ordnung der Dinge, dass etwas Höheres eine einheitlichere und umfassendere Kraft besitzt. (...) Da der Engel in der Naturordnung über dem Menschen steht, wäre es widersinnig zu sagen, dass der Mensch durch irgendein Erkenntnisvermögen etwas erkennen könne, was der Engel durch seine Erkenntniskraft, nämlich den Geist (intellectus), nicht erkennt.[34] ■

Fox: Dieser Abschnitt scheint wichtig für unsere Diskussion über die Rolle der Engel in einem sich entwickelnden Universum. Offenbar will Thomas hier sagen: Wenn wir die historische Entwicklung des Geschehens mit einem evolutionären Zeitsinn erkennen können, dann können die Engel das gewiss auch, wenn auch auf andere Weise. Zunächst einmal würden sie dies intuitiv wissen, denn das ist die Art und Weise, wie sie alles erkennen. Sie würden diesen Prozess erkennen, weil er ein Teil der Wirklichkeit ist und sie die ganze Wirklichkeit wissen, aber eben nicht durch Sinneserkenntnis, sondern auf eine andere Weise.

Während unsere Spezies die Theorie von der evolutionären Natur des Universums erst kürzlich gefunden hat, wussten die Engel vermutlich schon immer Entscheidendes über die Größe, das Alter, die Evolution und die schöpferische Natur des Universums, was die mittelalterlichen Gelehrten und Kirchenväter niemals kannten. Man könnte wohl formulieren, dass die Engel während dieser Jahrhunderte frustriert gewesen sind und darauf warteten, dass die Menschheit etwas Bewusstsein darüber aufholt, wie großartig und schöpferisch das Universum ist und dass es dies vom ersten Anfang an gewesen ist.

Sheldrake: Das sehe ich auch so. Ich halte diese Überlegungen des Thomas für sehr wichtig. Damit die Engel verwaltende und hütende Geister sein können, müssen sie wissen, was in der Welt vor sich geht. Und das ist keine Art von Vorauswissen; denn zumindest die Schutzengel haben es mit Wesen freien Willens zu tun.

An dieser Stelle setzt Thomas sich ernsthaft damit auseinander, wie die Engel das Geschehen beeinflussen und wie sie erkennen können, was geschieht. Und er muss eine Möglichkeit entwerfen, wie sie die Dinge direkt erkennen können, ohne eine Sinneserkenntnis, denn unsere Sinne haben sie nicht.

Wenn ich versuchen sollte zu begreifen, wie Engel eine direkte Erkenntnis ohne Vermittlung körperlicher Sinne haben können, dann würde ich mit der Möglichkeit beginnen, dass sie irgendwie mit den organisierenden Feldern der Dinge interagieren. Die geistige Tätigkeit eines Menschen, die Entwicklung einer Pflanze, die Bildung einer Schneeflocke, die ganze Tätigkeit von Gaia – alles wird durch Felder organisiert. Und die Atome und Galaxien ebenfalls. Vielleicht können die Engel direkt mit diesen Feldern in Kontakt stehen. Wenn diese Felder direkt auf die Engel einwirken und die Engel dadurch unmittelbare Erfahrung von ihrem Wesen und gegenwärtigen Zustand erlangen können, dann würden sie direkte Kenntnis über das haben, was in und um den Organismus herum vorgeht, mit dem sie da in Verbindung stehen.

Thomas glaubt, dass dies durch eine »Erkenntniskraft, den Geist« geschehen kann. Und er spricht auch davon, dass ein Wesen, je höher es steht, in seiner Kraft umso geeinter und umfassender ist. Die Tätigkeitssphäre eines Engels, der sich um den gesamten Planeten zu kümmern hat, würde sich auf die gesamte Gaia beziehen und ein vereinigtes Wissen darüber umfassen, was auf der Erde vor sich geht. Einer, der sich um die Galaxie zu kümmern hat, würde Erkenntnis des gesamten galaktischen Feldes und aller Aktivitäten darin besitzen. Der Schutzengel einer Person würde ein umfassendes und weitreichendes Wissen über das Wesen dieser Person haben, indem er direkte Erkenntnis der Felder hätte, die den Gedanken, Handlungen, Absichten und Beziehungen dieser Person zugrunde liegen.

Engel erkennen nicht nur, sie handeln auch. Die Felder eines Organismus wirken auf einen Schutzengel, und diese Wirkung ist die Grundlage für die direkte Erkenntnis des Engels vom innersten Sein und Werden dieses Organismus. Umgekehrt kann der Engel auch durch das organisierende Feld auf den Organismus einwirken und ihm dadurch neue Aktivitätsmuster vermitteln.

Wir können uns Felder als eine Art Schnittstelle vorstellen, an der Organismen und die sie hütenden Engel in Verbindung treten. Und solche Interaktionen sind natürlich wesentlich, wenn die Engelintelligenzen eine behütende und schöpferische Rolle im Evolutionsverlauf spielen sollen.

Fox: Wie du schon gesagt hast, haben Schutzengel mit Menschen mit freiem Willen zu tun. An einer anderen Stelle sagt Thomas, dass die Engel die Geheimnisse des menschlichen Herzens nicht kennen, weil nur Gott sie kennt.[35] Sie können sich also in unsere Entscheidungen nicht einmischen, selbst wenn sie es wollten, denn das ist ein Erkenntnisbereich, zu dem nur Gott selbst Zugang hat.

Ich glaube, das ist wichtig: Die Geister schreiben uns nichts vor, machen uns nicht zu bloßen Geschöpfen des Schicksals. Sie müssen ihren Abstand von unserem eigenen Gewissen und unserer eigenen Kreativität halten. Sie können helfen, können uns aber in keiner Weise unsere eigene Entscheidung abnehmen.

Dabei kommt mir die Frage des Zufalls in den Sinn, besonders im Blick auf die Evolution. Einmal angenommen, dass Engel über Wesen mit freiem Willen keine Kontrolle haben, könnten wir auch fragen: Was wissen Engel über die zufälligen Ereignisse im Universum, über die anscheinend zufälligen Ereignisse, die dann letztlich eine neue Art Ordnung ergeben?

Kennen Engel die Zukunft?

■ Die Zukunft kann auf zweierlei Weise erkannt werden. Zum einen in ihrer Ursache. Dadurch kann Zukünftiges, das notwendig aus seinen Ursachen folgt, mit Sicherheit erkannt werden, wie zum Beispiel, dass morgen die Sonne aufgeht. Was aber nur meistens aus seinen Ursachen folgt, kann man nicht mit Sicherheit erkennen, sondern nur durch eine Vermutung, wie etwa ein Arzt die Gesundung eines Kranken vorhersieht. Und solche Art der Erkenntnis findet sich bei den Engeln, und zwar in viel größerem Maße als bei uns, je allgemeiner und vollkommener sie die Ursachen der Dinge erkennen; so wie Ärzte, die die Ursachen deutlicher erkennen, die den zukünftigen Stand der Krankheit besser vorhersagen können. Das aber, was nur selten aus den Ursachen entsteht, ist völlig unbekannt, wie das Zufällige und Unvorhergesehene. (...) Das Zukünftige, wie es an sich selbst ist, kann von einem geschaffenen Verstand nicht erkannt werden. (...) Im Verstande des Engels gibt es eine Zeit aufgrund der Aufeinanderfolge geistiger Vorstellungen, weshalb Augustinus sagt: »Gott bewegt die geistigen Geschöpfe in der Zeit.« Und weil es im Verstande des Engels eine Abfolge gibt, ist ihm nicht alles gegenwärtig, was im Verlaufe der Zeit geschieht. (...) Das Gegenwärtige hat eine Natur, durch welche es den Vorstellungen im Geiste der Engel angeglichen wird und auf diese Weise erkannt werden kann. Das Zukünftige aber hat nichts in seiner Natur, wodurch es so angeglichen wird, und kann deshalb auch dadurch nicht erkannt werden.[36] ■

Fox: Das begrenzt die Erkenntnis, die Engel über den Evolutionsprozess gewinnen können. Es macht ihr Wissen und ihre Macht relativ.

Sheldrake: Und die Vorstellung, dass es im Geist der Engel Zeit gibt, hilft uns zu sehen, wie Engel in die Evolution einbezogen werden können. Hätten sie einen zeitlosen, platonischen Geist, gäbe es keine Möglichkeit, sie in einen sich entwickelnden Kosmos einzubeziehen. Wissen sie aber um das Geschehen in der Welt durch ein Zusammenwirken mit den Dingen in ihrer Einflusssphäre und verstehen sie dadurch die Abfolge einer Entwicklung, so bildet dies im Geist der Engel eine Grundlage für Evolution. Durch

186

ihr sich entwickelndes Bewusstsein spielen sie im Evolutionsprozess eine schöpferische Rolle.

Fox: Das ist eine faszinierende Idee: Sogar die Engel entwickeln sich. Obwohl sie geistige Wesen sind, entwickelt sich ihr Geist. Wie Thomas sagt: »Das Zukünftige aber hat nichts in seiner Natur, wodurch es so angeglichen wird, und kann deshalb auch dadurch nicht erkannt werden.« Letztlich sagt er damit, dass Engel lernen.

Wurden die Engel vor dem physischen Universum geschaffen?

■ Wurden die Engel vor dem physischen Universum erschaffen? Hier vertreten die Kirchenväter zwei verschiedene Auffassungen. Von ihnen erscheint diejenige als wahrscheinlicher, dass die Engel und körperlichen Wesen gleichzeitig erschaffen worden sind. (...) Es ist also nicht wahrscheinlich, dass Gott, »dessen Werke vollkommen sind«, wie es in Deuteronomium 32 heißt, die Engelwelt allein vor den anderen Geschöpfen erschaffen hat; wenn man auch die gegenteilige Auffassung nicht als Irrtum bezeichnen kann. (...) Die griechischen Kirchenväter sind einhellig der Meinung, dass die Engel vor der physischen Welt geschaffen wurden. (...) Wollte man dies annehmen, so müsste der Satz des Schöpfungsberichtes »Im Anfang schuf Gott Himmel und Erde« so gedeutet werden, dass die Worte »Im Anfang« heißen: im Sohne oder am Anfang der Zeit, nicht aber: im Anfang in dem Sinne, dass es vorher nichts gegeben habe, es sei denn, man beziehe dies nur auf die Gattung der physischen Geschöpfe.[37] ■

Sheldrake: Es scheint, dass Thomas glaubte, Engel seien mit dem physischen Universum zusammen erschaffen worden, weil die gesamte Schöpfung zusammenhing und miteinander verbunden war (siehe Seite 127) Die Engel sollen eine Rolle in Bezug auf die physischen Dinge spielen und nicht nur für sich selbst sein. Deshalb wurden sie nicht in einer getrennten Schöpfung vor dem physischen Universum erschaffen. Das scheint auch mir sinnvoll zu sein: Die Intelligenzen oder führenden Geister, die die körperliche Welt organisieren, sind zusammen mit ihr entstanden. In einem evolutionären Universum würde das bedeuten, dass beim Entstehen neuer Dinge auch die Engel, die diese Dinge führen, zusammen mit ihnen ins Dasein treten: Mit dem Auftauchen neuer Galaxien würden auch neue Engel entstehen, ebenso wie bei der Entstehung neuer Sterne, Planeten, Tier- und Pflanzenarten oder menschlicher Gesellschaften.

Wir haben heute ein viel umfassenderes Bild der Schöpfung als Thomas von Aquin oder irgendjemand sonst vor der kosmologischen Revolution der 60er Jahre haben konnte. Dadurch bekommen wir auch ein viel umfassenderes Bild von der Erschaffung der Engel. In einem Prozess, der sich über etwa 15 Milliarden Jahre kosmischer Evolution erstreckte und heute noch anhält, würden neue Engel geschaffen, während diejenigen Dinge geschaffen werden, zu welchen sie Bezug haben.

Die Vorstellung der griechischen Kirchenväter entspricht dem konventionellen Bild der Naturwissenschaft, das heißt, dass beide Sichtweisen platonisch sind. In dieser Art Naturwissenschaft gelten die Naturgesetze als ewige mathematische Wahrheiten, die vor Raum und Zeit existieren. Sie seien bereits im Augenblick des Urknalls da gewesen. Sie seien nicht entstanden, während das Universum sich entwickelte, sondern schon alle am Anfang da gewesen, dem Universum vorhergegangen. Ich glaube, dass die Sicht des Thomas, dass die Engel zusammen mit den Organismen, mit denen sie zusammenhängen, ins Dasein treten, viel sinnvoller ist. Und gleichermaßen halte ich es für sinnvoller anzunehmen, dass die »Naturgesetze« sich entwickelnde Gewohnheiten darstellen und nicht eherne Wahrheiten, die unabhängig vom physischen Universum und wie in einem transzendenten mathematischen Geist existieren.

Fox: Wenn wir nun das Universum in seinem Anfang als eine winzige Nadelspitze ansehen, wie viele Engel könnten da schon da gewesen sein? Damit wären wir wieder bei der Frage, wie viele Engel auf einer Nadelspitze tanzen können.

Wenn das Universum sich in seiner Größe ausdehnt, bedeutet dies dann, dass es mehr Arbeit für Engel gibt, mehr Platz, mehr Wesenheiten, mehr komplexe Systeme, die die Engel zu regieren helfen könnten?

Wenn das so wäre, könnte dies einen großen Teil der Theorie des Aquinaten wegfegen. Seine Vorstellung war ja, dass die Engel geschaffen wurden und dann ihre Wahl zum Guten oder zum Bösen trafen. Und dass sich seither im Bereich der Engel nicht viel geändert habe, jedenfalls was die Arbeitsweise der Engel angeht.

Vielleicht sind unsere neuen Erkenntnisse zur Vorgeschichte ja so einzigartig, dass sie mit der Vorstellung, dass alle Engel gleichzeitig erschaffen worden sind, inkompatibel sind. Diese Vorstellung ist, so könnte man sagen, noch ein Relikt des neuplatonischen Universums. Wenn, so wie du sagst, neue Galaxien geboren werden und es neue Arbeit zu tun gibt, bedeutet dies dann, dass Engel geboren und geschaffen werden?

Sheldrake: Das muss es. Die gegenwärtige Sicht des Universums ist, dass es sich ausdehnt, abkühlt und dass in dieser Abkühlung neue Organisationsformen und Strukturen auftreten. Im Kontext einer evolutionären Kosmologie würden dabei ständig neue Engel in Erscheinung treten. Das würde eine fortwährende schöpferische Tätigkeit Gottes bedingen, die auch eine fortwährende Schöpfung neuer Engel umfassen müsste.

Fox: Und warum sollte das nicht so sein?

Sheldrake: Das wirft auch die Frage auf, was mit Engeln geschieht, wenn sie überflüssig werden. Die Engel, die die Dinosaurier geführt haben, haben ja nicht mehr viel zu tun.

Fox: Offenbar werden sie recycelt oder bekommen eine Ausbildung, jetzt menschliche Wesen zu führen.

Sheldrake: Oder auf anderen Planeten im Universum gibt es Evolutionen, und sie können einfach versetzt werden. Ein Dinosaurierengel könnte sich dann unmittelbar auf einen Planeten bewegen, wo die Dinosaurier gerade erst ins Dasein treten, und dort sinnvolle Arbeit finden.

Fox: Gibt es denn auf anderen Planeten Dinosaurier? – Ich dachte, eine Spezies ist ein einzigartiges Ereignis im Universum. Und was die Dinosaurier ins Dasein brachte, sei eine ziemlich einzigartige Folge von Ereignissen auf diesem Planeten gewesen. Dies wäre doch recht schwer zu wiederholen.

Sheldrake: Nicht, wenn es sich um eine morphische Resonanz handelt. Die Billionen Sterne und Planeten können ebenfalls eine Spezies bilden. Sterne sind bereits in verschiedene unterscheidbare Typen klassifiziert worden. Es könnte auch verschiedene Spezies von Sonnensystemen im Universum geben, deren Planeten wiederum in verschiedene Spezies fallen. So könnte es Dutzende, Hunderte oder sogar Millionen Planeten geben, die in die Mars-Spezies oder die Jupiter-Spezies oder die Erd-Spezies gehören. Wenn sie untereinander hinreichend ähnlich sind, könnte zwischen ihnen eine morphische Resonanz auftreten. Die evolutionären Prozesse auf der Erde würden dann in Resonanz mit den evolutionären Prozessen auf anderen Planeten der Spezies Gaia stehen.

Der Aufstieg der Engel zu einem Zustand von Gnade und Herrlichkeit

■ Nur für Gott ist die vollkommene Seligkeit natürlich, weil für ihn sein und selig sein dasselbe ist. Für ein jegliches Geschöpf aber ist das Glück nicht natürlich, sondern sein letztes Ziel.[38] Zum Wesen der Seligkeit, des Glücks, gehört die Beständigkeit oder Festigung im Guten. Unter Seligkeit wird die letzte Vollendung der rationalen oder vernünftigen Natur verstanden. Und deshalb wird sie von Natur aus ersehnt, denn alles ersehnt von Natur aus seine letzte Vollendung. (...) Diese letzte Seligkeit, die die Fähigkeit der Natur übersteigt, haben die Engel nicht seit ihrer Erschaffung gehabt, weil diese Seligkeit nicht zur Natur gehört, sondern das Ziel der Natur bildet. Deshalb konnten die Engel sie nicht von Anbeginn an haben.[39] Die Engel brauchten die Gnade, um sich Gott zuzuwenden, insofern Gott Gegenstand der Seligkeit ist. (...) Die Engel sind Gott von Natur aus zugewandt, insofern er Ursprung ihres natürlichen Seins ist. Dabei meinen wir die Hinwendung zu Gott, insofern er durch die Schau seines Seins glücklich macht.[40] Die Gnade liegt in der Mitte zwischen Natur und Herrlichkeit.[41] ■

Fox: Die Aussage »Zum Wesen der Seligkeit, des Glücks, gehört die Beständigkeit oder Festigung im Guten« ist für mich besonders bedeutsam, weil das Gute ein anderes Wort für Segen ist. Thomas sagt damit also, dass Seligkeit im Segen liegt, sowohl in einem Bewusstsein des Segens wie auch in einem Bewusstsein des Gesegnetseins und darin, ein Werkzeug des Segens zu sein. Auf diese Weise kommt Seligkeit, kommt Glück in die Welt.

Dass er sagt, dass alles eine natürliche Sehnsucht nach seiner letzten Vollendung und Vervollkommnung hat, welche das Glück ist, ist typisch für Thomas. Sehnsucht ist das Motiv für alles. Alles sucht letztlich sein eigenes Gutes und das Wohl des Ganzen, das größere Gute. Und das Gute hinter allem Guten ist die Gottheit. Natürlich bezieht er die Engel in diese Kosmologie des Segens und des Guten mit ein.

Und er geht noch weiter, wenn er über Gnade spricht. Zusätzlich zu diesem natürlichen Verlangen nach Gott ist die Gnade in der Lage, bei der Enthüllung des göttlichen Wesens zu helfen. Gnade richtet sich auf die Natur, auch auf die Natur der Engel, welche von sich aus nicht in der Lage ist, die Enthüllung des göttlichen Wesens zu erfahren.

Thomas geht da wohl von der Erkenntnis aus, dass die Geschöpfe nicht völlig glücklich sind. Es gibt einen Unterschied zwischen ihrem Dasein und der vollkommenen Seligkeit. Die Natur ist eines und vollkommene Freude etwas anderes, wobei diese Freude das letzte Ziel bildet. Alle Wesen streben danach, ihre Freude zu vermehren. Das Dasein und das Leben sind Prozesse, das Erlebnis von Freude zu steigern.

Hildegard von Bingen: Die Chöre der Engel
(12. Jahrhundert)

Dies zu lesen, ist, glaube ich, etwas überraschend. Die meisten Menschen stellen sich Gott wahrscheinlich nicht derartig glücklich vor. So aber wird die Gottheit in ein ganz anderes Licht gestellt. Die Gottheit ist am glücklichsten. An anderer Stelle sagt Thomas: »Gott ist äußerst freudig und darum höchst bewusst.«[42] Damit verbindet er Bewusstheit und Glück. Und natürlich muß er dabei über die ungeheure Seligkeit der Engel sprechen.

Sheldrake: Die Vorstellung der Hindus vom höchsten göttlichen Bewusstsein wird als *satchitananda* als »Sein-Erkenntnis-Seligkeit« beschrieben, in untrennbarer Verbindung.

Mir ist nicht ganz genau klar, wie Thomas sich Freude, Glück vorstellt; du hast wahrscheinlich viel darüber nachgedacht, weil du ja das Buch »Sheer Joy« auf der Basis der Schriften des Aquinaten geschrieben hast. Ist Freude, ist Glück etwas, das nur durch Teilnahme an etwas Größerem als uns selbst entstehen kann? Wenn das so ist, dann müsste ein Engel oder ein jedes geschaffene Ding über sich selbst hinausgehen, um daran teilhaben zu können.

Fox: Ja, ich glaube, dass Thomas es so ausdrücken würde. Ganz sicher ist Glück niemals eine private Erfahrung, sondern immer Teil eines Gemeinschaftserlebens. Er sagt sogar: »Gottes Freude ist absolut und bedarf der Gemeinschaft.«[43] Sogar die göttliche Freude bedarf der Gemeinschaft, in der sie das Glück teilen kann. Thomas spielt dabei auch mit dem trinitarischen Motiv, dass es auch innerhalb der Gottheit Gemeinschaft und eine Freude der Gruppe gibt. Das weitet er dann auf die Schöpfung als solche aus. Die Schöpfungsgemeinschaft ist Empfänger göttlichen Glücks und wahrscheinlich auch eine Quelle davon.

Sheldrake: Das macht deutlicher, warum er sich dachte, dass Engel, die ja in einem Zustand geschaffen sind, der unsere Phantasie weit übersteigt, ebenfalls ihre Natur überschreiten müssen, um das Glück zu erreichen, und dass sie dazu auch Gnade brauchen.

Wurden die Engel in der Gnade geschaffen?

■ Obwohl die Gnade nach der Naturordnung in der Mitte zwischen der Natur und der Herrlichkeit liegt, kann doch nach der Ordnung der Zeit in der Schöpfung die Herrlichkeit nicht zugleich mit der Natur auftreten, weil die Herrlichkeit das Ziel der Naturtätigkeit selbst ist, die durch die Gnade unterstützt wird. Die Gnade aber ist nicht das Ziel der Tätigkeit, weil sie nicht aus den Werken stammt, sondern der Ursprung guter Werke ist. Daher kommt die Annahme, dass die Gnade mit der Natur gegeben wurde.[44] ■

Fox: Das ist für mich eine Aussage über das, was ich als ursprüngliche Gnade, als den Großen Segen bezeichnet habe. Die Engel sind gesegneter als andere Geschöpfe gewesen. Sie empfingen ihre Natur und ihre Gnade gleichzeitig.

Sheldrake: Thomas scheint damit zu sagen, dass die Kluft zwischen natürlichen Tätigkeiten und der Herrlichkeit durch die Gnade überbrückt worden ist. Die Gnade ist aus der Herrlichkeit sozusagen herabgekommen und hat sie mit der Naturtätigkeit verbunden. Die natürlichen Werke selbst können nicht an die Herrlichkeit heranreichen, sondern diese muss sich den natürlichen Tätigkeiten zuwenden; und dieser Prozess der Zuwendung beinhaltet die Gnade.

Fox: Ja, es gibt auch noch andere Stellen bei Thomas, wo er darüber spricht, wie sowohl die Gnade als auch die Natur beide von Gott stammen. Die Gnade ist ein völlig freies Geschenk Gottes, was aber auch für die Natur gilt. Er achtet sehr darauf, keinen Dualismus zwischen Natur und Gnade entstehen zu lassen, als sei die Natur etwas Untergeordnetes und die Gnade von ihr getrennt. Damit nimmt er Abstand von der augustinischen Trennung der Natur von der Gnade, er will dazu aber nicht allzu genau Stellung nehmen. Meister Eckhart, der in der nächsten Generation auftrat und auf Thomas Schultern stehen konnte, hatte bereits den Mut und die Direktheit zu sagen: »Natur ist Gnade.«

Hat jeder Engel unmittelbar nach einer verdienstvollen Handlung Seligkeit erlangt?

▋ Ein Engel war nach dem ersten Akt der Liebe, durch welchen er die Seligkeit verdiente, sofort selig. (...) Es ist typisch für das Wesen der Engel, dass sie ihre natürliche Vollendung nicht allmählich erreichen, sondern von Natur aus besitzen. (...) Es gehört zum Wesen des Engels, dass er die ihm zugeordnete Vollkommenheit unmittelbar erreicht.[45] ▋

Fox: Sicherlich ist dies ein Bereich, wo die Engel sich von den menschlichen Wesen unterscheiden. Die Engel hatten nur eine Wahl. Wie Thomas sagt, war diese Wahl eine der Liebe. Diejenigen Engel, die wir als die guten kennen, trafen diese Wahl; und von jenem Moment an war ihre Natur durch Gnade und Seligkeit vollendet, sodass sie deren Fülle ihr ganzes Leben lang erfuhren. Das erklärt, warum sie mit Licht und Glanz erfüllt sind, mit *doxa*, mit Herrlichkeit, und warum die Begegnung mit ihnen Menschen glücklich macht.

Sheldrake: An anderer Stelle spricht Thomas von einer Abfolge von Zuständen in einem Engel (siehe Seite 174). Hier scheint der erste einzuschlagende Schritt eine Handlung der Liebe zu sein, der sie durch die Gnade mit der Quelle der Seligkeit oder des Glücks verbindet. Danach bleiben Engel in diesem Zustand, können aber ihre Erkenntnis immer noch verändern entsprechend dem, was geschieht, und so eine zeitliche Abfolge von geistigen Zuständen erleben. Wahrscheinlich würden alle durch die Seligkeit erleuchtet werden, wenn sie diese Wahl einmal getroffen haben, und diese Seligkeit deshalb weiter mitteilen.

Können Engel nur durch Stolz und Neid sündigen?

■ In geistigen Gütern kann es keine Sünde geben, sofern man sich zu ihnen nur hingezogen fühlt, es sei denn dadurch, dass in diesem Hingezogensein die Regel eines Höheren nicht beachtet wird. Und genau das ist die Sünde des Stolzes, dem Höheren nicht darin untertan zu sein, wo es erforderlich ist. Deshalb kann die erste Sünde eines Engels nur in Stolz bestehen. Und infolgedessen kann bei ihnen auch Neid bestehen. Denn man fühlt sich aus dem gleichen Grunde zu etwas hingezogen, wie man sich von seinem Gegenteil abgestoßen fühlt. Den Neidischen schmerzt nämlich das Gut des anderen, insofern er das Gut des anderen als Hindernis des eigenen empfindet. Das Gut des anderen konnte von einem bösen Engel nur insoweit als Hindernis für das von ihm selbst Angestrebte aufgefasst werden, als er einen herausgehobenen Rang anstrebte, der durch den Vorrang eines anderen gehindert wird. Deshalb folgt bei einem sündigenden Engel auf die Sünde des Stolzes auch das Übel des Neides, indem ihn das Gut des Menschen und die Erhabenheit Gottes schmerzt, insofern Gott die Menschen zur Mehrung seiner eigenen Herrlichkeit sogar gegen den Willen des Teufels benutzt.[46] ∎

Sheldrake: Hier erkennen wir, dass die Sünde des Stolzes die einzige ist, die den Engeln ursprünglich offen stand, und dass der Neid daraus folgte. Handelt es sich dabei nicht um diejenigen Sünden, die Thomas von Aquin als die Sünden des Geistes bezeichnete? Andere Sünden, wie Wollust oder Völlerei, hängen ja davon ab, einen Körper zu haben, sodass sogar die Teufel dagegen immun wären.

Fox: So wie ich es verstanden habe, fasst Thomas unter die Sünden des Geistes den Stolz und den Neid, aber auch die Habgier, die Trägheit (*acedia*), die Verzweiflung und die Angst. Die Erwähnung des Neides ist hier besonders interessant. Stolz und Neid bedingen sich gegenseitig. Entweder macht der Stolz den Neid schlimmer oder der Neid den Stolz. Wie im Universum alle Dinge wechselseitig miteinander verbunden sind, so sind dies auch die geistigen Sünden.

Sheldrake: Es gibt da ein Motiv, das John Milton in seinem großen Gedicht *Paradise Lost* entwickelt: Er gibt dort eine wunderbare Darstellung des Falles Satans aufgrund von Stolz und zeigt, wie die anderen gefallenen Engel sich auf zusätzliche Laster spezialisiert haben – wie im Falle des

Mammon auf die Habgier etwa. Was Thomas von Aquin hier anspricht, ist bei Milton auf faszinierende Weise sehr im Detail ausgearbeitet worden.

Fox: Ich finde, dass das Wort Stolz in unserer heutigen Zeit ein Problem darstellt, weil es besonders praktisch ist, politisch unterdrückten Menschen und Völkern zu sagen, dass sie die Sünde des Stolzes begehen würden, wenn sie sich zu befreien versuchen und ein gewisses Maß an Gleichheit oder Gerechtigkeit zu erreichen versuchen. Dieser Missbrauch des Wortes Stolz durch die etablierten Mächten hat das Wort insgesamt vergiftet. Ich glaube, dass wir es heute besser mit »Arroganz« übersetzen würden. Stolz im Sinne des sich selbst als wertvoll Einschätzens ist eher eine Tugend. Auch der Aquinate lehrt immer wieder die Notwendigkeit der Eigenliebe, und dass es eine Sünde sei, sich selbst nicht zu lieben. Er spricht auch über die Eigenliebe der Engel. Stolz hat in der englischen und deutschen Sprache seine ursprüngliche Bedeutung als Sünde des Geistes verloren. Mit »Arroganz« treffen wir den gemeinten Punkt sehr viel besser.

Sheldrake: Das sehe ich auch so.

Fox: Neid hingegen ist immer noch eine lebendige und gebräuchliche Bezeichnung. Ich glaube nicht, dass das Wort Neid missverständlich ist.

Wollte der Teufel wie Gott sein?

■ Der Teufel hat (...) dadurch angestrebt, Gott ähnlich zu sein, dass er als letztes Ziel seiner Seligkeit nur das anstrebte, wozu er kraft seiner eigenen Natur gelangen konnte, und sich dabei von der übernatürlichen Seligkeit abwandte, die aus der Gnade Gottes stammt. Oder er hat als letztes Ziel zwar jene Gottähnlichkeit angestrebt, die aus der Gnade gegeben wird, doch wollte er diese kraft seiner eigenen Natur und nicht durch göttliche Hilfe und gemäß göttlichem Willen besitzen. Das stimmt mit der Ansicht Anselms überein, der sagt, dass der Teufel nach dem verlangt habe, was ihm sowieso zugekommen wäre, wenn er standhaft geblieben wäre.[47] ■

Fox: Thomas kritisiert den Teufel oder sonst irgendjemanden nicht dafür, Gottähnlichkeit anzustreben. Er sagt sogar, dass dies keine Sünde sei. Doch das Verlangen des Teufels nach Gottähnlichkeit war eine Do-it-yourself-Göttlichkeit, ein Verlangen danach, allein aus der Kraft der eigenen Natur dahin zu kommen und ohne göttlichen Beistand. Die Sünde bestand also darin, es allein zu versuchen und nicht Mitarbeiter Gottes sein zu wollen, nicht einmal in der Entwicklung des eigenen Wesens. Es handelt sich um einen Fall außerordentlichen Bestehens auf den eigenen Kräften, um ein gutes Ziel zu erreichen, das allein zu erreichen ihm nicht zustand. Es handelte sich um ein Sich-Versagen der Kooperation, der Beziehung zum Göttlichen.

Sheldrake: Ich sehe da eine Menge Parallelen zu uns: Eine von diesen ist der moderne Glaube, dass die Menschheit endlich aus dem Bedürfnis nach der Anerkennung Gottes oder der Gnade herausgewachsen sei und nun ihr eigenes Schicksal oder das des Planeten in die Hände nehmen könne. Das ist die Vision des säkularen Humanismus gewesen, die auch der Fortschrittsideologie in Wissenschaft und Technik zugrunde liegt. Heute sehen wir die üblen Seiten dieses »Fortschritts«, und der Glaube an den säkularen Humanismus schwindet schnell. Es fällt uns heute schon sehr schwer zu glauben, dass die menschliche Vernunft allein zusammen mit Technik und Wissenschaft alle Probleme, denen wir gegenüberstehen, lösen und uns eine hellere und bessere Zukunft auf der Erde bringen kann. Alles scheint zur Zeit dagegen zu sprechen.

Die vollendete Verkörperung dieses Glaubens, dass wir uns ganz auf unsere eigenen Bemühungen stützen können, war der Kommunismus, dessen Ideologie auf der umfassenden, rationalen menschlichen Kontrolle gründete, einschließlich der menschlichen Gesellschaft, der Wirtschaft und der Natur. Der Materialismus in seiner kapitalistischen Form beinhaltet einen ähnlichen Glauben, obwohl hier die umfassende Kontrolle nicht der menschlichen Planung zuerkannt wird, sondern der Glaube besteht, dass der Markt alles regeln wird. Das Vertrauen wird nicht auf Gott, sondern auf den Markt, auf Mammon, gesetzt.

Fox: Da beide Systeme in der Epoche der Moderne groß geworden sind, haben sie einen mechanistischen Glauben gemeinsam: Wenn man den Mechanismus des kapitalisti-

schen oder des kommunistischen Systems nur richtig ein-
richtet, dann wird die Maschine sich selbst ölen und zum
Vorteil aller erfolgreich laufen. Offenbar ist es dazu nicht
gekommen.

In gewisser Hinsicht kommt diese ganze mechanistische
Vorstellung dem nahe, was Thomas als die Sünden des
Teufels benennt. Wenn man für »nur durch die Kraft seiner
eigenen Natur ... seine natürliche Kraft« einsetzt »nur durch
die Kraft der Maschine ... die Maschinenkraft«, dann lässt
sich das alles leicht in die Vorstellungen der Marktwirt-
schaft oder der kommunistischen Bürokratie übersetzen.

Sheldrake: Aber der Teufel hat die Existenz und Wirklich-
keit Gottes wenigstens anerkannt, während im modernen
Säkularismus sogar das Vorhandensein Gottes oder einer
Gnade geleugnet oder ignoriert wird.

Fox: Im Hinblick auf Karl Marx würde ich sagen, dass es
ihm zum großen Teil um das ging, was die Bibel als Gerechtigkeit hervorhebt, und Gerechtigkeit ist einer der göttlichen
Namen. Sein Bemühen war, in einem Augenblick größten
Unrechts in der Geschichte Gerechtigkeit herzustellen,
nämlich im Aufbruch der Industriegesellschaft, wo eine
ungeheure Macht in den Händen weniger Fabrikbesitzer
lag und die Arbeitenden unterdrückt wurden. Gegen diese
Ungerechtigkeit begehrte er auf: eine prophetische, biblische und spirituelle Antwort! Wie dann aber seine Theorien
im 20. Jahrhundert in die Praxis umgesetzt wurden, etwa im
Sowjetstaat, paßte nicht im geringsten zu den biblischen
Regeln der Gerechtigkeit. Und die zur Zeit stattfindende

Verknüpfung von Fundamentalismus mit Großkapitalismus ist ebenso beängstigend.

Wann geschah der Fall des ersten Engels?

■ Die erste Hinwendung der Engel zu sich selbst (...) war bei allen gut. Von dieser Tätigkeit aber haben sich einige (...) zum Lobpreis des Wortes hingekehrt, andere aber sind in sich selbst stehen geblieben und (...) durch Hochmut aufgeschwollen. So waren in der ersten Tätigkeit alle Engel gleich, trennten sich aber in der zweiten. Deshalb waren im ersten Augenblick alle gut, im zweiten aber die guten von den bösen unterschieden.[48] ■

Fox: Es ist interessant, wie Thomas an dieser Stelle Lobpreis gegen Stolz setzt: die guten Engel wenden sich dem Preise zu und die bösen Engel sind von Stolz angeschwollen und bleiben bei sich. Lobpreis ist eine Handlung, bei der man nicht bei sich selbst bleibt, sondern aus sich herausgeht. Lobpreis bezeichne ich als Artikulation der Freude. Preisen hat mit Glück zu tun und bringt uns aus uns selbst heraus, sogar aus unserem eigenen Leiden.

Das erinnert mich an die Frage von Meister Eckhart: »Wer ist ein guter Mensch? Ein guter Mensch ist jemand, der gute Menschen preist.« Das ist ein weiterer Grund dafür, warum Neid ein Teil der Sünde des Teufels ist, weil

Neid auch eine Weigerung zu loben beinhaltet. Es handelt sich um eine Fixierung auf das eigene Bedürfnis nach Lob, auch auf Kosten des Rechtes anderer auf Lob.

Sheldrake: Was glaubst du, ist die Rolle der gefallenen Engel in der nichtmenschlichen Welt? – Das ist eine große Frage. Gibt es in der nichtmenschlichen Natur etwas Böses? Ist der gesamte Kosmos gut, abgesehen von den gefallenen Engeln und sündigen Menschen? Konzentrieren Satan und die gefallenen Engel sich nur auf die menschliche Spezies oder haben sie auch andere Handlungsbereiche?

Würden wir zum Beispiel auch Teufel hinter bestimmten schrecklichen Dingen vermuten, die wir in der Biologie sehen? Denken wir zum Beispiel nur an die Schlupfwespen, die ihre Eier in lebende Raupen legen und deren Maden die Raupe von innen her auffressen. Repräsentieren Parasitismus und Krankheit diabolische Prinzipien?

Krebs zum Beispiel stellt eine Übertretung der Grenzen dar, die eine höhere Ordnung des Organismus vorgibt. Ein Teil des Organismus wird autonom und wächst auf unkontrollierte Art auf Kosten des Wohles des Ganzen. Ist das Ausdruck eines satanischen Prinzips?

Gibt es im großen Stile gefallene Engel im Universum, die sich noch üblere Krankheiten und gewaltsamere Formen des Parasitismus ausdenken? Oder sehen wir alle diese Dinge als moralisch neutral an oder sogar gut auf ihre je eigene Art, sodass die bösen Geister nur im menschlichen Bereich mit ins Spiel kommen?

William Blake: Luzifer, Träger des Lichts (18. Jahrhundert)

Fox: Dann stellt sich ja auch noch die Frage nach anderen Wesen, vielleicht in anderen Galaxien. Wenn sie Bewusstsein haben, dann müssten sie auch die Wahl haben, und wenn sie sie haben, dann müssten sie auch zu den Sünden der Arroganz und des Neides in der Lage sein.

Sheldrake: Ich glaube, dass wir zu dem Schluss kommen müssen, dass dies wahrscheinlich ist. In der Hierarchie oder Holarchie der Natur existiert alles innerhalb höherer Ordnungsebenen und mit Grenzen der eigenen Autonomie. Die Neigung, aus diesen Grenzen auszubrechen, muss eine Art Berufskrankheit dieser Art von Universum sein. Deshalb müssen wir das Auftreten von ähnlichen Problemen bei anderen bewussten Wesen erwarten, ob sie menschenähnlich sind oder nicht.

Fox: Das erinnert mich an zwei Aussagen, eine von Thomas Merton, dass »jedes nicht zweibeinige Wesen ein Heiliger ist«, und die andere von Rabbi Zalman Schachter, der sagt: »Es gibt mehr Gutes als Böses in der Welt, aber nicht viel mehr.« Sowohl Thomas von Aquin als auch Schachter stehen in der biblischen Überlieferung, dass es mehr Gnade und Güte als Sünde gebe, doch bedeutet das nicht, dass die Sünde nicht real und nicht mächtig sei.

Sheldrake: Thomas zufolge wurden die Engel wahrscheinlich zusammen mit dem physischen Universum geschaffen (S. 187), und im zweiten Augenblick ihres Lebens trafen sie die Wahl zwischen Gut und Böse. Im Kontext der modernen Kosmologie würde der Fall der Engel kurz nach dem

Urknall stattgefunden haben. Die ersten Engel wären während der ersten 10^{-30} Sekunden des Universums gefallen, oder kurz danach.

Was haben die gefallenen Engel seither getan? Haben die Teufel von Anbeginn an den Bildungen von Galaxien, Sternen und Planeten Knüppel zwischen die Beine geworfen?

Fox: Da die Teufel neidisch sind, wären sie extrem neidisch auf Engel, die für diese gewaltigen, schönen und strahlenden Systeme verantwortlich sind. Wenn sie überhaupt irgendwelchen Mumm haben, sollte man annehmen, dass sie sich aufgemacht hätten, aus Neid den möglichen Erfolg der Engel bei der Bildung dieses Universums zu etwas Wundervollem zu stören.

Sheldrake: Wenn wir annehmen, dass bei der Bildung neuer Galaxien, Sterne, Planeten und Spezies von Lebewesen ständig auch neue Engel geschaffen werden, dann haben sie, laut Thomas von Aquin, im jeweils zweiten Augenblick ihres Daseins die Wahl zwischen Gut und Böse. Das könnte zum Beispiel bedeuten, dass, wenn der Engel eines bestimmten Sternes das Böse wählt, dieser Stern unter einen bösen Einfluss gerät. In der überlieferten Astrologie gibt es tatsächlich den Glauben daran, dass bestimmte Sterne unter einem bösen Einfluss stehen, wie etwa Algol, der »Dämonenstern« in der Konstellation des Perseus.

Fox: Das alles ist Teil der Kosmologie. Der Epheserbrief sagt, dass unser Kampf gegen die kosmischen »Gewalten, gegen die Mächte, gegen die Beherrscher dieser Welt der Finsternis, gegen die Geistwesen der Bosheit in den himmlischen Regionen« geht (Epheser 6,12). Die Menschen kämpfen nicht nur gegen ihre eigene Neigung zum Bösen, sondern auch gegen die bösen Neigungen dämonischer Kräfte in den Himmeln.

Sheldrake: Das ist sehr erschreckend. Wir haben uns daran gewöhnt, uns die Sterne, Planeten und den Himmel als weder gut noch böse vorzustellen, als frei von Bedeutung und nur unpersönlichen mathematischen Gesetzen folgend.

War Satan der höchste aller Engel, bevor er fiel?

■ Der höchste unter den sündigenden Engeln heißt bei Ezechiel ein Cherub (...). Cherubim wird gedeutet als die Fülle der Erkenntnis, Seraphim als die Glühenden oder die Entzündenden. Daraus ergibt sich, dass die Cherubim nach der Erkenntnis benannt werden, die zusammen mit der Todsünde auftreten kann, die Seraphim aber nach der Glut der Liebe (caritas), die mit der Todsünde nicht zusammen auftreten kann. Deshalb wird der erste sündigende Engel nicht als Seraph, sondern als Cherub bezeichnet.[49] In der Bibel werden die Namen zweier Engelordnungen, nämlich der Sera-

phim und der Throne, nicht den Dämonen zuge-
ordnet, weil diese Namen, die Glut der Liebe und
die Gegenwart Gottes, etwas bedeuten, was mit
der Todsünde nicht zusammenpasst. Zugeschrie-
ben werden ihnen hingegen die Namen der Cherubim, der Mächte und der Fürsten, weil diese
Ausdrücke etwas bedeuten, was mit Wissen und
Macht zu tun hat, welche sowohl gut als auch
schlecht sein können.[50] Betrachten wir jedoch das
Motiv zur Sünde, so findet es sich stärker bei den
höheren als bei den niederen Engeln. Denn die
Sünde der Dämonen war der Stolz, wozu das
Motiv der Rang ist, der bei den Höheren größer
war.[51] Wie schon gesagt, gibt es bei Engeln keine
Hemmung, sondern sie streben mit ihrer ganzen
Kraft auf ihr Ziel hin, sei es gut oder böse. Von
daher stürzte der höchste Engel, weil er eine größere natürliche Kraft besaß als die niederen, mit
größerer Intensität in die Sünde. Und deshalb ist er
der schlimmste geworden.[52] ■

Fox: Mir fällt hier besonders die Aussage auf, dass der
Teufel ein Cherub sei, mit »Wissen und Macht, die sowohl
gut als auch böse sein können«. In der Zeit der Moderne hat
es in der Menschheit eine Explosion sowohl an Wissen als
auch an Macht gegeben, zum Beispiel in der fürchterlichen
Militärtechnik der nuklearen und chemischen Waffen. Ich
halte es für sehr wichtig, dass wir Wissen und Macht als
latente Orte für dämonische Kräfte erkennen.

Sheldrake: Das bringt uns mit der Geschichte von Faust in Verbindung. In vielerlei Hinsicht ist der Faust-Mythos ein Mythos der Wissenschaft. Faust verkauft dem Teufel seine Seele für unbegrenztes Wissen und Macht.

Von Anfang an war die Naturwissenschaft dem Erwerb von Wissen und Macht gewidmet. Noch vor der mechanistischen Revolution im 17. Jahrhundert prophezeite Sir Francis Bacon, wie die Menschheit und die Erde durch eine wissenschaftliche Priesterschaft verwandelt werden würde, die sich ganz dem Wissen und der Macht widmete. Das Bild von Faust, der dem Teufel seine Seele für Wissen und Macht verkauft, hat ein archetypisches Muster entworfen, das dem gesamten mechanistischen Unternehmen zugrunde liegt.

Natürlich können Wissen und Macht, wie Thomas sagt, auch für Gutes verwendet werden. Werden sie aber für nur menschliche Ziele eingesetzt ohne ein Gefühl für göttliche Macht oder Gnade, dann bekommen sie mit der satanischen Sünde der Arroganz zu tun.

Fox: Man hat ja den Mythos etabliert, dass wissenschaftliche Kenntnisse moralisch neutral seien. Wenn die Wissenschaftler ihre Macht militärischen Einrichtungen, Regierungen und den Chemie-Konzernen verkaufen, dann bedarf es keines Doktorgrades in Ethik, um zu argwöhnen, dass Wissen moralisch nicht neutral sein kann. Wie bei jeder anderen Macht auch bedarf es der geistigen Disziplin. Macht muss mit Gerechtigkeit, Mitgefühl und wechselseitiger Verbundenheit verknüpft werden. Wir müssen Rahmenbedingungen für diese ungeheure Macht des Wissens schaffen, zu der die menschliche Wissenschaft fähig geworden ist.

Und noch eine andere Stelle hat mich sehr betroffen: »Bei Engeln gibt es keine Hemmung, sondern sie streben mit ihrer ganzen Kraft auf ihr Ziel hin, sei es gut oder böse.« Für mich klingt diese Stelle sehr aufregend, sehr leidenschaftlich. Nichts kann einen Engel hindern. Wenn ein Engel eine abgehobene Spezies für sich ist, dann hat er keine Mutter und keinen Vater, keine Großeltern und keine Kinder, ihm zu sagen: »Heh, Engel, da übertreibst du aber!« Er ist wirklich eine Macht in sich selbst, die sich mit allem, was in ihr steckt, mit voller Intensität in etwas stürzt. Das halte ich für wirklich interessant.

Wir haben so eine Vorstellung von Engeln als ätherischen Wesen, die irgendwie herumschweben und nette Dinge tun und vorbeikommen, wenn schöne Musik oder so etwas gespielt wird. Hier stoßen wir aber auf eine Aussage des Aquinaten über die Intensität und Kraft und die Hinwendung an eine Aufgabe, ohne loszulassen. Das hat eine helle Seite: Nach Thomas sind ja auch die guten Engel so. Wenn also die Engel sich dem Wohle des Universums widmen, dem Wohle eines Sonnensystems, dem Wohle eines Planeten, dann scheint es gut, solche Wesen auf unserer Seite zu haben, die sich mit echter Hingabe einsetzen.

Sheldrake: Auch mir fiel die Vorstellung ins Auge, dass Satan ein Cherub sei. Das klingt bizarr, denn wir pflegen doch das Bild der Cheruben als kleine Jungen mit rosa Hintern, die barocke Altarbilder umschwärmen. Thomas aber erinnert uns daran, dass die Cherubim die höchsten, mächtigsten und fürchterlichsten aller Engel sind und keine kleinen Jungen mit Flügeln. Er macht uns klar, dass dies grob irreführende Vorstellungen sind.

Fox: Genau. Mir gefällt auch seine Erklärung der Seraphim als der Feurigen und der Entzündenden, die er mit der Glut der Liebe identifiziert. Sie sind durch ihre Natur selbst vor der Sünde geschützt, weshalb die Cherubim auch ambivalenter sind. Wissen und Macht können zu Todsünden führen, Liebe (caritas) aber niemals.

Wie böse Engel helfen können

■ Die Engel sind ihrer Natur nach in der Mitte zwischen Gott und den Menschen. Es liegt im Plan der göttlichen Vorsehung, dass das Wohl der niederen Wesen durch die höheren gefördert werde. Und das Wohl der Menschen wird dabei auf zweierlei Weise gefördert. Einmal unmittelbar, wenn jemand zum Guten angehalten und vom Bösen zurückgehalten wird, wie dies passend durch die guten Engel geschieht. Und auf andere Weise mittelbar, wenn man durch Anfechtungen der Gegenkräfte geübt wird. Und diese Art der Förderung unseres Wohles geschieht passenderweise durch die bösen Engel, damit sie nach ihrer Sünde nicht völlig aus der nützlichen Ordnung der Natur herausfallen.[53] ■

Fox: Thomas bricht hier eine Lanze für die bösen Engel: Was sie auch tun, sie machen die Dinge besser. Und das ist für ihn nicht nur eine abstrakte, theoretische Aussage, denn zu der Zeit seines Lebens, als er an der Summa theologica schrieb, stand er enormen Widerständen gegenüber, wurde von den säkularen Aristotelikern angegriffen, den Atheisten, wenn man so will, und von den religiösen Fundamentalisten, die sich ebenfalls sehr lautstark äußerten. Ich glaube, dass wir es hier mit einer sehr persönlichen Aussage zu tun haben. Angegriffen zu werden und die Widerstände zu überwinden, übt unsere Tugend. Und für Thomas von Aquin war die Tugend die Basis der gesamten Moral. Seine Moral gründete nicht auf Befehlen, sondern auf Tugenden, die für eine positive Entwicklung unserer Kraft stehen, für eine gesunde Machtentwicklung. Gute Engel unterstützen uns, und böse Engel sind immer noch nützlich, weil sie uns dabei helfen, die Muskeln unserer Tugenden zu trainieren.

Sheldrake: Das erinnert mich an die alte Vorstellung, dass jeder Mensch einen guten und einen bösen Engel hat. Das sehen wir zum Beispiel in Christopher Marlowes Stück *Doktor Faustus.* Als Faust darüber nachdenkt, ob er seine Seele dem Teufel verkaufen soll, steht auf einer Seite der Bühne sein guter und auf der anderen sein böser Engel, die ihm beide ihren Rat anbieten. Der böse Engel setzt sich durch. Diese Art der Darstellung des Dramas von Gut und Böse personalisiert. Wir haben nicht nur einen guten Engel, der uns zugehört, sondern auch einen bösen Engel, und beide nehmen ihren Einfluss auf unsere moralische Entscheidungsfindung.

Fox: Das wirft die Frage von Mysterium und Weisheit auf. Um den bösen Engeln des ungehemmten Wissens, der Macht und der Arroganz etwas entgegensetzen zu können, brauchen wir heute Engel der Weisheit. Weisheit ist niemals antiintellektuell. Sie wendet sich niemals gegen das Wissen, sondern stellt es in einen größeren Zusammenhang der Liebe und Gerechtigkeit, des Dienens und des Herzens – und der göttlichen Weisheit, einer Verbindung zur Gottheit selbst.

Der Verlust des Mysteriums in der Moderne gehört zur Schattenseite des nackt herumlaufenden Wissens, das nach dem Ort für seine Macht sucht, nicht aber nach Weisheit. Wir haben das Mysterium dem Reduktionismus unterworfen. Viele Leute glauben, dass mit dem Wort Mysterium diejenigen wissenschaftlichen Gesetze gemeint seien, die wir bislang noch nicht entdeckt haben, sozusagen eine Lücke in unseren Kenntnissen. Das bedeutet Mysterium aber nicht. Mysterium ist jene Dimension der Wirklichkeit, der wir begegnen, die wir aber nicht abschalten können.

Mir scheint alles ein Mysterium zu sein, was mit dem Göttlichen verbunden ist. Thomas macht dazu eine klare Aussage: »Wir werden niemals das innerste Wesen auch nur einer einzigen Fliege verstehen können.« Die Fliege hütet ihr Wesen. Das erwähnt er auch in seiner Studie über die Engel, wo er sagt, dass die Engel niemals unser inneres Mysterium erkennen können. Wir hüten unser Geheimnis, das Geheimnis unseres innersten Wesens.

Und wenn das von einer Fliege gilt, oder von uns oder einem Engel, dann musst du dir vorstellen, wie wahr das für alle Wesen zusammengenommen sein muss, für das gesamte Kollektiv des Kosmos, ganz zu schweigen für die Quelle aller Dinge, das göttliche Mysterium.

Ein Teil unseres Wesens hat sich auf seiner Suche nach Wissen, Macht und Arroganz von der göttlichen Kraft abgeschnitten, hat sich vom Mysterium abgeschnitten. Das ist sehr traurig. Wenn man das Leben nur auf der rationalen Ebene lebt, kann man verpassen, worum es beim Leben überhaupt geht. Das Leben dreht sich viel eher darum, sich im Mysterium zu bewegen, als darum, das Mysterium zu vernichten oder in diesem Sinne Probleme zu lösen.

Und unter all den Mysterien befinden sich auch die Engel, immer noch, und trotz alledem.

Sheldrake: Sie scheinen geheimnisvoller denn je. Im Mittelalter dachten die Leute, sie hätten die Angelologie mehr oder weniger fertig ausgearbeitet. Sie kannten die Hierarchien und wussten, wie die verschiedenen Engelordnungen in ihre Kosmologie hineinpassten. Sie haben ihr Verständnis der Engel sehr gut an die damals vorherrschende geozentrische Kosmologie angepasst.

Seither betrachteten mehrere Jahrhunderte hindurch viele Intellektuelle die Engel bestenfalls als metaphorische oder symbolische Gestalten. Viele Menschen glauben heute weder an gute noch an böse Engel. Wenn die gefallenen Engel aber wirklich existieren, dann müssen sie heute wohl eine wunderbare Zeit verleben. Ich gehe davon aus, dass die bösen Engel noch viel effektiver arbeiten können, wenn man nicht einmal annimmt, dass sie da sind.

Heute wissen wir von einer ganz anderen, viel umfassenderen und viel kreativeren Kosmologie als im Mittelalter.

Die Engel eines solchen Kosmos sind in der Tat sehr geheimnisvoll. Wir haben kaum erst zu verstehen begonnen, wie ihre Bewusstseinskräfte in Beziehung zur Evolution der Natur stehen könnten, zur Entwicklung der Menschheit oder zur Erweiterung des menschlichen Bewusstseins. Wir wissen so gut wie nichts über die übermenschlichen Intelligenzen, die unser Leben zum Guten oder zum Schlechten beeinflussen.

Hildegard von Bingen

Hildegard von Bingen (1098-1179) war ein außerordentlicher Mensch. Ihr Leben umspannt das hoch kreative 12. Jahrhundert des Abendlandes. Jenes Jahrhundert schenkte uns zum Beispiel die Kathedrale von Chartres, die Erfindung der Universitäten und eine neue Kosmologie, die über die islamischen Übersetzungen des Aristoteles nach Europa kam. Hildegard war eine benediktinische Äbtissin im Rheinland, die schon zu Lebzeiten nicht zuletzt wegen ihrer Schriften berühmt war. Sie war Autorin von zehn Büchern über ganzheitliche Gesundheit bis zu Pflanzen, Bäumen, Steinen und Fischen, über Theologie, Kosmologie und Naturwissenschaft. Und sie war bekannt für ihre Heilungen, die von ihr inspirierten Buchmalereien und ihre Musik, wobei sie unter anderem das erste Musikspiel des Abendlandes und ganz einzigartige gregorianische Gesänge komponierte. Darüber hinaus war sie auch Dichterin und Lyrikerin für ihre eigenen Kompositionen. Hildegard war nicht nur Mystikerin, sondern auch Prophetin, die die

Kirchenführer zu Reformen und Erneuerungen aufrief, sowohl in ihren Schriften als auch in ihren Predigten, die sie in großen Kathedralen und Klöstern ihrer Zeit hielt.

In Hildegards persönlicher Erfahrung und in ihrer Kosmologie und Theologie spielen Engel eine bedeutende Rolle. Die folgende Auswahl aus ihren Schriften über Engel gibt interessante und typische Aussagen zu ihrer Angelologie wieder [0].

Gott als Quelle des Engelfeuers

■ Das ursprüngliche Feuer, aus dem die Engel brennen und leben, ist Gott selbst. Dieses Feuer ist jegliche Herrlichkeit, aus welcher das Geheimnis der Geheimnisse hervorgeht.[1] Die Engel umfangen Gott in ihrer Glut, denn sie sind lebendiges Licht. Sie haben nicht Flügel wie die Vögel, aber sie sind schwebende Flammen in der Kraft Gottes.[2] Gott ist die ursprüngliche lebendige Quelle, die die Wellen aussandte. Als er die Worte »Es werde« sprach, existierten erleuchtete Wesen.[3] Ihr Wesen ist ein glühendes Brennen. Sie brennen aus Gott, der die Wurzel des Feuers ist. Durch nichts anderes können sie entzündet oder ausgelöscht werden. In der Liebe Gottes brennt dieses Feuer unauslöschlich.[4] ■

Sheldrake: Hildegard sieht das Feuer, das göttliche Feuer, als Quelle der Engel an. Im Zusammenhang der modernen Kosmogonie, des ursprünglichen Feuerballes, ist dies ein verblüffendes Bild.

Fox: Sie sagt, dass das Licht die erste Schöpfung war, wie es Genesis 1 darstellt, und dass diese Lichtwesen, die erleuchteten Wesen, im gleichen Augenblick geboren wurden. Wie wir heute auch, verbindet sie die Engel mit der Kosmogonie. Und da ihre Kosmogonie sich streng an die Bibel hält, verbindet sie die erste Schöpfung mit dem Kommen der Engel. Dabei ist ihre Sprache sehr lebendig. Die Engel

221

treten nicht nur ins Dasein, sie brennen und leben. Und Gott ist das ursprüngliche Feuer. Herrlichkeit, *doxa*, ist ein Wort für den göttlichen Glanz.

Die Engel haben nicht wirklich Flügel wie Vögel, sondern sind eher wie Flammen, die in der Macht Gottes schweben. Diese Vorstellung von Hildegard verändert wirklich unser Bild vom Ansehen der Engel.

Licht und Spiegel

■ (Gott sagt:) »Ich habe Spiegel geschaffen, auf mein Angesicht zu schauen, die niemals endenden Wunder meines Ursprunges zu beobachten. Ich habe mir selbst diese Spiegel bereitet, in die Lobgesänge mit einzustimmen. Durch mein Wort, das ohne Anfang in mir war und ist, lasse ich ein mächtiges Licht in diesen unzähligen Heerscharen, den Engeln, hervortreten.«[5]

Und Gott schuf Licht, unsichtbare Erleuchtung, die an den lebenden, fliegenden Kugeln haftet: den Engeln.[6]

Oh, ihr Engel, deren Dasein von deinem Angesicht ausströmt. Ihr allein erblickt die innerste Kraft der Schöpfung, die das Herz des Vaters atmet. Ihr seht sie wie in einem Angesicht.[7]

(Die Engel sind) ein Licht, von welchem die Lebenssphären abhängen.[8] ■

Sheldrake: Hildegard fährt dann fort und sagt, dass die Engel Reflexionen oder Spiegel sind, dass Licht durch sie ausströmt und dass die Sphären des Lichtes von ihnen abhängen. Jetzt sind sie Vermittler ebenso wie Spiegel. In gewisser Hinsicht sind sie Zwei-Wege-Spiegel. Sie reflektieren auf Gott zurück. Gott sieht das Gottselbst im Spiegel der Engel. Und gleichzeitig sind sie Mittler, die das Licht Gottes in die Lebensbereiche weiterleiten.

Fox: Wenn Hildegard sagt: »Gott schuf Licht, unsichtbare Erleuchtung,« dann zeigt sie damit, dass es sich dabei nicht um Licht wie von der Sonne handelt, denn die Sonne existierte noch nicht. Auch in unserer Kosmogonie ist die Sonne nicht annähernd so alt wie das Universum. Licht stellen wir uns gewöhnlich so vor wie das Licht, das die Sonne gibt. Aber das entspricht nicht Hildegards Erkenntnis vom Ursprung des Lichts, und auch nicht unserer heutigen. Wahrscheinlich müssten wir uns dazu eine ganz andere Art von Lichterfahrung als diejenige von Sonnenlicht vorstellen, was uns aber nicht möglich ist.

Sheldrake: Vielleicht ist es doch nicht unmöglich. Durch die Physik kennen wir viele Formen unsichtbarer Strahlung. Das sichtbare Licht ist nur ein kleiner Teil des elektromagnetischen Spektrums. Die Radioastronomen fangen Radiowellen von fernen Galaxien auf. Und die das Universum durchziehende kosmische Hintergrundstrahlung im Mikrowellenbereich ist gemäß der derzeitigen Kosmologie ein fossiles Licht des Urknalls.

Unseren Augen bleibt der größte Teil des elektromagnetischen Spektrums unsichtbar, weil sie nur begrenzt wahr-

Gustave Doré: Satan im Abgrund (19. Jahrhundert)

nehmen können. Was sichtbar ist, hat mehr mit der Natur unserer Augen zu tun als mit der Art der Strahlung. Alle Formen elektromagnetischer Strahlung beruhen auf Photonen.

Wenn Engel Überträger von Licht sind, von sichtbarem und unsichtbarem, umfasst ihre Ausstrahlung ultraviolettes und infrarotes Licht, kosmische Strahlung, Radiowellen, Mikrowellen und Röntgenstrahlen. Sie haben mit dem gewaltigen Komplex der Strahlung zu tun, die den gesamten schöpferischen Kosmos untereinander verbindet und auch die Menschheit auf der Erde durch elektromagnetische Techniken wie Radio und Fernsehen miteinander in Verbindung setzt.

Kosmischer Lobpreis

■ So wie der Sonnenschein die Sonne zeigt, so verkünden die Engel durch ihren Lobpreis Gott, und so wie die Sonne ohne ihr Licht nicht existieren kann, so ist auch die Gottheit nichts ohne das Lob der Engel.[9]

Und der ganze Kosmos singt der Engel Lied.[10]

All diese Reihen tönen, wie du hörst, in jeglicher Art von Musik und künden in wundersamen Harmonien die Wunder, die Gott in heiligen Seelen wirkt – ein Hochgesang der Verherrlichung Gottes. In unbeschreiblichem Jubel frohlocken die seligen Geister durch Gottes Kraft über die Wunder, die er in seinen Heiligen tut. Der Gesang der Freude und des Segens regiert die Himmel.[11]

Die Sprachen der Engel sind reines Loben. ... Und so hat das Feuer seine Flammen und ist reines Lob vor Gott. Und der Wind bewegt die Flammen: um Gott zu loben. Und in der Stimme leben die Worte: Auch das ist ein Lob Gottes. Und eine Stimme wird gehört werden. Und auch das ist reines Loben Gottes. Deshalb ist die gesamte Welt ein Lobpreis Gottes.[12] ■

Fox: Es ist interessant, für wie nötig Hildegard den Lobpreis im Universum und sogar in der Gottheit hält. Lobpreis ist eine Antwort auf Schönheit, auf Gnade und auf Freude. Sie sagt, dass Lobpreis im Herzen der Gottheit liegt. Was das Licht für die Sonne ist, ist Lob für Gott.

Sheldrake: Die Zungen der Engel sind reiner Lobpreis. Auch Feuer ist Lob und die flackernden Flammen sind Preis. Die Stimme ist Lobpreis und auch das Hören. Alle diese Metaphern des Lobens sind Bilder der Bewegung: Feuer bewegt sich und Wind, die Zungen bewegen sich und der Atem und auch das Gehör. In diesem Lobpreisen gibt es eine umgekehrte Bewegung zu Gott hin, vielleicht eine Spiegelung. Die Energie bewegt sich von Gott fort zu den Engeln, und die Bewegung zurück zu Gott in Form des Lobes ist eine Schwingung, dynamisch und bedeutungsvoll.

Fox: Die Texte demonstrieren auch den kosmologischen Zusammenhang, in dem Hildegard sich bewegt und in dem auch die Engel sich bewegen. Sie sagt: »Die gesamte Welt ist Lobpreis Gottes.« Und sie sagt auch, dass »der gesamte Kosmos das Lied der Engel sang.« Gesang und Lobpreis gehen aus dem gesamten Universum hervor.

Das hat nichts mit individuellen Stimmen zu tun, es geht vielmehr um eine kosmische Schwingung, ein kosmisches Lied, kosmische Wellen und Lob. So wie unsere Augen nur eine begrenzte Lichtmenge aufnehmen können, so können auch unsere Ohren nur eine begrenzte Menge eines Liedes aufnehmen können, oder von Feuer oder Wind. Das geheime, in allen Dingen verborgene Wort bringt Gott einen universellen und immer währenden Lobpreis dar.

Sheldrake: Und all dieses Lob lässt sich als Schwingung verstehen. Klang ist eine Schwingung, so wie auch flackernde Flammen. Heute stellen wir uns auch wissenschaftlich die gesamte Natur als Schwingung vor. Alles ist rhythmisch und oszilliert bis ins Herz eines jeden Atoms hinein.

In welchem Sinne aber könnte Schwingungsaktivität im Universum Gott loben? Und wenn Gott Lobpreis in Form von Schwingungen oder Klängen hört, wie hört er es dann? Er hört es ja nicht mit Ohren; doch stellen vielleicht unsere Ohren eine Analogie dar. Wie funktioniert Hören? Es funktioniert durch Resonanz. Das Trommelfell gerät in Schwingung, in eine Resonanz mit einem jeden gehörten Klang. Um einen Klang zu hören, muss man eine darauf antwortende Resonanz ausbilden.

Das weist darauf hin, dass das Sensorium Gottes, durch welches dieser Lobpreis erlebt werden kann, im Prinzip auf Resonanz beruhen muss. Ansonsten würden Klänge und

Stimmen und Schwingungen von Gott ungehört und ungesehen bleiben. Und auch jede Antwort muss mit Resonanz zu tun haben.

Fox: Aber was genau meinen wir mit dem Wort Resonanz? Einen Kanal, um Schwingung aufzunehmen?

Sheldrake: Das ist nicht nur eine Frage des Empfangens von Schwingungen, sondern auch des Antwortens darauf. Das klassische Bild ist das Mitschwingen einer gespannten Saite. So wie ich auch gern die mitschwingende Resonanz eines Klavieres höre: Wenn man den Deckel hebt, das Haltepedal tritt und »O« in das Klavier hineinsummt, dann wird es »O« zurücksummen. Und wenn man auf der gleichen Note wie zuvor »A« in das Klavier singt, dann wird es auch »A« zurückgeben. Diese Vokalklänge unterscheiden sich in ihren Obertönen, und die verschiedenen Saiten, die diesen Obertönen in der Resonanz entsprechen, geben den Vokalklang zurück. Das ist wie das Bild eines Spiegels, übersetzt in den Bereich der Klänge.

So wie unsere Augen nur auf ein begrenztes Lichtspektrum ansprechen, sprechen auch unsere Ohren nur auf einen begrenzten Frequenzbereich an, ebenso wie unsere Mikrophone. Wenn aber das gesamte Universum Gott lobt und Gott diesen Lobpreis hören kann, dann muss er darauf ansprechen, woraus sich eine Fähigkeit zur Resonanz auf allen Frequenzen und an allen Orten ergibt.

Fox: Ein Wort ist etwas, das schwingt und das auch offenbart. Jedes Wesen wird von Gott gehört, und Gott schwingt, wie du sagst, mit jedem Wesen mit. Es gibt ein Gefühl der Gemeinschaft und der Gleichheit zwischen dem göttlichen Hören und dem Lobpreisen. Das unterstreicht Hildegard, wenn sie sagt: »In der Stimme lebt das Wort.« Das Wort wird gehört werden. In der modernen Epoche verstehen wir das Wort *Wort* anthropozentrisch. In Wahrheit ist »Wort« aber etwas viel Ursprünglicheres; es wieder als Schwingung zu verstehen, lässt uns die Gottheit weniger anthropozentrisch sehen.

Sheldrake: Muss Lob bewusst sein? – Atome schwingen, und die göttliche Wahrnehmung schwingt vielleicht mit ihnen mit, aber ist das in sich schon eine Form des Lobes? Da Engel bewusste Wesen sind, findet ihr Lobpreis vielleicht auf einer anderen Ebene statt als derjenigen der übrigen Schöpfung.

Fox: Und doch spricht Hildegard davon, dass Feuer und auch Wind loben. Sie sagt nicht einfach, dass sie Geräusche oder Schwingungen hervorbringen.

Sheldrake: Inwiefern siehst du darin einen Sinn?

Fox: Indem die Elemente das tun, wofür sie da sind, indem sie sich selbst treu sind, lobpreisen sie, weil sie etwas Lobenswertes aufgebaut haben, nämlich die Schönheit und die Ordnung und den Sinn im Universum. Vielleicht gibt es ja bewusstes und unbewusstes Lob.

Sheldrake: Aber Loben beinhaltet doch ein Bewusstsein dessen, was gelobt wird. Lobpreis für Schönheit beinhaltet doch ein Bewusstsein der Hässlichkeit. Lob für das Licht beinhaltet ein Bewusstsein der Dunkelheit und so weiter. Mir scheint für Lob dieses Element des Bewusstseins und der Wahlmöglichkeit notwendig zu sein.

Fox: Das Schlüsselwort hier ist wohl die *Wahl* – dass es da Wesen gibt, die wählen können zu loben oder nicht zu loben. Und darin liegt vielleicht der Unterschied zwischen den Elementen, von denen wir sagen, dass sie loben, und den lobpreisenden Engeln und Menschenwesen. Feuer und Wind lobpreisen vielleicht unbewusst, sie haben das nicht gewählt. Menschen hingegen sind in der Lage, anderes als den Lobpreis zu wählen, wie etwa den Zynismus, das Selbstmitleid und die Nabelschau, statt auf die Gnade und Schönheit um sich herum zu achten.

Gute Werke

■ Und wie Gott von den Engeln gelobt wird und in diesem Lobpreis seine Schöpfung anerkannt wird, da sie mit Zithern und im Wohlklang und mit allen Stimmen sein Lob ertönen lässt, weil dies ihre Aufgabe ist, so soll Gott auch von den Menschen gepriesen werden. Erscheint doch der Mensch unter zwei Gesichtspunkten: Er singt Gott Lob, und er übt sich in guten Werken. So wird Gott erkannt durch seinen Lobpreis, und durch die guten Werke erblickt man Gottes Wunder in ihm. So ist denn der Mensch durch seinen Lobpreis (laus) engelhaft, durch sein heiligmäßiges Handeln (opus) aber Mensch. Als Ganzes ist er das volle Werk Gottes (plenum opus dei), da im Rühmen und im Wirken die Wunder Gottes alle in diesem Menschen zur Vollendung kommen.[13] ■

Fox: Hildegard sagt, dass die Via Positiva, der Lobpreis, die Hälfte unserer Aufgabe bildet. Das haben wir mit den Engeln gemeinsam. Die andere Hälfte ist das Handeln. Damit entwirft Hildegard ein sehr ausgewogenes Bild von der Menschheit. Wir sind hier, sowohl um zu loben als auch um zu arbeiten, und die beste Arbeit entspringt unserem Lobpreis – Handeln aus Nichthandeln, sozusagen.

Sheldrake: Mir ist aber der Unterschied zwischen Lob und Arbeit nicht ganz klar. Engel lobpreisen nicht nur, sondern haben auch Arbeit zu erledigen: Zum Beispiel sind sie Boten. Wenn nun Hildegard sagt, dass gerade das Potential für heilige Taten typisch für die Menschheit sei, bedeutet das dann, dass die Wahl zwischen Gut und Böse bei menschlichen Wesen immer weitergeht? Für die Engel gab es diese Wahl nach überlieferter Sicht ja nur im Anbeginn. Einige Engel fielen, aber diejenigen, die nicht gefallen sind, verlieren ihre Verbindung mit Gott niemals. Alles, was sie tun, steht in Gottes Diensten, nicht nur das Lob Gottes, sondern es verläuft auch in Harmonie miteinander. Die musikalische Metapher und besonders die Verwendung des

Wortes *Harmonie* bedeutet, dass sie nicht nur auf Gott Bezug haben, sondern auch auf einander. Harmonie hängt von wechselseitiger Verbundenheit ab.

Fox: Genau. Das ist der Unterschied, den sie zwischen Engeln und Menschen sieht. Die Engel treffen eine ewige Wahl zum Lobpreis, aber die Menschen müssen diese Wahl täglich treffen. Lobpreis ist größer als Arbeit, denn der Engel arbeitet innerhalb des Lobpreises. Ein menschliches Wesen muss sich zum Arbeiten aber entscheiden. Und dies hat Implikationen für das Wesen der Kreativität. Menschen sind kreativ und Engel nicht. Sie haben – sozusagen – nur eine Wahl getroffen, und das war's dann. Unsere Kreativität ist eine Wahl, die wir täglich treffen müssen. Wir müssen darum ringen, unsere Arbeit und unsere Entscheidungen mit dem Bewusstsein des Lobens zusammenzubringen.

Man kann den Unterschied zwischen Lobpreis und Arbeit in Begriffen der Via Positiva (Lobpreis) und der Via Transformativa (welche durch unsere Kreativität das Loben in Arbeit umsetzt) sehen.

Engel bewegen sich gedankenschnell

■ Engel haben keine Flügel wie die Vögel, sondern fliegen viele Male so schnell, im gleichen Maße wie die menschlichen Gedanken.[14] ■

Sheldrake: Wir sind an das Bild von Engeln mit Flügeln gewöhnt, wobei es sich um ein sehr altes Bild handelt, das sich in vielen Überlieferungen findet. Es gibt geflügelte Geister im Schamanismus, in Ägypten, Babylon und Sumer, im Hinduismus und Buddhismus und in allen Traditionen der Welt. Diese Motive haben wahrscheinlich mit der Geschwindigkeit und der Bewegungsfreiheit der Vögel zu tun und mit der Erfahrung des Fliegens in unseren Träumen wie auch mit dem schamanischen Erleben des Fliegens in Trance.

Hildegard sagt dazu aber, dass es sich einfach um ein Bild handele, um einen Hinweis auf die Tatsache, dass Engel sich sehr schnell bewegen können. Fliegen ist die freieste und schnellste Bewegungsart. Die Flügel der Engel, die in so vielen Bildern zu sehen sind, sind eigentlich ein Bild für ihre Fähigkeit der freien und schnellen Bewegung. Hildegard geht über dieses übliche Bild aber noch hinaus: Engel bewegen sich schnell wie Gedanken. Auch heute ist das noch die beste Metapher. Wir wissen nicht, wie schnell Gedanken sich bewegen. Wenn ich mit jemandem in Australien telefoniere, kann ich diesem Menschen einen Gedanken mit Lichtgeschwindigkeit senden. Aber vielleicht können die Gedanken noch schneller reisen. Wenn ich einen entfernten Stern anschaue, dann reichen meine Gedanken in gewissem Sinne zu diesem Stern hin und bewegen sich mit äußerster Geschwindigkeit über buchstäblich astronomische Entfernungen hinweg.

Fox: Wenn ich dich so sprechen höre, dann fühle ich Hoffnung. Es gibt also Wesen im Universum, die Dinge sehr schnell erreichen können. Und wir gehören zu ihnen. Wie du sagst, wir können fast mit Lichtgeschwindigkeit sprechen und uns irgendwelche Vorstellungen machen.

Das lässt eben hoffen, dass wir die Gedanken zum Besseren, nicht nur zum Schlechteren, mit einer Geschwindigkeit verändern können, die unsere Körper und Geister noch rechtzeitig heilt, um das Leben und den Planeten zu loben statt zu zerstören.

Sheldrake: Im menschlichen Bereich ist die Frage, ob Gedanken sich schneller als das Licht bewegen können oder nicht, keine große Sache. Man würde ein Messgerät mit der Empfindlichkeit von Mikrosekunden brauchen, um festzustellen, ob ein telepathisch übermittelter Gedanke Australien schneller erreicht als ein Telefonanruf. In Bezug auf die Engel im Kosmos wird es aber zu einer interessanten Frage. Unsere Milchstraße zum Beispiel hat einen Durchmesser von einhunderttausend Lichtjahren. Ein Engelgedanke, der sich mit Lichtgeschwindigkeit bewegt, würde also von einem Ende der Galaxie zum anderen einhunderttausend Jahre brauchen.

Fox: Ja, das ist sehr wichtig. Die ausgedehnte Größe des Universums macht, so glaube ich, Legionen von Engeln mit ihrer Arbeit notwendig. Ich weiß, dass es in der Schweiz eine Frau gibt, die Engel erleben kann; und sie sagt, dass sie vier bis fünf Tage brauchen, um hierher zu kommen.

Sheldrake: Von wo?

Fox: Von wo immer sie gerade sind. Sie hört sie kommen; sie kommen, singen Musik und lehren sie diese Lieder, die

Francisco Goya: Sie lieben sich sehr (1824-1828)

sie dann niederschreibt, obwohl sie keine Musikerin ist. Aber sie hört sie kommen, und es braucht jene vier oder fünf Tage, bis sie ankommen.

Sheldrake: Wenn sie mit Lichtgeschwindigkeit reisen würden, dann wären es ziemlich lokal gebundene Engel. Der unserem Sonnensystem nächste Stern ist vier Lichtjahre entfernt, und viele der Sterne, die wir am Nachthimmel sehen, sind Hunderte von Lichtjahren entfernt. Eine lichtschnelle Kommunikation mit Geistern, die jenen Sternen verbunden sind, würde viele Male länger als eine menschliche Lebensspanne dauern, und für noch weiter entfernte Sterne länger als die gesamte Geschichte menschlicher Zivilisation. Wenn es also irgendeine Kommunikation zwischen uns und entfernten Sternen und Galaxien geben soll, muss sie schneller als das Licht sein.

Fox: Offenbar gibt es eine Menge Engel da draußen, die wir innerhalb unserer Lebensspanne niemals treffen werden.

Sheldrake: Das hängt eher von der Geschwindigkeit der Engelgedanken ab, welche Hildegard offen lässt. Und diese Frage ist auch heute noch ebenso offen. Wir können nicht behaupten, dass es im Verständnis der Bewegung oder der Gedankengeschwindigkeit der Engel seit Hildegards Tagen grundlegende Fortschritte gegeben habe.

Fox: Aber da es Fortschritte in Bezug auf die Größe des Universums gibt, hat sich die Frage ausgeweitet.

Sheldrake: Ja, sie ist für uns noch dringender geworden.

Hierarchische Ordnung

■ Denn der allmächtige Gott setzt die himmlischen Heerscharen nach seinem göttlichen Willen in verschiedene Ordnungen. Einige dieser Ordnungen sollen besondere Dienste versehen, aber ein jeder von ihnen soll in seiner Ordnung die Siegel eines jeden anderen spiegeln. Und in jeder dieser Spiegelungen liegen verborgene Mysterien, die jeder einzelne Engelchor nicht vollständig sehen oder erkennen oder wahrnehmen oder zur Vollendung bringen kann. Aus diesem Grunde warten sie voll Erstaunen und steigen auf von Lobpreis zu Lobpreis und erneuern sich ständig selbst auf diese Weise, und ihr Lobpreis wird niemals erschöpft sein.[15] ■

Sheldrake: Alle, die jemals über Engel geschrieben haben, scheinen bezüglich ihrer hierarchischen Ordnung übereinzustimmen, obwohl Einzelheiten sich unterscheiden. Wie Dionysios Areopagita und Thomas von Aquin benennt auch Hildegard neun Engelchöre, die in konzentrischen Kreisen angeordnet werden. Sie befinden sich in einer eingefalteten Hierarchie oder Holarchie.

Fox: Was wir bei Hildegard sehen, ist gleichsam eine Rundung des Wortes *Hierarchie* bei Hildegard. Sie sagt ja auch: »Gott ist ein Rad.« Die in ein Nest eingefaltete Hierarchie ist wesentlich, weil wechselseitige Abhängigkeit etwas Wesentliches ist. Die verschiedenen Ordnungen der Engelchöre brauchen einander, so wie die Teile das Ganze brauchen und wie das Ganze die Teile in einer jeglichen Struktur braucht. Das ist schön, weil die Engel so in eine natürliche Sphäre gelangen. Sie werden dadurch nicht nur sich selbst zum Gesetz, sondern scheinen dem gleichen Muster der wechselseitigen Abhängigkeit zwischen dem Ganzen und den Teilen zu folgen, dem der Rest der Natur auch folgt.

Sheldrake: Das muss notwendigerweise so sein. Es wäre nicht möglich, dass die Engel als leitendes Bewusstsein unabhängig von der Ordnung funktionieren, in welcher die Dinge angeordnet sind, die sie doch leiten.

Fox: Und mir gefällt auch Hildegards Formulierung von den verborgenen Mysterien in jeder dieser Beziehungen.

Sheldrake: Solche Mysterien finden sich auf jeder Ebene der holarchischen Ordnung. Es gibt zum Beispiel Dinge, die eine Leberzelle nie in Bezug auf die gesamte Leber verstehen wird, und Dinge, die die Leber niemals in Bezug auf den gesamten Organismus – wie du oder ich – verstehen kann.

Fox: Und ist es nicht auch wahr, dass der individuelle Organismus niemals alles verstehen kann, was es an einer Zelle zu erkennen gibt?

Sheldrake: Ja, unser Verständnis bezieht sich jeweils auf die Ebene, auf welcher wir arbeiten. Wir können die Organisation einer Zelle durch Zellbiologie oder Biochemie studieren, aber in eine Zelle hineinzugelangen und das Bewusstsein einer Zelle unterscheiden zu lernen, überschreitet unsere Verständnismöglichkeit, weil die Zelle auf völlig andere Weise funktioniert. Sie spricht offenbar nicht Deutsch und muß sich auch nicht mit Einkommensteuer und solchen Dingen beschäftigen. Eine Zelle hat andere Sorgen. Es gibt eine Beziehung zwischen den jeweiligen Ebenen, aber auch eine wechselseitige Unverstehbarkeit.

Ein wichtiger Aspekt an der Holarchie der Dinge ist die Vorstellung, dass es viele Bewusstseinsebenen außerhalb der menschlichen gibt. Das wird von Materialisten und säkularen Humanisten geleugnet, die sich das Ganze der Natur als unbewussten, blinden Mechanismus vorstellen. Aus dem Urschleim sei das Leben hervorgekrochen, und in der Fülle der Zeit seien die Säugetiere aufgetaucht und dann das menschliche Bewusstsein und die Vernunft erschienen. Dieses sei die einzige Form des Bewusstseins in der gesamten Natur. Es gebe keinen göttlichen Geist und keine Engel, obwohl es vielleicht auf anderen Planeten Humanoiden gebe mit einer Wissenschaft wie der unseren. Aber die Vorstellung verschiedener Ebenen oder Ordnungen von Bewusstsein ist in der modernen säkularen Weltanschauung nicht vorhanden. Was für eine unglaubliche Verarmung!

Fox: Und wie arrogant und anthropozentrisch! Und doch behaupten wir, die kopernikanische Wende habe uns von einer auf den Menschen konzentrierten Welt zu einer objektiven Sicht des Universums gebracht. Aber in vielerlei Hinsicht ist das, was seither geschehen ist, dumpfer, weniger geheimnisvoll, weniger phantasievoll und viel menschenfixierter gewesen als alles, was unsere Vorfahren vor Kopernikus je geglaubt haben.

Sheldrake: Und dies wird tatsächlich als »Humanismus« bezeichnet, weil doch der Mensch in den Mittelpunkt gestellt wird.

Fox: Da wir nun erkennen, wie groß das Universum ist, ist es da nicht fast ein Zeichen von Dummheit zu glauben, dieser winzige Raum der Menschheit sei der einzige Sitz des Bewusstseins und der Vernunft im Universum? Ist das nicht nahezu absurd?

Sheldrake: Ja, und doch wird das häufig als ein aufgeklärtes Verständnis dargestellt. In vielerlei Hinsicht hat die Aufklärung das Bewusstsein verengt, indem sie es auf die menschliche Vernunft beschränkt hat, auf unser begrenztes Verständnisvermögen.

Fox: Vielleicht war die eigentliche Aussage der Humanisten, dass wir die einzigen Wesen mit Büchern seien. Und vielleicht haben sie damit Recht. – Wenn Engel und Geister mit Gedankengeschwindigkeit reisen können, dann befinden sie sich vielleicht viel mehr in der Gedankensphäre als wir. Und dann brauchen sie nicht so viele Medien und Bücher wie wir, um dorthin zu gelangen.

Sheldrake: Genau – sie brauchen kein Internet.

Dunkelheit

■ (Gott sprach:) »Ich, der ich an allen Enden der Welt zu Hause bin, offenbarte mein Werk im Osten, im Süden und im Westen. Das vierte Viertel im Norden aber ließ ich leer. Weder Sonne noch Mond scheint dort. Aus diesem Grunde ist an jenem Ort, fern von allen weltlichen Gegebenheiten, die Hölle, die weder ein Dach darüber noch einen Boden darunter hat. Hier ist es, wo reine Düsternis regiert, doch steht diese Düsternis gleichzeitig im Dienste all der Lichter meines Ruhmes. Wie nämlich könnte Licht erkannt werden, wenn nicht durch die Dunkelheit? Und wie könnte man die Düsternis erkennen, wenn nicht durch den strahlenden Glanz meiner Diener des Lichtes? Wäre das nicht so, dann wäre meine Macht nicht vollkommen, denn nicht alle meine wunderbaren Taten könnten dann beschrieben werden.«[16] ■

Sheldrake: Dies ist unter verschiedenen Gesichtspunkten ein faszinierender Abschnitt. Zunächst einmal wird festgestellt, dass die Schöpfung des Lichtes notwendig auch die Schöpfung der Dunkelheit bedingt, die Trennung des Lichtes von der Dunkelheit. Und das ist genau das Wesen des Lichtes, wie wir es verstehen. Licht beinhaltet eine Polarität von Licht und Dunkelheit. Die Wellenfunktion des Lichtes führt zu abwechselnden Flecken von Licht und Dunkelheit, wenn zwei Lichtstrahlen miteinander in Interferenz treten. Licht besteht aus Wellen. Die eine Seite ist hell, die andere dunkel. Und wie Hildegard sagt, ist Dunkelheit notwendig, damit das Licht erkannt wird. Alle Wahrnehmungen hängen vom Kontrast ab.

Wenn sie sagt, dass der leere Raum sich im Norden befand, dann verwendet sie unsere Erfahrung als Grundlage dieser Metapher. In der nördlichen Hemisphäre scheinen Sonne, Mond und Planeten nicht im Norden. Es gibt im Norden natürlich Sterne wie etwa den Polarstern. Dies ist jedoch eine regionale Metapher, die auf unserer Erfahrung hier gründet, und kein absolutes Prinzip. In Australien zum Beispiel gehört es zu den verwirrendsten Dingen, dass die Mittagssonne sich im Norden befindet. Dort scheint sie im Süden nie.

Die tiefere Bedeutung der Metapher ist die, dass bei einem Blick hinaus in den Nachthimmel jenseits und um alle Himmelskörper herum Schwärze ist. Dunkelheit ist ein sehr bedeutender Teil des Universums, wie wir es erleben.

Fox: Bezeichnenderweise stellt Hildegard diese Ausführungen über die Dunkelheit in den kosmologischen Zusammenhang der vier Himmelsrichtungen. Unter den indianischen Völkern steht der Norden gewöhnlich für Wildheit. Wenn du zu den Geistern des Nordens betest, dann bittest du um Stärke des Herzens, um die langen Nächte, die wilden Winde und die Dunkelheit aushalten zu können. Wenn du zum Süden betest, dann betest du um den Geist der Sanftheit und Freundlichkeit, weil von dorther die Sonne kommt.

Hildegards Bild der Hölle ist nicht ein Bild des Feuers, sondern der Kälte. Wie auch Dante ein Jahrhundert später sagen wird, bestehe die wirkliche Tiefe der Hölle aus Eis und nicht aus Feuer. In den letzten Tiefen herrscht Eiseskälte.

Hildegard hat keine Angst, auf den Norden zu blicken, in das Dunkel zu schauen, auf das, was es uns zu lehren hat. Es ist eben klar, dass der Schöpfer alle vier Richtungen geschaffen hat, einschließlich der Dunkelheit. Aber die Dunkelheit, so sagt sie, steht im Dienste all der Lichter. So dient die Dunkelheit dem Licht, und das Licht dient der Dunkelheit.

In der theologischen Überlieferung wird hier die apophatische Gottheit, Gott in der Dunkelheit, gefeiert. Darin unterscheidet Hildegard sich von vielen New-Agern, die, so scheint mir, jene Dimension des Nordens, die Dimension des Schattens und der Dunkelheit, häufig vermeiden. Sie neigen dazu, die Welt dualistisch zu sehen und zu sagen, die Dunkelheit sei unser nicht wert oder sie sei böse oder es existiere überhaupt nur Licht. Tatsächlich ist die Dunkelheit aber auch eine unserer Lehrerinnen. Die Mystiker benennen diesen Sprung in die Dunkelheit als die Via Negativa.

Hildegard achtet die wichtige und positive Rolle, die die Dunkelheit spielt. Sie spricht über die Dunkelheit als den Schoß und über die Dunkelheit vor der Geburt, über die Befruchtung in Zeiten der Düsternis, des Zweifels und des Wartens. Der Schoß ist ein Ort der Fruchtbarkeit, obwohl es dort dunkel ist.

Sheldrake: Die Tatsache, dass sie diese Richtung als Hölle bezeichnet, zeigt, dass die Hölle nicht prinzipiell böse oder schlecht ist. Das ist einfach ein dunkler Bereich. Die früheren Vorstellungen der Hölle waren die der Unterwelt, oder nicht? Sie war dunkel, aber nicht unbedingt böse.

Fox: Das ist sehr jüdisch. Die Scheol ist, wie der Hades, ein Ort der Unerkennbarkeit, und weniger der Strafe. – Aber Hildegard sagt, dass sie weder ein Dach noch einen Boden habe. Soll das bedeuten, dass es dort unendlich ist?

Sheldrake: Wahrscheinlich entspricht das der Dunkelheit, der Weite des Raumes.

Fox: Und auch der Weite des dunklen Bereichs der Seele, wo man das Gefühl bekommt, keinen Boden zu haben, wenn man in die wirklichen Schmerzen hinabsinkt, das wirkliche Leiden, die wirkliche Trauer. Trauer hat kein Dach und keinen Boden. Sie fühlt sich unendlich an, als wolle sie nie aufhören.

Luzifer

Im ersten Engel zeichnete Gott die ganze Schönheit in den Werken seiner Allmacht. Gott schmückte ihn als einen Himmel und als eine ganze Welt: mit all den Sternen und der Schönheit der Grünkraft und allen Arten von Edelsteinen. Und er nannte ihn Luzifer, Lichtträger, weil er das Licht von Ihm, der allein ewig ist, trug.[17]

Und dieser eine, obwohl er wahrgenommen haben musste, dass er mit seinem wunderbaren Schmuck nur Gott zu dienen habe, trennte sich von Gottes Liebe und ging in die Dunkelheit, in welcher er zu sich zu sprechen begann: »Welch erhabene Sache wäre es doch, wenn ich nach meinem eigenen Willen handeln und Taten vollbringen könnte, die ich nur Gott habe tun sehen?« Seine Begleiter unterstützten ihn und riefen aus: »Ja, wir wollen den Thron unseres Meisters in den Norden gegen den Allerhöchsten stellen.«[18]

Stolz spross im ersten Engel empor, als er auf sein eigenes Leuchten schaute, und in seiner Einbildung nahm er die Quelle des Lichtes nicht mehr wahr. Und so sprach er zu sich selbst: »Ich will Meister sein und niemanden mehr über mir haben.« Stattdessen entfiel ihm seine Erhabenheit und er wurde verstoßen und wurde zum Fürsten der Hölle.[19] ■

Fox: Luzifer ist das erste geschaffene Wesen und trägt große Schönheit und großes Licht in sich. Aber als ein Wesen mit Bewusstheit hatte auch er eine Wahl zu treffen: die Wahl, zu loben oder nicht zu loben, anzubeten oder nicht anzubeten. Wie Hildegard es ausdrückt, entspross seinem eigenen Leuchten und seiner Einbildung die Arroganz. Und er konnte die Quelle des Lichtes und der Schönheit, die in ihm war, nicht mehr verstehen.

Hildegard beschreibt die Entscheidung Luzifers, seine Sünde, als eine Weigerung zu lobpreisen und auf die Quelle seiner eigenen Schönheit zu blicken. Deshalb ziehe ich

Die Mumie und ihre geflügelte Ba-Seele. Ägypten
(12. Jahrhundert vor Christus)

– ich komme darauf zurück – das Wort Arroganz dem Wort Stolz vor. Ich glaube, dass man Stolz braucht: Stolz ist die Fähigkeit, die Schönheit in uns selbst zu sehen. Arroganz hingegen ist die Weigerung, den Ursprung und die Ursache dieser Schönheit zu schauen. Ich glaube, dass Arroganz in der Leugnung der Quelle unseres Daseins und Wesens in Licht und Schönheit besteht. Dies ist absurd, besonders in einem evolutionären Universum, weil wir doch alle Produkte dessen sind, was vorher war.

Ich sehe Luzifers Sünde, wie Hildegard sie beschreibt, ganz klar als einen Vorläufer der heutigen menschlichen Perversion. Ein großer Teil unseres Unwillens, friedlich, freudig und gerecht mit anderen Menschen oder Wesen in Beziehung zu treten, liegt in unserer Weigerung, die gemeinsame Quelle zu sehen, an der wir alle teilhaben.

Sünde als grundlegende Weigerung, unseren eigenen Ursprung anzuschauen, zu betrachten, unterstreicht die zentrale Wichtigkeit der Schöpfungsgeschichte. Aus dieser entsteht unsere Moral. Luzifers Weigerung, sich seine eigene Schöpfungsgeschichte anzuschauen, verdrehte seinen gesunden Stolz in eine sündige Arroganz. Ich glaube, dass darin für uns Heutige eine Lektion liegt. Wir brauchen eine Geschichte des Ursprungs und eine Achtung vor und einen Lobpreis der Quelle, damit wir gesunden Stolz nicht in sündige Arroganz verwandeln.

Sheldrake: Jeder Teil hängt vom Ganzen ab. Alles hängt ab von seinem größeren Ursprung und seiner Umwelt. Und jedes geschaffene Wesen hängt ab von seiner Beziehung zu dieser schöpferischen Quelle und der übrigen Schöpfung.

Dieser Mangel an Bezug zum Ganzen, zur Mitwelt, von der wir abhängen, liegt auch unseren heutigen ökologischen Problemen zugrunde. Es ist blanke Arroganz zu glauben, dass wir besitzen und benutzen können, was diese Erde zur Verfügung stellt, ohne die Quelle von alldem zu achten und uns um den größeren lebendigen Zusammenhang unserer Existenz zu kümmern.

Der Fall Luzifers geschieht im Anbeginn der Schöpfung, lange vor der Erschaffung des übrigen Universums. Von Anfang an gibt es diese Aufspaltung. Vielleicht liegt sie in der Natur der Dinge. So wie die Bildung des Lichts auch die Bildung von Dunkelheit umfasst, so umfasst die Bildung eines Bewusstseins mit freiem Willen auch notwendigerweise die Übung jenes freien Willens in der Leugnung seiner eigenen Quelle. Nur wenn diese Wahl auch getroffen wird, wird die Polarität der Wahlmöglichkeit real.

Der Ursprung des Bewusstseins, des gottgeschaffenen Bewusstseins, liegt im Bewusstsein Luzifers, des leuchtendsten aller Engel und des Ersten von ihnen. Die Ausübung dieses freien Willens im Anspruch auf Autonomie und in der Weigerung, die eigene Quelle anzuerkennen, liegt schon ganz im Anbeginn des Bewusstseins. Doch die ursprüngliche Polarität im Bewusstsein kann genau das sein: zu lobpreisen und anzubeten oder die Quelle zu leugnen.

Gemäß Genesis 1 errichteten die ersten Werke der Schöpfung die ursprünglichen Polaritäten: zuallererst die Polarität von Dunkelheit und Licht. Hildegard wie auch Dionysios und Thomas zufolge wurde mit dem Licht gemeinsam das Bewusstsein der Engel geschaffen. Unmittelbar danach traf Luzifer seine Wahl, und die Polarität wurde im geschaffenen

Bewusstsein etabliert und manifestierte sich als Arroganz und Lobpreis. Die Polarität von moralischem Licht und Dunkelheit war das Zweite in der Schöpfung.

Fox: Das ähnelt sehr der Geschichte von Adam und Eva und dem Symbol des Baumes mit der Unterscheidung des Guten und des Bösen. Mit dem ersten menschlichen Bewusstsein gab es eine Wahl, und die ersten Menschenwesen entschieden sich, wie Luzifer, ihre Quelle zu ignorieren. Anders als bei Luzifer aber handelte es sich hierbei nicht um eine einmalige Entscheidung, weil Menschenwesen viele Wahlmöglichkeiten haben. Wir lernen durch Versuch und Irrtum.

Ich glaube sogar, dass, so wie das Licht als erstes geschaffenes »Ding« in sich Wellen der Dunkelheit trägt, auch unsere Sehnsucht nach dem Guten und unser eigenes Gutsein, unser eigener Segen, in sich selbst die Fähigkeit zu ethischer Dunkelheit tragen. Und diese Polarität scheint unvermeidbar zu sein, so wie in einem Universum mit Licht die Dunkelheit notwendig enthalten ist.

Sheldrake: Hildegard sagt, dass Luzifer »sich von Gottes Liebe trennte und in die Dunkelheit ging, in welcher er zu sich zu sprechen begann.« Diese Bewegung in die Dunkelheit hinein gestattet eine Differenzierung des eigenen Bewusstseins, einen inneren Dialog. Und ein solcher innerer Dialog fördert Stolz und Neid.

Die Dunkelheit existierte schon. Luzifers Bewegung in die Dunkelheit hinein ist der erste Schritt. Dann beginnt der innere Dialog.

Fox: Und Hildegard sagt, dass Luzifer mit der Aussage begann: »Ich will Meister sein und niemanden mehr über mir haben.« In Begriffen der Kosmologie, über die wir früher sprachen, hat er sich von dem abgeschnitten, was du als hierarchische Einfaltung bezeichnet hast, von der Beziehung wechselseitiger Abhängigkeit von Gott und der übrigen Schöpfung. Auch hier stehen wir wieder vor einem sehr modernen Problem. Descartes hat uns versprochen, dass wir Herren der Natur sein würden. Unser »Fall« hat stattgefunden, indem wir unsere eigene Rolle in der wechselseitigen Abhängigkeit mit dem Rest der Schöpfung willkürlich ignoriert haben. Thomas Berry bezeichnet dieses unser Selbstgespräch als den Autismus des 20. Jahrhunderts, als unsere absichtlich gewählte Isolation und rücksichtslose Unabhängigkeit, unsere Herr-Sklaven-Beziehung zum Rest der Natur und sogar als ein Verschleiß unserer eigenen Gefühle, unserer eigenen Körper und Geister, statt sie für das Wunder der wechselseitigen Bezogenheit zum Kosmos und den Glanz seiner vielen Wesenheiten zu öffnen. In all dem scheint sich der Solipsismus und Autismus Luzifers zu wiederholen.

Neid

■ »Jede Schöpfung Gottes strahlt«, so schreit er neidisch, »und keine soll mein sein!«[20] ■

Sheldrake: Hildegard stellt sich die Gedanken Luzifers vor, wie er aus der Dunkelheit auf den Rest der Schöpfung zurückblickt. Jetzt, da er abgetrennt ist, kommt Neid ins Spiel. Hier treffen wir auf die Reihenfolge, in welcher Todsünden sich entwickeln. Erst kommt die Arroganz, auf welche schnell der Neid folgt.

Fox: Arroganz ist eine Einstellung zu sich selbst, und Neid ist eine Reaktion auf andere. Sie sind eng aufeinander bezogen, denn wenn jemand sich nicht im Zusammenhang der wechselseitigen Abhängigkeit mit der größeren Gemeinschaft sieht, dann möchte er das haben, was die anderen haben. Es gibt nicht mehr das natürliche Geben und Nehmen, das in einer Gemeinschaft zustande kommt, in der man sich gegenseitig liebt. So wie Jesus sagt: »Liebet einander, wie ihr euch selbst liebt,« so sagt Luzifer: »Hasst und beneidet die anderen, so wie ihr euch selbst nicht liebt.« Denn darum handelt es sich bei der Arroganz: um eine Fehlliebe, eine entstellte Liebe.

Hier gibt es kein Konzept für Kreativität. Luzifer sagt nicht: »Vielleicht kann ich mit den anderen Geschöpfen ihre Schönheit teilen«, oder »Vielleicht können wir zusammen eine neue Situation schaffen, wo es genug für uns alle gibt«. Er kennt keinen Ausweg. Für Engel ist Kreativität nicht wie für uns eine Wahlmöglichkeit. Von diesem Gesichtspunkt aus ist ein Engel nicht wirklich ein evolutionäres Wesen. Er hat – wie gesagt – nur einmal eine Wahl zu treffen. Alle anderen Wesen, wenigstens als Spezies, wenn nicht sogar als Individuen, leben in einem ständigen zu ihrem Wesen gehörenden Prozess der Anpassung, des Schaffens und des Veränderns.

Der Abgrund

■ Da Luzifer mit seinem Anhang stolz verschmähte, Gott zu erkennen, erstarb in ihm der blitzende Lichtglanz, mit dem ihn die Macht Gottes bekleidet hatte. Er selbst zerstörte in sich die innere Schönheit, deren Erkenntnis ihm zum Guten hätte dienen sollen, und streckte sich gierig nach der Bosheit aus, die ihn in ihren Schlund zog. So erlosch er für die ewige Herrlichkeit und stürzte in immer währendes Verderben. Auch die Übrigen wurden schwarz wie erloschene Kohlen. Mit ihrem Anführer wurden sie der Herrlichkeit ihres Glanzes entkleidet. Sie erloschen in finsterer Verderbnis, jedes Lichtes der Seligkeit beraubt, wie die Kohle des leuchtenden Feuerfunkens entbehrt.

Und alsbald fuhr ein Wirbelwind von ihnen aus, der sie vom Süden verjagte, zum Norden hin, hinter den, der auf dem Throne saß. Sie stürzten in den Abgrund, und keinen von ihnen sahst du wieder.

Die Windsbraut der Gottlosigkeit wirbelte die Engel der Bosheit hoch, da sie sich über Gott erhoben und ihn durch ihren Stolz zu Fall bringen wollten. Sie verwehte sie in die Bitterkeit schwarzen Verderbens. Sie riss sie vom Süden, das heißt vom Guten, weg und trieb sie nach rückwärts, in Vergessenheit. Für Gott, der alles beherrscht, sind sie nicht mehr.[21] ■

Sheldrake: Das ist eine erstaunliche Passage darüber, wie die gefallenen Engel in die Dunkelheit gewirbelt worden sind. Faszinierend, wie die anderen Sterne, die Engel, die Satan folgten, schwarz wurden. Ihr Licht geht aus, kein Licht kann von ihnen ausgehen und sie gehen in einen Abgrund der Dunkelheit.

Indem Hildegard von Sternen spricht, lädt sie uns ein, nach kosmologischen Parallelen zu suchen, und dabei scheinen zwei Formen der Dunkelheit wesentlich zu sein. Das eine ist die Dunkelheit des Raumes selbst, welche sehr kalt und sehr dunkel und ohne Strahlung ist. Im interstellaren Raum verloren zu gehen, muss ein schreckliches Schicksal sein. Es geschieht dort nicht viel, ein öder Ort.

Die zweite Art der Dunkelheit ist diejenige der schwarzen Löcher. Schwarze Löcher sind Überbleibsel von Sternen, welche in sich selbst zusammengefallen sind. Ihr Gravitationssog ist so stark, dass nichts von ihnen ausgehen kann, nicht einmal Licht kann ihnen entfliehen. Schwarze Löcher geben uns eine moderne Metapher für diesen Daseinszustand eines Wesens, das sich so in sich selbst gewendet hat, so von seiner eigenen Schwerkraft angezogen ist und so stark auf sich selbst bezogen ist, dass überhaupt nichts von ihm ausgehen kann. Es kann nichts anderes mehr tun, als andere Dinge in sich einzusaugen. Ein schwarzes Loch ist wie ein Abflussloch im Universum, in das alle Dinge hineinrutschen und aus dem nichts herauskommen kann. Was uns betrifft, so gibt es das, was dort hineingefallen ist, nicht mehr. Dies ermöglicht uns eine bildhaftere Vorstellung der Verdammnis, des totalen Verlustes, als die üblichen altmodischen Höllenbilder. Wer würde gern in den Abgrund eines schwarzen Loches geworfen werden?

Fox: Richtig. Es gibt dort keine Möglichkeit der Kreativität oder des neuen Lebens; und deshalb gibt es für Gott die gefallenen Engel nicht mehr, denn Gott ist dort, wo das Leben ist. Alles Licht des Segens ist ausgelöscht worden. Es gibt keinen Funken vom Feuer mehr, wie Hildegard sagt.

Sie verbindet Kosmologie mit Moral. Der Wind riss die gefallenen Engel vom Süden und vom Guten fort und zog sie zurück in die Vergangenheit. Das ist apokalyptische Sprache. Kosmologisches Geschehen hat psychologische wie auch moralische Implikationen. Hildegard verbindet hier die Seele und den Kosmos.

Wie du schon sagst, gibt uns die heutige Kosmologie der schwarzen Löcher, wie in der Kosmologie Hildegards von den kalten schwarzen Plätzen, kraftvolle Metaphern zur Benennung nicht nur moralischer Zustände, sondern auch seelischer Erfahrungen. Wir können in schwarze Löcher der Sterilität, Verzweiflung, Depression, Einsamkeit und Entfremdung fallen.

Aus diesem Blickwinkel ist die Hölle nicht etwas, was nach dem Tode geschieht. Auf den Pfaden unserer seelischen Reise, in unserem geistigen Leben werden wir in sie hineingezogen. Das paßt zu einer Kosmologie, die anerkennt, dass es da draußen Räume gibt, die nicht einmal Gott berühren kann. Wir reden hier auf drei Ebenen: der Kosmologie, der Moral und der Psychologie, auf ihnen vollzieht sich die Reise der Seele auf der Via Negativa.

Menschen ersetzen die gefallenen Engel

■ Da bildete Gott eine andere Lebensform. Er versenkte dieses Leben in Körper und ließ es sich selbst erheben. Und das sind die Menschen. Gott gibt ihnen nun den Platz und die Ehre der verlorenen Engel, sodass die Menschen den Lobpreis vollenden können, den die Engel nicht tun wollten. Manche mit menschlichem Angesicht sind in ihren körperlichen Werken gekennzeichnet durch Hingabe an die Welt. Aber in ihren geistigen Sinnen dienen sie ständig Gott. Trotz ihrer weltlichen Pflichten vergessen sie niemals den geistlichen Dienst an Gott. Und diese Gesichter sind dem Osten zugewandt. Dort ist der Ursprung der heiligen Wandlung und die Quelle der Beseelung.[22]

Auf dem Gipfel der Seligkeit soll der Mensch in den Preisgesang der himmlischen Geister, die ständig in brennender Hingabe Gott verherrlichen, einstimmen und so in seiner Beseligung das zur Erfüllung bringen, was der gestürzte Engel in seiner Anmaßung zunichte gemacht hatte. Der Mensch ist also der vollwertige Zehnte (Chor), der all dies durch die Kraft Gottes vollbringt.[23]

(Gott spricht:) So gab ich den Glanz, der von dem ersten Engel wich, dem Menschen, Adam und seinem Geschlechte...[24] ■

255

Fox: Es scheint so, dass Hildegard die Menschheit als einen Glanz versteht, als eine Pracht. Dieses Wort, Glanz, steht hier für *doxa*, für Herrlichkeit, Strahlen, Licht: Bilder, die Hildegard benutzt hat, um die Schönheit und Herrlichkeit der Engel zu beschreiben.

Hildegard sagt damit, dass Gott den Glanz genommen hat, den Luzifer und seine Nachfolger zurückließen, als sie in die Dunkelheit fielen, und ihn der Menschheit übertrug. Das ist ein Zeichen unserer tiefen Schönheit, aber auch unserer Verantwortung. Das heißt auch, dass wir unsere Arbeit besser machen sollen als sie. Interessanterweise und überraschenderweise – das habe ich in keiner anderen Quelle gefunden – fügt sie uns als den zehnten Chor hinzu. Es gibt neun Engelchöre, und dann bilden wir Menschenwesen einen zehnten Chor. An verschiedenen Stellen spricht sie über die Zehn als die goldene Zahl. Sie hat offenbar ein sehr erhebendes Verständnis von der Macht, der Gnade und der Schönheit des Menschen: Wir erhalten »den Platz und die Ehre der verlorenen Engel«.

Sie spricht über die Wendung nach Osten, »den Ursprung der heiligen Wandlung«. Der Osten repräsentiert die aufgehende Sonne, das Schöpferische des neuen Tages. Wiederum werden hier Psychologie und Kosmologie miteinander verbunden. Wie auch viele Naturvölker trennt Hildegard die menschliche Seele nicht vom Kosmos. Die Ausdehnung der einen läuft parallel zur Ausdehnung des anderen. Eins ist im anderen enthalten. Statt der Psychologie eines introspektiven Bewusstseins stellt sie eine Psychologie von Mikrokosmos und Makrokosmos dar.

Wenn sie sagt, dass wir den Glanz und die Macht und

das Licht der bösen Engel, die zur Erde gefallen sind, übertragen bekommen haben, dann bedeutet das auch, dass wir dasselbe wie jene damit tun können. Wir können aber auch eine andere Wahl treffen. Hildegard betont damit unsere moralische Verantwortung.

Menschliche Gemeinschaft mit Engeln

■ Gott atmete den Menschen einen Lebensgeist ein: Und so wurden lebende Menschen zu Fleisch und Blut. Daraufhin gab Gott den Menschen die Gesellschaft der Engel mit ihrem Lobpreis und ihren Diensten.[25]
Gott schuf den Menschen mit Körper und Seele. In den Körper fasste Gott das ganze stoffliche Wesen der Natur, und in die Seele fasste Gott ein Bild des engelhaften Geistes.[26] ■

Fox: Hildegard stellt hier die Erschaffung des Menschen heraus, nicht nur in ihrem Verhältnis zu allen Lebewesen auf der Erde durch Fleisch und Blut, sondern auch in der Gemeinschaft mit den Engeln. Und außerdem sagt sie, dass Gott alle Wesen in das menschliche Wesen hineinzog. Mit anderen Worten ist der Mensch ein Mikrokosmos des Makrokosmos; wir befinden uns in wechselseitiger Abhängigkeit mit allen anderen Geschöpfen. Wir brauchen sie. Und doch stehen wir, laut Hildegard, nicht nur mit den sichtbaren Wesen in Verbindung, sondern auch mit den unsichtbaren, mit den Engelgeistern. Sie glaubt, dass unsere Seele ein Bild eines Engelgeistes sei.

So betont Hildegard ihre Wertschätzung der einzigartigen Macht, des Glanzes und der Verantwortung des Menschen.

Sheldrake: In traditioneller Sicht ist die gesamte Schöpfung durch Engel vermittelt und wird von ihnen regiert. Die Vorstellung aber, dass wir an der Gemeinschaft mit den Engeln teilhaben, bedeutet eine bewusste Verbindung und Interaktion mit ihnen.

Hildegard dachte natürlich in Begriffen der biblischen Schöpfungsgeschichte. Schauen wir uns dies aber im Zusammenhang mit der Evolution an, so ist einer der großen geheimnisvollen Schritte im Evolutionsprozess das Auftauchen des menschlichen Bewusstseins. Und wir haben keine Ahnung, wann dies geschah und wie dies geschah. Im übrigen haben wir auch wenig Ahnung davon, worum es sich dabei handelt, und das trotz aller neurophysiologischen Forschung, die in den letzten Jahrzehnten geleistet worden ist.

Nach fossilen Befunden können wir eine Reihe von menschlichen oder vormenschlichen Skeletten und Schädeln eine Million, zwei Millionen Jahre zurückverfolgen lassen. Und immer finden wir ältere. Aber konnten diese Leute von damals reden? – Wir wissen es nicht. Manche Forscher glauben, dass die Sprache erst vor etwa fünfzigtausend Jahren entstanden sei. Andere hingegen halten sie für viel älter. Was haben unsere fernen Vorfahren getan, was haben sie gedacht, was für Ziele haben sie verfolgt? Wir haben keine Ahnung.

Luca Signorelli: Engel des Jüngsten Gerichts (um 1500)

Aber etwas ist offenbar geschehen, ein schöpferischer Sprung. Und dieser Sprung wird von traditionellen Gesellschaften in Begriffen einer Gemeinschaft des Menschen mit den Geistern verstanden. Alle traditionellen Jäger- und Sammlerkulturen kennen einen Glauben daran, dass Menschen, und insbesondere Schamanen und Schamaninnen, mit den Vorfahren, mit Tiergeistern und einer Vielfalt anderer Geistwesen, von denen manche fliegen können, kommunizieren können. Solche Überlieferungen finden wir überall auf der Welt. Könnte es sein, dass der kreative Sprung im menschlichen Bewusstsein geschah, als es tatsächlich einen bewussten Kontakt zwischen Menschenwesen und nichtmenschlichen Geistern gab? Vielleicht gab es tatsächlich ein Zusammentreffen von Menschen und dem Bereich der Engel? Vielleicht war tatsächlich diese Gemeinschaft mit den Engeln genau das, was zur Evolution des menschlichen Bewusstseins führte, wie wir es kennen.

Jede Tradition hat ihre Schöpfungsmythen, in welchen der Ursprung verschiedener menschlicher Tätigkeiten – die Verwendung von Feuer, von Werkzeugen, Gesänge, Tänze, Sprache, Kultur – von Gottheiten, Heldinnen und Helden oder Geistwesen gesetzt worden ist. Alle Mythen sprechen von einem Ausbruch schöpferischer Kraft aus einer anderen Dimension, aus einem Bereich der Geister. Heute interpretieren manche Menschen diese Mythen in einem außergewöhnlich wörtlichen Sinne, so, dass Außerirdische gekommen seien, um uns zu führen, in Ufos oder auf ähnliche Weise. Die Rolle von übermenschlichen Wesenheiten ist in den Mythen so universell verbreitet, dass ich dazu neige anzunehmen, dass es in der Evolution des menschlichen

Bewusstseins wirklich eine Reihe von kreativen Sprüngen gab, die auf dem Kontakt mit Engelintelligenzen beruhten.

Mein Freund Terence McKenna ist sehr interessiert an der Rolle von psychedelischen Substanzen im Schamanismus. Er glaubt, dass es bei vielen psychedelischen Erfahrungen ein Zusammentreffen mit Geistwesen gebe, mit nicht-menschlicher Vernunft, und dass dabei unter anderem Information übertragen werde. In seinem Buch »The Food of the Gods« (Die Nahrung der Götter) vertritt er die Auffassung, dass die Öffnung des menschlichen Bewusstseins durch psychedelische Erfahrung und die Kontaktaufnahme mit bewussten Wesenheiten in jenen Bereichen einen Schlüssel für das Verständnis des Ursprungs und der Evolution menschlichen Bewusstseins bildet.

Nicht jeder wird ihm in dieser Betonung der zentralen Rolle von psychedelischen Substanzen folgen können, aber es gibt keinen Zweifel daran, dass sie in vielen Kulturen so verwendet worden sind. Visionäre Zustände können aber auch auf vielen anderen Wegen erreicht werden.

Ich glaube, dass diese Stelle bei Hildegard uns Heutigen etwas sehr Wesentliches zu sagen hat. Für mich scheint diese Verbindung zwischen Menschenwesen und Engeln eine ebenso gute Hypothese wie viele andere zu sein, und eine bessere als die meisten.

Fox: Das Wort Gesellschaft, auf das du hingewiesen hast, beinhaltet auch eine gewisse Form der Gleichheit. In Hildegards Lehre über Menschen und Engel gibt es eine solche Art gemeinsamer Kommunikation und Gleichheit. Wenn dies in der Vergangenheit, wie du erläutert hast, durch

Sprünge des Bewusstseins, der Sprache, der Kultur und der Kunst geschehen ist, warum kann das nicht auch heute geschehen? Mehr als je zuvor brauchen wir heute eine Gesellschaft, die diese Geistwesen mit umfasst.

Was die psychedelischen Erfahrungen angeht, so würde ich – wie du schon sagst – auch dafürhalten, dass es viele andere Wege gibt, die uns zu visionären Zuständen führen können: Fasten, Singen und Meditieren, Schwitzhütten, Tänze und Gottesdienste (wenigstens sollte Gottesdienst zu visionären Zuständen führen), all diese sollte der gesamten Bevölkerung zur Verfügung stehen.

Sheldrake: Eine weitere Implikation der Lehre der Hildegard ist, dass Menschenwesen unter den Geschöpfen der Erde einzigartig sind, weil sie bewusste Gemeinschaft mit den Engeln haben können. Deshalb haben sie als Mittler zwischen dem geistigen Bereich und dem biologischen und irdischen Bereich eine besondere Rolle zu spielen.

Die Engel sind erstaunt über uns

■ Alle Engel sind erstaunt über die Menschen, die durch ihre heiligen Werke mit einem unglaublich schönen Gewand angekleidet erscheinen.[27]
Denn ein Engel ist ohne das Werk des Fleisches reiner Lobpreis. Doch die Menschen sind durch ihre körperlichen Werke eine Verherrlichung: Deshalb preisen die Engel die menschliche Arbeit.[28] ■

Fox: Für mich gehört diese Stelle zu den erstaunlichsten in der gesamten Engellehre Hildegards. Wenn die Menschen an Engel denken – falls sie überhaupt an sie denken –, dann bewundern die meisten sie und fühlen sich ihnen unterlegen.

Hier hören wir aber Hildegard sagen, dass die Engel uns bewundern. Welche Würde und welcher gesunder Stolz wird damit unserer Gattung verliehen! – Und warum bewundern Sie uns? Wegen unserer heiligen Werke. Die Engel treffen – so sahen wir – ihre Wahl nur einmal. Aber wir treten mit unserer fortlaufenden Kreativität tief in die evolutionären Gewohnheiten des Universums ein und entfalten uns dadurch, wir handeln sehr häufig bewusst und absichtlich durch unsere Entscheidungen. Ich verstehe Hildegard so, dass es unsere Werke, unsere Entscheidungen sind, die die Engel erstaunen. Das ist wunderbar.

Sie sagt, dass ein Engel einfacher Lobpreis, ein Menschenwesen aber Verherrlichung sei. Dies ist ein weiterer Grund, warum die Engel die Werke der Menschheit preisen. Wiederum gibt sie der Materie die Ehre, preist sie das Fleisch. In gewisser Hinsicht sagt sie damit, dass das Leben der Engel im Vergleich mit dem unseren öder ist. Es ist einfach Lobpreis, vorhersagbar; das unsere hingegen bringt ständig Neues in die Welt und sogar einen weiteren Lobpreis durch die Engel.

Wir sind eine ungewöhnliche Spezies. Sehr häufig sehen wir die Schattenseite unseres Wesens. Wir sind eine Brücke zwischen der materiellen Welt und der geistigen Welt, und das drückt uns nieder. Wie sehr versagen wir gegenüber beiden Welten! Hildegard aber hebt hier dieses einzigartige

Experiment Gottes hervor, dass wir sowohl Geist als auch Körper sein können. Sie sagt, dass wir faszinierend, erstaunlich sind und von den Engeln zu preisen. Ich glaube, dass dies tiefer Meditation bedarf. Das würde allen helfen, ihre Würde zurückzuerlangen. So könnten wir beginnen, besser zu handeln.

Die Engel preisen die guten Werke der Menschheit

■ Die Engel erheben ihre Stimmen zu Gott, um die guten Werke der Menschheit zu preisen. Unaufhörlich loben sie die zunehmenden guten Werke der Menschheit. Sie steigen auf zum goldenen Altar, der vor Gottes Angesicht steht. Und von nun an stimmen sie ein neues Lied an, um diese Werke zu ehren.[29] ■

Fox: Ich verstehe Hildegard hier so, dass die Menschheit ein neues Lied im Universum repräsentiert, ein neues Lied für diese schwingenden und zutiefst musikalischen Wesen, die Engel. Wir haben sie inspiriert, ein neues Lied anzustimmen, um uns willkommen zu heißen, um unsere Werke zu ehren.

Sheldrake: Das bedeutet, dass wir durch das Singen dieses neuen Liedes das himmlische Bewusstsein verändern. Das Bewusstsein Gottes und des gesamten Universums wird durch die menschliche Evolution verändert. Normalerweise stellen wir uns die menschliche Evolution als ein nur regionales Ereignis auf der Erde vor. Die Menschen können sich bis zum Mond bewegen, Raketen können den Mars und die Venus und andere Planeten erreichen, aber wir gelangen nicht über das Sonnensystem hinaus. Es gibt nichts Physisches, was je diese Grenze überschritten hätte, abgesehen vielleicht von sehr schwachen Radiowellen. In Begriffen der modernen Kosmologie ist der Einfluss der menschlichen Werke sehr begrenzt.

Hildegard aber zeichnet eine ganz andere Perspektive. »Alle Engel sind über die Menschen erstaunt.« (siehe Seite 262) Ihr neues, durch die menschlichen Werke inspirierte Lied wird Gott vor gesungen. Darin liegt eine kosmische Wirkung der Menschheit. Was wir Menschen auf der Erde tun, wirkt sich auf die bewussten Geister des gesamten Universums aus, – ein wahrhaft gewaltiger Gedanke.

Fox: Und auch ein sehr optimistischer und hoffnungsvoller Gedanke. Ein Gedanke, der uns mit Stolz erfüllt. Er weitet unser Bewusstsein. Thomas von Aquin sagt: »Wenn unser Geist sich weitet, entsteht Freude.« So schöpfen wir Kraft. Ein großer Teil der Ohnmacht, die unsere Kultur in den letzten hundert Jahren erlebt hat, könnte durch derartige Neuigkeiten fortgespült und ausgeräumt werden. Wenn die Menschen wüssten, dass uns schöne, gute und mächtige Wesenheiten beobachten, dann würden wir vielleicht aufrechter gehen und selbst schöner sein. Dies würde uns inspirieren, unserer Würde gerecht zu werden.

Die Sprache der Engel

■ Der allmächtige Gott sprach in den Worten der
Engel zu Adam, weil Adam ihre Sprache gut kann-
te und verstehen konnte. Durch die Vernunft, die
Gott ihm gegeben hatte, und durch den Geist der
prophetischen Begabung besaß Adam die Kenntnis aller Sprachen, die später von den Menschen
erfunden wurden.[30] ■

Sheldrake: Diese Stelle besagt, dass die Verständigung zwischen Gott und Adam mit Hilfe der Sprache der Engel
geschah. Vor dem Sündenfall lebte Adam in voller Gemeinschaft mit den Engeln, sie wurde durch den Sündenfall
unterbrochen.

Das erste menschliche Wesen stand nicht nur in Verbindung mit den Engelgeistern und verstand ihre Kommunika-
tionsweise, diese Verbindung spielte bei der Entstehung der
menschlichen Sprache auch eine Schlüsselrolle. Adam
sprach die Ursprache aller Menschen, aus der sich später
alle anderen Sprachen entwickelten. Der Genesis zufolge
wurde Adam von Gott aufgefordert, alle Tiere zu benennen,
und das tat er. Die erste menschliche Sprache entstand in
vollem Bewusstsein der Engelsprache, und auch in vollem
Bewusstsein der Implikationen, die dies für alle folgenden
menschlichen Sprachen hatte.

Unsere Wissenschaft weiß nicht, wie Sprache entstand
oder sich entwickelte. Das gehört zu den großen Rätseln.
Fossile Sprachen kann man nicht ausgraben. Ausgraben
können wir nur solide, dauerhafte Gegenstände wie Pfeil-

spitzen und Knochen. Wir wissen nichts über die Laute, die Menschen gebildet haben, als die Sprache entstand. Und wir wissen auch nicht, ob die menschlichen Sprachen auf ein einziges schöpferisches Ereignis zurückgehen oder ob es mehrere voneinander unabhängige Sprachursprünge gab.

Einige Linguisten, wie etwa Noam Chomsky, halten dafür, dass alle menschlichen Sprachen auf einer gemeinsamen archetypischen Grammatik beruhen, einer Universalgrammatik. Demnach gäbe es eine gemeinsame Basis aller menschlichen Sprache, was auch für einen gemeinsamen Ursprung sprechen würde.

Hildegard warf all diese Fragen schon in ihrer kurzen Bemerkung auf. Und auch heute sind sie noch wichtig für uns.

Fox: Als du die Benennung der Tiere erwähntest, von der die biblische Schöpfungsgeschichte erzählt, fielen mir die jüngsten Entdeckungen in Höhlen in Südfrankreich ein. Da haben Menschen vor fünfundzwanzigtausend Jahren in Bildform Tiere benannt: Pferde, Antilopen, Löwen. Benennung hat etwas mit Klassifikation zu tun, mit der Wahrnehmung von Familien. Diese Fähigkeit, verwandte Gruppen zu sehen und dadurch zu benennen, scheint eine besondere Gabe unsere Spezies zu sein. Wir entstellen diese natürlich, wenn wir darauf einen Gruppendünkel aufbauen. Doch halte ich es für einen geistigen Durchbruch, sowohl die Verschiedenheit als auch die Gleichheit in den Dingen achten zu können.

Wenn wir über Sprache nachdenken, dann umfasst das meiner Ansicht nach auch Malen, Schnitzen und Schaffen von Bildwerken. Es ruft wach, was C.G. Jung das kollektive Unbewusste und die Archetypen nannte, gemeinsame Symbole und Metaphern, die sehr weit zurückreichen. Dadurch erklärt sich auch, warum in allen Geistestraditionen so viele Metaphern wesensgleich sind. Die Metaphern des Lichts, des Feuers, der Dunkelheit scheinen auf einer gemeinsamen Sprache und einer gemeinsamen, tiefen Erfahrung zu beruhen.

Die Sprache der Menschen

■ Die Engel, da sie Geister sind, können nicht in einer vernehmlichen Sprache sprechen. Sprache ist daher die besondere Sendung der Menschheit.[31] ■

Fox: Hildegard unterscheidet hier wohl zwischen der Kommunikationsform schwingend reiner Geister und unserer Spracherfahrung hier auf der Erde. Sie hebt dabei unsere Fähigkeit zu einer vernehmbaren Sprache hervor, die sie als die besondere Sendung der Menschheit ansieht. Wieder einmal unterstreicht sie damit, was es bedeutet, dass wir Geist und Materie sind. In der Sprache bringen wir die Kraft beider Bereiche zusammen. Jedes Tier auf der Erde kann sich ausdrücken und kommunizieren, aber sie weist darauf hin, dass in unserem menschlichen Vermögen ein Reichtum liegt und dass wir eine heilige Verantwortung haben, das Wort zu achten und es wahrhaftig und verständlich einzusetzen.

Sie hebt uns damit von den Engeln ab. Die Engel mögen uns erweckt haben, uns für die Ebene des Bewusstseins geöffnet haben, die auch die Sprache umfasst, aber nur die Menschenwesen konnten dies auch fortsetzen. Engel sind dagegen Geistwesen, und ihre Sprache ist darum universeller als die unsere.

Sheldrake: Sie mag in dem Sinne universeller sein, dass sie singen. Aber sie ist vielleicht auch weniger um Kommunikation bemüht als die unsere. Verständliche Sprache ist die Grundlage menschlicher Kultur. Und menschliche Kultur ist evolutionär. Wahrscheinlich haben Engel nicht in dem Sinne eine Kultur wie wir, sondern beschäftigen sich vornehmlich mit Lobpreis und Harmonie. Das gibt ihnen einen weiteren Grund, über uns zu staunen.

Schutzengel

Weil Gott die Engel zur Hilfe der Menschen als Schutz bestimmt hat, machte Gott sie auch zu einem Teil der menschlichen Gemeinschaft.[32]
Vom allmächtigen Gott kommen mannigfaltige, starke und in göttlicher Herrlichkeit leuchtende Kräfte, um die, die wahrhaft Gott fürchten und getreu die Armut im Geiste lieben, helfend und schützend zu umgeben und sie mit der sänftigenden Glut ihres Wirkens zu umfangen.[33]

Sheldrake: Hildegard hat bereits darüber gesprochen, wie die Engel Gott loben und wie die Menschen in die Gemeinschaft der Anbetung mit ihnen eintreten. Hier spricht sie jetzt über die schützende Rolle der Engel: Sie schützen Menschen und unterstützen sie. Aber sie weist darauf hin, dass dieser Schutz Bedingungen unterworfen ist. Sie helfen denen, die Gott fürchten und die für den göttlichen Geist offen sind. Aber sie scheinen nicht in der Lage oder willens, Menschen zu schützen, die für Gottes Liebe nicht offen sind.

Fox: Genau. Das stellt wieder die Beziehung zwischen Menschen und Geistwesen heraus – es ist ein Geben und Nehmen; die Menschen sind nicht hier, um nur zu nehmen. Vielleicht sagt Hildegard deshalb, dass Gott die Engel, wenn sie uns schützen, zu einem Teil der menschlichen Gemeinschaft macht. Gemeinschaft umfasst immer auch die Dimension der Gleichrangigkeit, des Gebens und Nehmens in Beziehungen. Das erklärt auch, warum manche Menschen ein Leben leben, das nach allem anderen aussieht als nach einer Berührung durch Engel.

Sheldrake: Vielleicht sind sie von den bösen Engeln berührt worden. Es gibt eine alte jüdische, christliche und islamische Tradition, dass jeder von uns zwei persönliche Engel hat: einen guten und einen bösen. Schutzengel haben ihre Schatten. Diejenigen, die sich nicht dem Geist Gottes und der Hilfe der Schutzengel öffnen, können leicht durch die dunklen Engel beeinflusst werden. Statt – wie sie vielleicht meinen – immun zu werden gegen Engeleinflüsse, werden sie von der falschen Seite beeinflusst.

Das letzte Gericht. Äthiopien (11./12. Jahrhundert)

Fox: ... von den gefallenen Mächten und Herrschaften. – Mir fällt aber auf, dass sich die jüdische und islamische Überlieferung, dass wir einen Schutzengel auf der einen und einen dämonischen Engel auf der anderen Seite haben, bei Hildegard nicht findet.

Engel helfen denen, die Gott anrufen

■ Wenn ein Mensch den Namen seines Vaters, Gottes, auch nur seufzt, dann ruft Gott diesen Menschen zu seinem rechten Verhalten zurück, und der Schutzengel eilt an seine Seite, sodass er nicht länger vom Feind geplagt wird.[34] ■

Fox: Hildegard sagt damit wohl, dass wir Gott einfach anzurufen brauchen, damit die Engel herbeieilen und uns schützen. Wenn die Engel aber herbeieilen müssen, ergibt sich daraus, dass sie nicht ständig schon auf unseren Schultern sitzen. Vielleicht ist das nebensächlich. Unser Gebet und unser Anrufen Gottes laden die Engel in unseren Lebensbereich ein; und so können sie ihre Rolle als Wächter und Schützer wahrnehmen.

Sheldrake: Interessant ist, dass Hildegard hier im Plural von den Engeln spricht, statt nur von einem einzelnen Schutzengel, den sie nicht direkt erwähnt.

Mir ist nicht klar, was für eine Art von Schutz diese Engel gewähren. Wenn sie sagt, »dass er nicht länger vom Feind geplagt wird«, meint sie dann damit den Feind im Sinne der bösen Engel, oder eine moralische Gefahr, oder bezieht sie sich auf Schaden durch einen physischen Feind? Würde zum Beispiel in einer Schlacht ein Engel herbeieilen, um jemanden vor einem menschlichen Feind zu retten?

Fox: Sie sagt: »Gott ruft diesen Menschen zu seinem rechten Verhalten zurück.« Daraus ergibt sich, dass sie hauptsächlich von einer Schlacht mit moralischen Feinden spricht.

Gewissen

■ Unser gutes Gewissen verweist auf die Streitmächte der Engel, die Gott loben und ihm dienen. Das schlechte Gewissen aber enthüllt die Macht Gottes. Denn es greift Gott an, und dadurch wurden die ersten Menschen aus dem Paradies vertrieben. Das ist eine allgemeine Entscheidungssituation für alle Menschen. Diejenigen, die über Dinge entscheiden und mit einem guten Gewissen handeln, zeigen Gottes Güte. Diejenigen aber, die nach einem schlechten Gewissen handeln, prüfen damit Gottes Macht.[35] ■

Sheldrake: Hier wird die Unterscheidung zwischen gutem und schlechtem Gewissen gemacht, und das schlechte steht wahrscheinlich unter dem Einfluss der gefallenen Engel. Das Gewissen ist nicht nur ein Aspekt des individuellen Bewusstseins, sondern steht auch den Engelmächten offen und kann von den guten wie den bösen beeinflusst werden. Unser Bewusstsein ist ein Schlachtfeld, ein Teil des großen Schlachtfeldes der guten und bösen Engel.

Fox: Ja, man bemerkt, wie Hildegard sich hier auf den Entscheidungsprozess einschießt, der auch viel mit unserer Kreativität zu tun hat. Wir können unsere Kreativität im Bunde mit den guten Engeln oder mit den dämonischen Geistern einsetzen.

Thomas von Aquin verstand das Gewissen im Wesentlichen als die von uns getroffenen Entscheidungen, als eine der Vernunft verbundene Funktion. Die moderne Betonung des Individualismus erst hat das Gewissen für viele Menschen zu einer Art Gespenst in einer Maschine gemacht, das uns ins Ohr wispert, was richtig ist. Das Gewissen ist jetzt, mit anderen Worten, ganz im subjektiven Bereich angesiedelt. – Als Gattung stehen wir heute aber vielen Gewissensfragen gegenüber: Ernährungsgewohnheiten; unsere Beziehung zu den kommenden Generationen und zu Boden, Wasser und Wald; das Verhältnis zwischen nördlichen und südlichen Völkern, Armen und Reichen... Das sind keinesfalls subjektive oder individuelle Themen. Sie haben mit dem Überleben von Gemeinschaft, Gesellschaft und Erde zu tun. Unser Verständnis des Gewissens muss sich die Dimension von Entscheidungen zu Gunsten des Gemeinwohls wieder zurückholen. In Hildegards Sicht umfasst die Gesellschaft auch die Engelmächte. Unsere Entscheidungen sind nichts Privates oder Persönliches, sondern haben vielmehr mit dem kosmischen Kampf zwischen Gut und Böse zu tun.

Sheldrake: Hildegards Ausführungen zu den Schutzengeln konzentrierten sich sehr auf die moralische Dimension und beschäftigten sich nicht viel mit den heute so verbreiteten Geschichten über Engel, die Menschen in Notfällen helfen, sich als Menschen verkörpern oder praktische Hilfe in der Gefahr anbieten.

Fox: Das sehe ich auch so. Viele Zeitgenossen scheinen die Engel auf der Ebene des Selbstschutzes zu erfahren. Hildegard interessierte sich mehr für den Schutz in der moralischen Arena. Kann so ein gewisser Narzismus in unserer Kultur deutlich werden, wenn wir es für das schlimmste Übel halten, zu sterben oder verletzt zu werden? Die Überlieferung sagt, das Schlimmste sei dagegen der moralische Tod oder der geistige Verfall. Hildegard fordert uns auf, mehr in gesellschaftlichen Bezügen zu denken, im Blick auf ihren Bedarf an moralischer Nahrung, an Mut und Weisheit. Das sind die wahren Überlebensfragen, um die die Engel sich leidenschaftlich kümmern, mehr als um das bloße Überleben von Individuen.

Sheldrake: Vielleicht wirken die Engelerscheinungen, von denen in so vielen Büchern der jüngsten Zeit berichtet wird, auch wenn sie sich in vielen Fällen mit dem physischen Überleben beschäftigen, auch in einem moralischen Sinne. Die körperlichen Hilfen können – und tun das meiner Ansicht nach in vielen Fällen auch – den Menschen zu einem Bewusstsein für das Vorhandensein einer anderen Dimension verhelfen, einer verborgenen Dimension des Lebens.

Hildegard lebte nicht in einer säkularisierten Gesellschaft, die von atheistischen und säkularen Philosophien bestimmt war. Sie lebte in einer Epoche tiefen Glaubens, als Menschen in ganz Europa die großen gothischen Kathedralen erbauten. Die unsichtbare Kraft Gottes, die Engel und die Heiligen waren Teil des Konsenses über die Wirklichkeit. Natürlich waren nicht alle Menschen für die spirituelle Ebene offen, aber ihre Existenz als solche stand nie in Frage.

Heute wird aber das Vorhandensein einer geistigen Dimension überhaupt bezweifelt. Vielleicht besteht die Hilfe der Engel in unserem Zeitalter darin, durch praktische, physische Manifestationen uns für die Wirklichkeit übermenschlicher Intelligenzen zu erwecken.

Menschen können Engel nicht in ihrer wahren Gestalt wahrnehmen

■ Die drei Engel, die Abraham erschienen, als er im Eingang seines Zeltes saß, zeigten sich in menschlicher Gestalt, weil Menschen niemals Engel in ihrer wahren Gestalt sehen können. Da Menschen wechselnde Formen annehmen, sind sie nicht in der Lage, unwandelbare Geister wahrzunehmen.[36] ■

Fox: Hildegard bekräftigt: Menschen können Engel niemals in ihrer wahren Gestalt sehen. – All die wunderbaren Gemälde, die wir von Engeln haben, zum Beispiel von der Verkündigung oder bei der Geburt Christi, erstaunen uns, welche Gestalt sie denn da angenommen haben.

Beim Gebet mit Naturvölkern habe ich Erfahrungen mit Geistern gemacht, die als Licht oder als Wind oder Klang erscheinen. Hildegard sagt nicht, dass Engel in menschlicher Gestalt erscheinen müssen, sondern nur, dass sie nicht in ihrer wirklichen, eigenen Gestalt erscheinen, da wir sie so nicht erleben könnten. Ich glaube, es kommt darauf an, sich geistig offen zu halten.

Sheldrake: Ich sehe Parallelen zur UFO-Literatur. Es gibt hartnäckige Berichte von UFOs und außerirdischen Besuchern, die in Metaphern der Sciencefiction erlebt werden. Möglicherweise sind ja einige davon Manifestationen von Engeln der einen oder anderen Art. Vielleicht spüren die Engel, dass sie durch eine Erscheinung als UFO bei manchen Menschen besser durchkommen als in anderer Gestalt. Die offizielle Sicht der Wissenschaft, Politik und auch der Kirche ist aber, diese Berichte abzutun und wegzuerklären. Ich muss allerdings zugeben, dass ich diese Vorurteile bezüglich UFOs und Aliens selbst auch teile.

Fox: In den USA gibt es heute mehr junge Menschen, die an UFOs glauben als daran, dass das Sozialsystem noch funktionieren wird, wenn sie ins Rentenalter kommen. Vielleicht fliegen die Engel jetzt in Raumschiffen am Himmel herum, wie du sagst, um mehr Aufmerksamkeit zu bekommen. So wie Greenpeace sich mit Hilfe von Schlauchbooten Aufmerksamkeit verschafft hat. Es muss schwer sein, unsere Zeitgenossen auf sich aufmerksam zu machen, wenn man ein Engel ist.

Wie dir, ist auch mir etwas unwohl bei der Sache. Ich glaube, Antworten könnten gefunden werden, wenn unser Militär nicht solche Geheimnistuerei betriebe. Kürzlich traf ich jemanden, der mir ausführlich erklärte, wie seiner Meinung nach das Militär vor Jahren schon Kontakt zu Außerirdischen bekommen hat, wie es Hinweise zum Bau von Raumschiffen bekam, diese dann zusammengebaut und irgendwo in den Bergen von Utah oder so versteckt habe. Ich war etwas schockiert, weil der Typ, bevor er zu diesem Teil des Gesprächs kam, gar nicht so abgedreht gewirkt hatte.

Sheldrake: Ohne Zweifel sind die traditionellen Ideen über den Kampf der guten und der bösen Engel und einen apokalyptischen Krieg im Himmel in der Sciencefiction aufgegriffen worden, in »Krieg der Sterne« zum Beispiel.

Es handelt sich dabei um sehr tief gehende Archetypen. In der Moderne werden sie in eine Sciencefiction-Arena getragen; und wenn Menschen heute fremdartige Erfahrungen machen, dann kleiden sie sie in ein Gewand aus Sciencefiction. Das halte ich für einen Bestandteil des UFO-Phänomens. Im Mittelalter gab es noch keine Sciencefiction, dafür aber eine gut entwickelte Angelologie.

Mit dem Niedergang des allgemeinen Glaubens an Engel und mit der Säkularisierung des Kosmos werden diese Archetypen noch immer weithin anerkannt, aber in Begriffen

der Sciencefiction gedeutet: als ein Herumfliegen mit fliegenden Untertassen – statt mit Flügeln.

Fox: Mechanisiert.

Sheldrake: Ja, sie wurden mechanisiert. Unser Bild des
Kosmos ist mechanisiert worden, und die Engel eben auch.
Und statt wie Hildegard zu sagen, dass die Engel sich mit
Gedankenschnelle bewegen können, hat die Sciencefiction
Konstrukte wie Zeitwellen geschaffen, die sie in die Lage
versetzen, das Gleiche zu tun.

Fox: Vielleicht ist das, positiver gesagt, auch ein Bemühen,
die Vorstellungskraft zu entfalten. Da unsere Kenntnis vom
Universum gewaltige Sprünge gemacht hat im Hinblick auf
Größe, Rätselhaftigkeit, Komplexität und Geschichte, tas-
ten wir nach einer Sprache, einer Kunstform, nach Bildern,
mit Hilfe derer wir unser Verhältnis zum Universum begreifen können. Immerhin geht es bei den UFO-Geschichten
um Beziehungen...
   Du hast über Archetypen gesprochen. Ich glaube, dass
der tiefste Archetypus sich in unserem Grundverhältnis zur
Welt ausspricht. Ist sie wohlwollend? Wer sind diese unsichtbaren Kräfte? Darum geht es doch bei dieser ganzen
Auseinandersetzung über Engel.
   Unsere Vorstellungskraft ist hier gefragt. Unsere Künstlerinnen und Künstler sind aufgefordert, uns bei der Benennung des Wesens dieser umfassenden Gemeinschaft zu
helfen, zu der wir letztlich gehören. Vielleicht sind die
UFOs nur ein unbeholfener erster Versuch dazu.

Sheldrake: Oder eine Überbrückungsmaßnahme, bis wir ein Gefühl für diese weiteren Dimensionen bekommen, die uns die überall auftretende alte Überlieferung von Engeln, von Geistwesen spiegelt. Vielleicht können wir, während wir eine neue Einstellung zum Leben in der Natur gewinnen, auch diese groben mechanistischen Metaphern hinter uns lassen und in einen erweiterten Raum der Imagination vordringen.

Fox: Vielleicht erweisen sich die UFOs als die letzte von der Moderne erdachte Maschine. Der nächste Schritt, wie du sagst, sind die Engel: Die Rückbindung unserer Imagination an die geistigen Überlieferungen.

Wie Engel menschliche Gestalt annehmen

▇ Ihrem Wesen nach sind Engel unsichtbar, nehmen aber aus der Atmosphäre heraus einen Körper an und erscheinen denen, zu denen sie als Boten gesandt sind, sichtbar in menschlicher Gestalt. Sie nehmen auch andere menschliche Gewohnheiten an. Sie sprechen zu den Menschen nicht in der Sprache der Engel, sondern in verständlichen Worten. Sie essen, wie Menschen es tun, aber ihre Nahrung verdunstet wie Tau, der stetig auf das Gras sinkt und von den Strahlen der Sonne sofort aufgesogen wird. Auch die bösen

Geister können die Gestalt jedes Geschöpfes annehmen, um die Menschen zu verführen.[37] ■

Sheldrake: Hildegard spricht hier über die Kräfte der Engel, ihre Gestalt zu verwandeln; sie können sich den Umständen entsprechend in nahezu jeder Gestalt zeigen. Wenn nötig können sie die menschliche Sprache sprechen und bis hin zum Essen menschlich erscheinen, was oft als Kriterium genommen wird, um einen Geist von einem ordentlich verkörperten Wesen zu unterscheiden. Ihre Verkörperung kann auf seltsame Weise wirklich und buchstäblich gegenwärtig werden. Hildegard bedenkt sogar die Verdauungsphysiologie der Engel. Es ist mir sympathisch, wie sie die Frage löst, was denn mit der von den Engeln aufgenommenen Nahrung geschieht: Sie verdunstet einfach wie Tau!

Sie sagt außerdem, dass auch böse Geister die Gestalt jedes Wesens annehmen können, um die Menschen zu verführen. Engel wie Teufel sind fähig, jegliche Form anzunehmen, um mit den Menschen zu kommunizieren oder Beziehung zu ihnen aufzunehmen. Da diese Formen aber alle nur Manifestationen sind, werden sie in den meisten Fällen vermutlich kurzlebig sein.

Fox: Ich hoffe aber doch, dass sie hier nicht die Büchse der Pandora voll mit Hexenverfolgungen, Pogromen und so weiter öffnet: für Geister, die menschliche Gestalt annehmen und als Katzen, Familiare (= Hilfsgeister von Magiern) und ähnliche erscheinen. Das würde mir eine schreckliche Folgerung aus diesem Satz scheinen.

Sheldrake: Sie spricht nicht von Besessenheit, sondern von Manifestationen. Sie sagt, Engel könnten die Gestalt jedes Wesens annehmen. Sie geht also hier nicht auf die Frage der dämonischen Besessenheit ein, sondern auf Engel und Teufel, die menschliche oder andere Gestalt annehmen und sogar zu essen scheinen. Ich stimme dir aber darin zu, dass es dabei eine Menge Gelegenheit zur Paranoia gibt.

Fox: Jetzt wissen wir, warum sich das Maschinenuniversum durchgesetzt hat.

Sheldrake: Es ist ein hygienischer und klarer Ort.

Fox: Und ein langweiliger.

Sheldrake: Im siebzehnten Jahrhundert vor dem Hintergrund der Hexenverfolgungen überall in Europa und auch in Neuengland muss ein maschinenartiges Universum, in dem alle bösen Geister ausgetrieben waren, eine enorme Erleichterung gewesen sein. Dazu gehörte aber auch, dass die Welt ihrer Engelhierarchien beraubt wurde.

Fox: Sie wurde zu einem sterilen Ort, wie ein modernes Krankenhaus. Nach dem, was ich als einen Exzess der rechten Hirnhälfte bezeichnen möchte, war das wohl nötig.

Sheldrake: Ja, ein gegen Geistwesen sterilisiertes Universum.

Die Kehrseite eines jeden Geisterglaubens ist die Anerkennung des Dämonischen, denke ich. Jeder religiöse oder

*Hieronymus Bosch: Erlöste Seele, von Engeln geleitet,
auf dem Weg ins Licht (um 1500)*

spirituelle Weg, der die Existenz von guten Geistern annimmt, erkennt gleichzeitig das Vorhandensein von bösen an.

Deshalb sehen wir bei einem Wiederaufleben der Spiritualität auch ein Wiederaufleben des Glaubens an die Macht böser Geister. Ich halte das für einen unausweichlichen Schluss – gewachsen aus einem spirituellen Glauben und einer spirituellen Weltanschauung. Aus diesem Grund sind ja säkulare Humanisten und Rationalisten gegen jede Form von Religion. Wenn man die guten Engel einlässt, dann bekommt man auch die bösen – zusammen mit Verfluchungen und Aberglauben: jenem Albtraum der Hexerei, den die mechanistische, rationalistische Weltsicht für immer beseitigt zu haben glaubte.

Diese Texte bei Hildegard wie auch die von Dionysios und Thomas von Aquin oder der Bibel selbst machen überdeutlich, dass die bösen Engel ein Teil dieses Handels sind: Man kann die guten nicht ohne die bösen haben. Hier wartet keine nette New-Age-Vision voll guter Engel, die immer mit sanften Schwingungen erfüllt ist wie die New-Age-Musik, in einem Universum, aus dem angenehmerweise alle bösen Geister ausgetrieben wurden.

Fox: Man kann eben nicht einfach die guten Engel in eine sterile, mechanisierte, hygienische Welt einpflanzen: Man muss auch den Schatten wiederbringen.

Sheldrake: So sagt es schon die Überlieferung.

Fox: Ich halte es für sinnvoll, den bösen Geistern unserer Zeit auch unsere eigenen Namen zu geben: Rassismus,

Sexismus, Kolonialismus, Anthropozentrismus, Ungerechtigkeit, und so weiter. Das sind die »Dämonen« unserer Zivilisation.

Jesus und die Engel

■ Als der Sohn Gottes auf Erden aus der Mutter geboren wurde, erschien er im Himmel im Vater, sodass die Engel erzitterten und frohlockend honigfließende Lobgesänge anstimmten. (...) Da tönten die himmlischen Pauken und Zithern und jeder Klang der Musik in unbeschreiblicher Harmonie und Schönheit, denn der Mensch, der im Verderben gelegen hatte, wurde in Seligkeit aufgerichtet. (...) Der Vater stellte den auferstandenen Sohn mit enthüllten Wunden den himmlischen Chören dar: »Dies ist mein geliebter Sohn (...)!« Dabei erwachte in ihnen eine unermessliche Freude, die alles menschliche Begreifen übersteigt. Denn dadurch ist die böse Vergangenheit, in der Gott nicht mehr erkannt wurde, niedergerungen. Die menschliche Vernunft, die durch die Einflüsterung des Teufels darniederlag, ist zur Erkenntnis Gottes erhoben. Durch höchste Beseligung ist dem Menschen der Weg der Wahrheit eröffnet, und er ist vom Tode zum Leben zurückgeführt.[38] ■

Fox: Hildegard feiert hier die erneuerte Beziehung zwischen Gott und der Menschheit, zwischen Gott und den Engeln. Darum geht es bei der Inkarnation. Das Kommen Gottes in der Person Jesu hat für Hildegard tiefe angelologische Implikationen: Die Engel werden durch dieses Ereignis erweckt. Sie drückt es so aus: »Die Engel erzitterten und stimmten frohlockend honigfließende Lobgesänge an.« Sie stellt die Engel dar, wie sie die Pauken und Zithern auspacken und wieder musikalisch werden, vor Freude über diese neue Möglichkeit in ihrem Werk.

Sheldrake: Was meint sie mit »erschien er im Himmel im Vater«?

Fox: Das ist wahrscheinlich eine Anspielung auf den Sohn als Logos, der immer schon beim Vater war, und jetzt auf neue Weise im Vater reflektiert wird, da der Sohn von einer Mutter auf der Erde geboren wurde. Es ist eine neue Dimension in der Vaterschaft Gottes. Es ist der Kosmische Christus, der das ganze Universum umspannt.

Sheldrake: Darin steckt dann eine Veränderung in der heiligen Dreifaltigkeit wie auch in den Engelhierarchien. Das heißt, dass es nicht nur in den Engelordnungen eine Evolution gibt, sondern auch in der Gottheit selbst.

Fox: Sicher. Meister Eckhart sagt das ausdrücklich: »Gott *wird*, wo alle Geschöpfe Gott aussprechen.«[39] Wie könnte es auch anders sein? Wenn Evolution stattfindet, wenn die Natur sich entfaltet, einschließlich der menschlichen, die jetzt auch den Logos umfasst, dann ist auch die Gottheit betroffen.

Tief im Herzen des christlichen Trinitätsglaubens gibt es die Vorstellung von der Verletzbarkeit Gottes, diese ist sehr jüdisch. Die Idee Gottes als unbewegtem Beweger, als festem Punkt im Himmel ist hellenistisch und nicht jüdisch. Rabbi Heschel spricht davon, dass die Gottheit wirklich von der menschlichen Evolution abhängt, von der menschlichen Arbeit an Gerechtigkeit und Mitgefühl.

Wir müssen uns in unseren Lehrmeinungen entfernen von der statischen Kosmologie, in der sie nur verkrusten. In einem solchen Kontext verlieren sie nur ihre Energie und rosten ein. Im Kontext einer *neuen* Kosmologie bekommen alle diese Lehren wieder starkes Leben und Kraft. Unsere besten Mystikerinnen und Mystiker, wie Hildegard und Eckhart, besaßen tiefe Intuitionen einer Gottheit, die sich mit der Entfaltung des Universums auch selbst entfaltet. Und gewiss gehört die Geschichte Christi mit zu dieser Entfaltung.

Sheldrake: Das paßt dann auch zu den früheren Bemerkungen Hildegards darüber, dass die Engel über die menschlichen Werken erstaunt sind (vgl. Seite 262). Die Engel antworten und reagieren auf das, was auf der Erde geschieht. Wenn sie in Interaktion mit dem Lauf der Ereignisse im Kosmos und der Entwicklung der Menschheit stehen, dann müssen sie es auch. Wie du aber sagst, geht Hildegard noch weiter, indem sie eine tatsächliche Veränderung in der göttlichen Natur annimmt. Sie bewegt sich fort von der griechischen Vorstellung der unveränderlichen, platonischen Formen jenseits von Raum und Zeit, die völlig unbeweglich und leidensunfähig sind.

Fox: Und ein Teil der Aufregung und des Staunens der Engel besteht darin, die Geschichte Jesu sich entwickeln zu sehen. Die Tradition zeigt die Gegenwart von Engeln an allen entscheidenden Punkten im Leben Jesu: bei der Verkündigung, der Empfängnis, der Geburt, seinem Tauferlebnis; auf seinem Weg in die Wüste, wo ihm die Engel beistanden, als er mit den Dämonen kämpfte und von Satan versucht wurde; im Garten von Gethsemane und bei seiner Auferstehung und Himmelfahrt. Es ist nicht so, als seien die Engel dabei nur Zuschauer, ebenso wenig wie sie das bei uns sind. Sie sind ganz und gar Teilnehmende an der Geschichte der Entfaltung des Kosmischen Christus in Jesus. Die kosmischen Kräfte, wie auch immer wir sie benennen, nehmen teil an der Lebensgeschichte eines jeden Wesens, und gewiss auch eines jeden menschlichen Wesens.

Gott wurde Mensch, nicht Engel

■ Oh, wie groß ist die Freude, dass Gott Mensch wurde. Unter den Engeln existiert Gott als Gottheit, aber unter den Menschen existiert Gott als Mensch![40] ■

Fox: Hildegard jubelt hier über die Erkenntnis, dass die Menschen in ihrer Beziehung zu Gott den Engeln gegenüber einen Vorsprung haben. Unter den Engeln ist Gott immer noch Gott. – Gott wurde nicht zu einem Engel, wohl aber zu einem menschlichen Wesen. Das bewegt Hildegard zum Jubel darüber, ein Mensch zu sein. Sie sieht die Inkarnation als eine gewaltige Bestätigung für die Wertschätzung der menschlichen Gattung.

Sheldrake: Auf manchen Bildern wird Christus als der König der Engel dargestellt. War das eine verbreitete Vorstellung?

Fox: Ja sehr. In allen Hymnen der frühen Kirche an den Kosmischen Christus wird Christi Macht über die Engel dargestellt. Das hieß, dass es von den unsichtbaren Mächten der Welt nichts zu fürchten gab, sondern dass sie im Dienste der wohlwollenden Absichten Christi standen.

Sheldrake: Dann steckt wohl hinter der Vorstellung von der Heiligen Jungfrau Maria als Königin der Engel eine weitere Entwicklung dieses Themas. Oder liegt eine Umkehr zu dem viel älteren Archetypus der Göttin als Himmelskönigin, als mütterlichem Aspekt des Raumes und des Kosmos vor?

Fox: Ich glaube, dass darin alles zugleich steckt. Maria als Engelkönigin bildet wiederum eine mächtige Bestätigung für die Schönheit der Menschheit: Eine von uns, zusätzlich zu Christus, überwacht die Rolle der Engel im Himmel, und das ist das weibliche Prinzip, die Göttin. Hildegard zeichnet Maria sogar als Dirigentin der himmlischen Sphärenklänge – sie dirigiert dort die Musik sowohl unter Engeln wie auch unter Menschen.

Engel sind beim Tode von Menschen anwesend

■ Bei der Auflösung des Menschen (...) sind gute und böse Engel zugegen, die Zeugen all der Werke, die die Seele in und mit dem Leibe vollbracht hat. Sie erwarten das Ende, um sie nach der Auflösung mit sich zu führen.[41] ■

Fox: Es gibt eine alte Überlieferung, dass die Engel im Augenblick des Todes gegenwärtig sind. Heute ist das Interesse an dieser Tradition wieder dadurch aufgelebt, dass Menschen von ihren Nahtod-Erfahrungen berichtet haben. Die Engel sind nicht nur für den Daseins-Ausdruck da, den wir als unsere Lebenszeit bezeichnen. Sie waren vor unserer Existenz schon da und erwarten ihre weiteren Ausdrucksmöglichkeiten. Da ist die Verheißung, dass sie auf das Ende warten, um den Menschen mit sich auf eine andere Ebene zu tragen.

Sheldrake: Bedeutet »Auflösung« hier die Auflösung des Körpers?

Fox: Ich denke.

Sheldrake: Die Vorstellung von geflügelten Wesen als Seelenführern oder Psychopompen ist uralt. Die Ägypter hatten schon die gleiche Idee, und es gibt ägyptische Bilder von geflügelten Seelenführern über den Mumien. Auch die Griechen kannten Seelenführer, die die Seelen durch die

Himmelssphären brachten. Die gleiche Vorstellung wird auf Friedhöfen des 19. Jahrhunderts zum Ausdruck gebracht, wo Statuen von Engeln über den Gräbern stehen.

Obwohl wir in modernen Nahtod-Berichten viel über Lichtwesen zum Todeszeitpunkt erfahren, hören wir doch wenig über böse Engel. Sie sind doch wohl kaum nur deshalb da, um die guten Engel dabei zu beobachten, wie sie die Seele fort- und hinaufbringen. Sie müssen auch eine Rolle zu spielen haben. Welche ist das?

Fox: Ich gehe davon aus, dass unser Eintritt in den Tod nicht unähnlich jedem anderen Eintritt in schöpferische Augenblicke unseres Lebens ist. Die bösen und die guten Engel sind da, damit wir uns entscheiden können; und selbst im Tode sind Entscheidungen zu treffen. Zum Beispiel auch die Entscheidung zu Verzweiflung, Bitterkeit, Schuldzuweisung und Bedauern. Ich glaube, dass all dies durch böse Engel symbolisiert werden kann, die uns versuchen. Die guten Engel hingegen würden uns ermutigen, auf das zu reagieren, was hoffentlich auch schon ein Muster in unserem Leben gewesen ist – Großzügigkeit, Vertrauen und Hingabe, die einen heiligen Tod ebenso charakterisieren wie ein heiliges Leben. Ich nehme das als eine Bestätigung dafür, dass der Tod auf der menschlichen Seite einen schöpferischen Akt darstellt; in gewisser Hinsicht ist er eine moralische Handlung. Wir haben die Wahl, wie wir auf ihn zugehen wollen. Deshalb sind gute und böse Engel anwesend.

Sheldrake: Ich bin neugierig, was denen geschieht, die von den bösen Engeln mitgenommen werden. Wie stellst du dir das vor?

Fox: Darüber unterhältst du dich besser mit Dante. Aber damit kommen wir zu einer anderen Lehre Hildegards, nämlich über das Jüngste Gericht. Ich habe den Eindruck, dass sie dabei über jede kreative Entscheidung in unserem Leben schreibt. Jeder schöpferische Akt ist ein Jüngstes Gericht, weil du ihn nicht rückgängig machen kannst. Das ist immer eine einmalige Wahl. Damit schmilzt sie den Dualismus zwischen diesem und dem nächsten Leben ein, und zwischen Himmel, Hölle und Erde. Letztlich sagt sie, dass unsere Entscheidungen die Hölle auf Erden oder den Himmel auf Erden hervorbringen.

Engel bei der Eucharistie

■ Da sah ich (in ihrer Vision), als nun ein Priester, mit den heiligen Gewändern bekleidet, zur Feier der göttlichen Geheimnisse an den Altar trat, wie ein plötzlicher heller Lichtglanz vom Himmel kam. Engel folgten ihm, und das Licht umflutete den Altar. Das blieb so, bis sich nach Vollendung des heiligen Opfers der Priester entfernte. Nachdem das Evangelium des Friedens verlesen und die Opfergabe für die Konsekration auf dem Altar bereitgelegt war, sang der Priester den Lobpreis des allmächtigen Gottes: »Sanctus, sanctus, sanctus, Dominus, Deus Sabaoth!« und begann das unaussprechliche Mysterium. In diesem Augenblick öffnete sich der Himmel. Ein feuriges Blitzen von unbeschreiblich lichter Klarheit fiel auf die Opfergaben nieder und durchströmte sie ganz mit seiner Herrlichkeit, wie die Sonne den Gegenstand, den sie bestrahlt, mit ihrem Licht durchdringt. (...) Engel steigen herab, und das Licht umflutet den Altar. (...) Himmelsgeister neigen sich zum heiligen Dienst.[42] ▪

Fox: An dieser Stelle ihres ersten Buchs, *Scivias*, beschreibt Hildegard eine geistige Erfahrung, die sie während einer Messe hatte. Dabei bezieht sie sich auf eine alte Tradition, dass ein Teil der Arbeit der Engel darin besteht, im Gottesdienst gegenwärtig zu sein. Das ist tief in der jüdischen Überlieferung verwurzelt. Und tatsächlich ist die betreffende Stelle der westlichen Liturgie, die Hildegard hier anspricht, jüdischen Ursprungs und betrifft die Engel: »Heilig, heilig, heilig, Herr der Heerscharen, Himmel und Erde sind erfüllt von deiner Herrlichkeit, Hosianna in der Höhe!«

Genau auf dem Höhepunkt der abendländischen Liturgie geschieht diese Invokation der Engel. Hildegard präsentiert das nicht als Theologie oder Theorie, sondern spricht über ihr eigenes Erleben. Das war eine mächtige Erfahrung für sie, eine Erfahrung, nach der die heutigen Menschen sich sehnen. Wenn Lobpreis ein wichtiger Teil der Arbeit der Engel ist, dann ist er auch ein wichtiger Teil des menschlichen Geisteslebens. Wie Rabbi Heschel sagt: »Lobpreis geht dem Glauben voraus.« Wir brauchen solche Durchbrüche, die den Glauben über das Verstehen hinaus in die Erfahrung bringen. Und welchen besseren Ort gäbe es dafür, als wenn die Gemeinschaft sich zur Anbetung versammelt und alle Wesen des Universums anruft, einschließlich der Engel?

Naturvölker lehren, dass das Zentrum des Universums die Mitte eines Gebetskreises ist. Das war auch jüdische Lehre: Der Tempel war das Zentrum der Welt. Heute definieren wir das Zentrum der Welt nicht mehr als einen einzelnen Ort, sondern als viele Orte, an denen die Energie sehr intensiv fließt. Wir müssen entdecken, inwiefern Kult eine Mitte für das Universum bildet. Hildegard lehrt das Gleiche. Sie sieht den Altar als die Mitte der Welt. Engel sind dort, weil sie gern da sind, wo göttliche Tätigkeit ist.

Vitaler Gottesdienst öffnet die Kommunikationskanäle zwischen Engeln und Menschen in Lobpreis und Verehrung der Gottheit. Wir müssen wieder Kultformen schaffen, die den Engeln Zutritt gewähren, und die es den Menschen ermöglichen, ihre Herzen zu öffnen, sodass Lobpreis geschehen kann. Wir müssen über den Kopf hinaus alle Chakren einbeziehen, sodass die Kräfte des ganzen Universums anwesend sein können, des Mikrokosmos wie auch des Makrokosmos.

Sheldrake: Ich finde es auch spannend, dass Hildegard hier nicht aus theoretischer Sicht, sondern aus Erfahrung spricht. Mich würde interessieren, eine Umfrage unter Menschen zu machen, die Gottesdienste besuchen, in welchen Momenten sie am tiefsten bewegt sind. Ich habe in Gottesdiensten Augenblicke einer starken göttlichen oder engelhaften Gegenwart erlebt. Ich kann mir vorstellen, dass viele Menschen solche Erfahrungen machen, dass sie sich aber scheuen, darüber zu sprechen, so wie man sich heute allgemein scheut, über irgendwelche mystischen Erfahrungen zu sprechen.

Fox: Natürlich. Unsere mystischen Erfahrungen sind in den »subjektiven« Bereich der modernen Mentalität verbannt worden. Man sieht sie als eine Art Privatbesitz an, der von Schweigen umgeben wird, so wie wir unser Bankkonto geheim halten.

Hildegard scheint solche Erlebnisse von herabsteigenden Engeln und den Altar überflutendem Licht gehabt zu haben, ohne dabei auf Hilfsmittel von außen zurückgreifen zu müssen. Die Tatsache, dass heute viele Menschen in äußeren Quellen wie etwa psychedelischen Stoffen nach solchen Erlebnissen suchen, sagt viel darüber aus, dass unsere Gottesdienstformen ihre Funktion nicht mehr erfüllen. Wenn Religion sich erneuern, wenn sie ihre Hauptaufgabe erfüllen soll, nämlich unser Herz und unseren Geist zu erwecken für unseren Ort in der Welt und für die Kommunion mit anderen Lebewesen, dann brauchen wir Kultformen, die solche Erfahrungen ermöglichen.

Befreunde dich mit guten Engeln

■ So spreche Ich, Christus, zu den Menschenkindern: Freundet euch an mit den guten Engeln und mit den Menschen, die gerecht und wahrhaftig leben. Wegen dieser Gerechtigkeit und Wahrhaftigkeit werden die Engel sich an euren guten Taten

erfreuen und euch eines Tages an eure Stätte in
der Ewigkeit bringen.[43] ■

Fox: Hildegard spricht oft in der ersten Person Gottes oder
Christi, als sei sie von deren Stimmen durchdrungen worden. Das sind für Hildegard Stellen von besonderer Wichtigkeit und Kraft. Hier nun spricht sie als Christus und
fordert uns auf, uns mit guten Engeln zu befreunden. Das ist
eine passendes Ende für unser Nachdenken über Hildegards Lehre über die Engel. Das letzte Wort sei, dass wir
Freundschaft schließen mit den Engeln, wenn wir uns im
eigenen Leben mit Gerechtigkeit und Wahrhaftigkeit an-
freunden.

Die mechanistische oder moderne Weltsicht war zu Mysti-
kern und Engeln nicht freundlich. Hildegard aber, die in
einer vormodernen Weltanschauung schrieb, ruft uns in
unserer postmodernen Epoche dazu auf, mehr auf diese
Beziehungen zu achten. Sie weist darauf hin, dass es die
spirituellen Erfahrungen der Wahrheit und der Gerechtigkeit sind, die uns zur Kommunion mit den Engeln führen
und damit zur Freundschaft mit ihnen. Die Dimension der
Gerechtigkeit entspricht natürlich der Lehre des Thomas
über die Beziehung zwischen Engeln und Propheten.

Sheldrake: Glaubst du denn, dass es praktische Wege gibt,
sich mit Engeln anzufreunden? Es gibt zum Beispiel in
vielen jüdischen Zeremonien Invokationen der Erzengel
Michael, Uriel, Raphael und Gabriel als Hüter der vier
Richtungen. Und die Christen katholischer Tradition haben
eine besondere Gelegenheit, sich mit den Engeln anzu-

Odilon Redon: Engel mit Kette zur Fesselung Satans.
Apokalypse (um 1890)

freunden, das Fest Michaels und aller Engel am 29. September. Glaubst du, wir können, außer für Gott offen zu sein und für den Geist der Wahrheit und Gerechtigkeit, etwas tun, um besonders die Engel anzurufen?

Fox: Ja, es gibt in der kirchlichen Überlieferung Rituale und Anrufungen, von denen manche nur wieder lebendig gemacht werden müssen. Wir brauchen neue Rituale zur Anrufung der Engel. Ich glaube, dass die Engel kommen werden, wenn wir unserem Geist wieder gestatten, durch den lebendigen Kosmos zu wandern. Die Technik könnte eine große Rolle darin spielen, uns die Engel bildhaft vorzustellen – zum Beispiel mit Hilfe der wunderbaren Fotografien, die wir heute von der Geburt von Sternen und von wirbelnden Galaxien anschauen. Aber ich glaube, dass wir den Weg des Kampfes für Gerechtigkeit und Wahrhaftigkeit nicht unterschätzen dürfen. Dabei geht es um innere Arbeit, sicher bei der Wahrung von Wahrhaftigkeit. Hildegard sagt, dass diese innere Arbeit mit Gewissheit auf die Kommunikation mit Engeln vorbereitet.

Gleiches gilt auch für den Kampf um Gerechtigkeit. Denke daran, dass Engel häufig Menschen in Gefängnissen besuchen. Petrus wurde von einem Engel aus dem Gefängnis befreit. Manchmal glaube ich, dass Gandhi und Martin Luther King und andere große Seelen, die Zeiten im Gefängnis verbracht haben, dort die Unterstützung von Engeln fanden.

Der Kampf um Gerechtigkeit ist also keine Abstraktion, sondern ein Weg zu lernen und das Herz zu öffnen. Ich kenne zum Beispiel eine katholische Schwester, eine gute und heilige Frau, die mir erzählte, ihre größte mystische Erfahrung sei es gewesen, bei ihren Protesten gegen Militärbasen und Atomkraftwerke im Polizeiwagen weggebracht zu werden. Dabei habe sie die Gegenwart von Geistwesen und Engeln am meisten gespürt.

Der Kampf um Gerechtigkeit ist also ein Weg, der unser Herz öffnet und die Engel eintreten lässt. Dieser Kampf, ganz sicher auch der um ökologische Zukunft, wird noch zu unseren Lebzeiten sehr viel heftiger werden. Und es ist nötig, dass wir diese Kämpfe als echte Rituale begreifen. Und an guten und echten Ritualen nehmen die Engel teil.

Sheldrake: Das sind aufregende Aussichten: Der Kampf um Gerechtigkeit und um ein neues Verhältnis zu unserer Umwelt findet im Bunde mit den Engeln und mit ihrer Hilfe statt. Das gibt ihm eine größere Dimension. Das ist ein stark Kraft spendender Gedanke, weil wir sonst nur als eine Hand voll Menschen erscheinen, die gegen gewaltige etablierte Interessen und wirtschaftliche und politische Mächte kämpfen. Wir werden alle Hilfe brauchen, die wir bekommen können.

Fox: Und natürlich müssen die Schutzengel der Kinder höchst engagiert in der ökologischen Krise sein: Die Zukunft der Kinder hängt von einem gesunden Planeten ab.

Ausblick: Engel
im neuen Jahrtausend

Wir erleben heute mehr als nur das Wiederaufleben des Interesses an Engeln. Denn die neue Kosmologie wirft Fragen auf und erweitert unseren Blick auf die Tätigkeit der Engel im Universum. Wir wollen heute verstärkt die Rolle eines Bewusstseins jenseits des menschlichen verstehen. Diese Herausforderungen machen eine Neuorientierung der Lehren über die Engel nötig, eine neue Phase unseres Verständnisses und Verhältnisses zum Reich der Engel.

Wir müssen eine Bestandsaufnahme dessen machen, was wir von unseren Traditionen lernen können. Was haben ihre Repräsentanten Dionysios Areopagita, Thomas von Aquin und Hildegard von Bingen uns heute über Engel zu lehren? Aus unseren Untersuchungen haben wir unter anderem folgende Schlüsse gezogen:

- Engel sind sehr zahlreich. Sie kommen in astronomischer Anzahl vor. Es gibt viele andere Arten Bewusstsein im Kosmos außer dem menschlichen.
- Engel sind seit Anbeginn des Universums da.
- Sie existieren in hierarchischer Ordnung von ineinander eingefalteten Ebenen.
- Sie sind die herrschenden Intelligenzen der Natur.
- Sie haben eine besondere Beziehung zu Licht, Flammen und Photonen. Es gibt erstaunliche Parallelen zwischen Thomas von Aquin und Einstein hinsichtlich des Wesens der Engel und der Photonen: ihrer Ortsbewegung und Bewegungsweise, ihrer Alterslosigkeit und Masselosigkeit.
- Sie besitzen eine musikalische Natur und arbeiten in harmonischen Beziehungen miteinander.
- Die Mehrheit von ihnen ist freundlich, aber nicht alle. Christus hat Macht über die Engel.
- Sie haben eine besondere Beziehung zum menschlichen Bewusstsein. Wir Menschen tragen dazu bei, die irdische Welt mit den kosmischen Intelligenzen zu verbinden.
- Engel könnten eine besondere Rolle bei der Entstehung der Sprache gespielt haben.
- Engel staunen über uns. Unser Handeln kann durch die Engel den gesamten Kosmos betreffen.
- Ihre Hauptaufgabe besteht in Lobpreis und Anbetung.
- Sie haben vielfältige Funktionen in ihren Beziehungen zu Menschen, wozu die Inspiration, das Überbringen von Botschaften, der Schutz und die Führung gehören.
- Sie sind in Gottesdiensten anwesend.

- In der Arena unseres Gewissens und unserer Entscheidungsfindung handeln sowohl gute als auch böse Engel.
- Sie haben keine physischen Körper, können aber zeitweilig das Aussehen von menschlichen oder anderen Körpern annehmen, um sich Menschen mitzuteilen oder ihnen zu helfen.
- Sie begleiten Menschen aus diesem Leben in das nächste.

Fragen für die Zukunft

In einer Zeit wie der unseren reicht es nicht aus, sich auf die überlieferten Lehren der Religion auch über die Engel zu beziehen. Die neue Kosmologie und die jetzige Krise der Erde verlangen mehr schöpferische Arbeit seitens derer, die die religiösen Traditionen geerbt haben. Deshalb beschließen wir unser Gespräch nicht mit überlieferter Weisheit, sondern mit Fragen, die wir für die Zukunft der menschlichen Beziehungen zu Engeln sehen.

- Wie können wir das Bewusstsein von Planeten, Sternen und Galaxien verstehen?
- Kann das überlieferte Verständnis der himmlischen Intelligenzen uns im Lichte der zeitgenössischen Kosmologie dabei helfen, die selbst-organisierenden Kräfte der Planeten, Sterne und Galaxien zu verstehen?
- Spielen Engel eine Rolle in der sich selbstorganisierenden Dynamik der mikroskopischen Welt?
- Entstehen in einem evolutionären und expandierenden Universum neue Arten von Engeln, wenn neue Formen, Strukturen und Felder ins Dasein treten?

◆ Welche Rolle spielen Engel im evolutionären Prozess?

◆ Entwickeln Engel sich?

◆ Wie schnell können Engel in der Weite des Universums kommunizieren?

◆ Erzeugen gefallene Engel bei anderen bewussten Organismen in anderen Teilen des Universums Böses?

◆ Wie können wir mit den guten Engeln Freundschaft schließen?

◆ Kann die Erfahrung mit Engeln und der Glaube an sie, den alle Geistestraditionen teilen, eine Tiefenökumene fördern?

◆ Können Engel uns durch die sozialen und ökologischen Übel, die uns umgeben und die noch ungeborenen Generationen bedrohen, führen?

◆ Können Engel uns helfen, unsere Formen des Kultes wieder zu beleben, sodass wahrer Lobpreis zur Inspiration für prophetische Visionen und rechte Handlungen wird?

◆ Kann unser erwachendes Bewusstsein für Engel die Fähigkeit zur Kommunion mit allem, was ist, steigern?

◆ Wie können Engel bei der Resakralisierung der Kunst helfen?

◆ Wie können wir, zusammen mit den Engeln, die Welt wieder heiligen?

Engel in der Bibel

D ie frühen Texte der hebräischen Bibel sind hinsichtlich einer ausgebauten Lehre über die Engel recht zurückhaltend. Das liegt zweifellos daran, dass die Israeliten während der Entwicklung ihres Monotheismus mitten unter polytheistischen Völkern sehr vorsichtig damit waren, alte Denkweisen über Geister und göttliche Boten wieder zu aktivieren. Nur drei Engel – Gabriel, Michael und Raphael – werden in der hebräischen Bibel namentlich erwähnt. Und die Prophetenbücher erwähnen Engel überhaupt sehr selten. In den späteren Büchern tauchen sie aber häufiger auf, besonders in den apokalyptischen Schriften wie etwa dem Buch Daniel, wo sie eine wichtige Rolle spielen. Zu jener Zeit (3. bis 2. Jahrhundert vor Christus) war der Monotheismus im jüdischen Denken schon gut etabliert, sodass man nicht zu befürchten brauchte, dass die Engel Gegenstand der Verehrung würden. Auch gewannen andere Religionen, wie der Zoroastrismus aus Persien, mit ihrer starken Betonung der Geistwesen starken Einfluss in Israel.

Abgesehen von »Engeln« und »Boten« existieren in der hebräischen Bibel auch andere Namen für die Engel wie »Söhne Gottes«, »Heerscharen des Herrn«, »himmlische Heerscharen« und »die Heiligen«.

In den christlichen Schriften treffen wir dann auf Engel in Fülle. Das gilt besonders für die Kindheitserzählungen Jesu, für die Sendung und den Dienst Christi und für die apokalyptische Literatur, etwa das Buch der Offenbarung. Engel stehen für die kosmischen Kräfte, die in Jesus zusammenkommen und die er für das Wohl des Volkes einsetzt. Paulus erwähnt die neun Chöre der Engel oder himmlischen Geister, betont aber vor allem, dass Christus Macht über die Engel und alle geistigen Mächte hat. Damit überwindet er die Versuchung, vor kosmischen Kräften pessimistische Furcht aufkommen zu lassen. Das Universum ist in allen seinen Aspekten im Wesentlichen wohlwollend. Böse Geistwesen können nicht über die Macht der Liebe in Christus triumphieren.

Im Buch der Offenbarung spielen Engel verschiedene Rollen: Unter anderem beten sie beim himmlischen Gottesdienst an, sie dienen dem Werke der prophetischen Offenbarung, helfen bei der Regierung der Welt und führen die göttlichen Wünsche aus, sie leiten die sieben Kirchen Asiens, ihre Führer und ihre Gemeinden.

Es folgt eine Liste mit Stellen aus der Bibel, wo Engel bzw. Dämonen erwähnt werden.

1. Hebräische Bibel

Genesis 16,7-11: Der Engel Jahwes trifft Hagar und weist sie an, zu Sarai zurückzukehren, um ein Kind auszutragen (Ismael). (vgl. 21,17)

Genesis 19,1-26: Zwei Engel, denen Lot Gastfreundschaft anbietet, erretten ihn und seine Familie vor der Zerstörung Sodoms.

Genesis 22,11-15: Ein Engel interveniert, um Isaak vor Abrahams Messer zu erretten.

Genesis 24,7, 40: Abraham verspricht seinem Diener, dass ein Engel ihn zurück in seine Heimat geleiten wird, um eine Frau für Abrahams Sohn Isaak zu erwählen.

Genesis 28,12: Jakob träumt von Engeln Gottes, die eine Leiter vom Himmel hinab- und heraufsteigen.

Genesis 31,11: Ein Engel spricht in einem Traum zu Jakob.

Genesis 32,1: Engel treffen Jakob auf seiner Reise, und er nennt den Ort dieser Begegnung »Mahanaim«, was heißt »dies ist Gottes Lager«.

Genesis 32,25-31: Jakob kämpft mit einem Engel, bis dieser ihn segnet.

Genesis 48,16: Manasse segnet Joseph und sagt: »Der Engel, der mich aus aller Not erlöst hat, segne diesen Knaben...«

Exodus 3,2: Der Engel Jahwes erscheint Mose in einem brennenden Busch.

Exodus 14,19: Der Engel Jahwes marschiert vor einer Armee Israels.

Exodus 23,20-24: Jahwe verspricht einen Engel, um die Israeliten gegen ihre Feinde zu beschützen.

Exodus 32,34; 33,2: Jahwe verspricht, einen Engel zu schicken, der vor den Israeliten hergehe, sie schütze und ihre Feinde bekämpfe.

Numeri 20,16: Mose sendet einen Brief an den König von Edom und erklärt, dass ein Engel die Israeliten aus Ägypten geführt hat.

Numeri 22,22-35: Der Engel Jahwes lehrt Bileam, seinen Esel freundlicher zu behandeln.

Deuteronomium 32,17: Das Lied des Mose tadelt jene, die »Dämonen geopfert haben, die nicht Gott sind, Göttern, die sie nicht kannten«.

Richter 2,1. 4: Der Engel Jahwes erzählt den Israeliten, dass er sie aus dem Lande Ägypten geführt hat.

Richter 5,23: Im Lied der Debora und des Barak wird Meros von Jahwes Engel verflucht.

Richter 6,11-24: Ein Engel Jahwes besucht Gideon und befiehlt ihm, Israel zu befreien.

Richter 13,3-25: Ein Engel Jahwes erscheint Manoachs Frau und erklärt ihr, dass sie einen Sohn gebären wird, den sie Samson nennen soll.

1 Samuel 29,9: Achisch bezeichnet Daniel als so makellos wie ein Engel.

2 Samuel 14,17. 20: Davids Weisheit ist »wie der Engel Gottes«, d.h. göttlich (vgl. 2 Samuel 19,27)

2 Samuel 24,16. 17: Ein Engel nimmt Rache wegen der Sünden Davids.

1 Könige 13,18: Ein Engel prüft, ob ein Prophet Jahwe gehorcht.

1 Könige 19,5-7: Ein Engel sorgt dafür, dass Elija sich für eine Reise mit Nahrung stärkt.

2 Könige 1,3. 15: Ein Engel rät Elija, Achasja herauszufordern, der Hilfe vom Gott Ekrons gesucht hatte.

2 Könige 19,35: Ein Engel Jahwes dezimiert das assyrische Heer, wahrscheinlich durch eine Seuche.

1 Chronik 21,1: »Satan stand auf gegen Israel.«

1 Chronik 21,12-30: Ein Racheengel sendet die Pest über Israel wegen Davids Übertretungen, und der Engel drängt David, Jahwe einen Altar zu errichten.

2 Chronik 32,21: Ein Engel erschlägt alle Hauptleute des assyrischen Königs, und Friede kommt über Jerusalem.

Tobit 5,4-28: Tobias begegnet dem Erzengel Raphael, der seinen alternden Vater tröstet und Tobias auf seiner Reise beschützt.

Tobit 6,2-8,9: Der Engel Raphael hilft Tobias dabei, eine Frau zu finden.

Tobit 9,1-9: Raphael hilft Tobias beim Hochzeitsfest.

Tobit 11,7. 8: Raphael verspricht Tobias, dass sein blinder Vater wieder sehen wird.

Tobit 11,14: Nachdem er sein Augenlicht wiedererlangt hat, betet Tobit: »Gesegnet sei Gott! ... Gesegnet seien alle seine heiligen Engel!«

Tobit 12,6-22: Raphael belehrt Tobias und Tobit über spirituelle Angelegenheiten, und beide sind in Ehrfurcht überwältigt. Er bittet sie, sich nicht zu fürchten und verlässt sie, um wieder zu Gott aufzusteigen.

Hiob 1,6-12: Satan macht sich auf, Hiob zu versuchen.

Hiob 2,1-10: Satan bringt weiteres Unglück über Hiob, der keine sündigen Worte spricht.

Hiob 4,18: Gott findet Irrtümer bei seinen Dienern.

Psalm 8,6: »Du hast den Menschen um weniges geringer gemacht als die Engel.«

Psalm 34,7: »Der Engel Jahwes schützt alle, die Jahwe fürchten.«

Psalm 35,5. 6: »Der Engel Jahwes treibe fort meine Feinde.«

Psalm 78,25: Beim Essen des Manna vom Himmel aßen die Israeliten »das Brot der Engel«.

Psalm 78,49: Engel des Unheils übten Gottes Zorn aus gegen die Israeliten.

Psalm 91,11: Gott wird dich schützen, indem er dich unter den Schutz seiner Engel stellt.

Psalm 103,20: »Preiset Jahwe, all seine Engel ...«

Psalm 104,4: »Die Winde hast du als deine Boten bestellt, das zündende Feuer als deine Diener.«

Psalm 106,37: Israeliten unter heidnischem Einfluss opfern ihre Kinder an Dämonen.

Psalm 148,2: »Lobet Jahwe, alle seine Engel, lobet ihn, all seine himmlischen Heere!«

Jesaja 37,36: Ein Engel des Herrn erschlägt über Nacht Tausende Männer im Lager der Assyrer.

Jesaja 63,9: Der Gesalbte des Herrn singt, dass es weder ein Bote war, noch ein Engel, sondern Gottes Gegenwart, die das leidende Volk Jahwes errettete.

Daniel 3,28: Ein Engel errettet drei Männer vor dem Feuer König Nebukadnezars.

Daniel 6,22: Daniel bezieht seine Rettung aus den Fängen der Löwen auf das Einschreiten eines Engels.

Hosea 12,4: Der Prophet erinnert an Jakobs Kampf mit einem Engel in Genesis 32.25-31.

Sacharja 1,9 – 2,3: Der Prophet hat Visionen, in welchen die Engel eine entscheidende Rolle bei der Überbringung von Botschaften Jahwes an das Volk Israel spielen.

Sacharja 3,1-6: Der Engel Jahwes steht einem himmlischen Gericht vor, und Satan als Ankläger, der Feind des Menschen, steht nahe dem Hohenpriester Jeschua.

Sacharja 4,1-6. 10-14: Ein Engel erklärt eine Vision und ihre Bedeutungen, unter anderem die sieben Augen Jahwes, die die ganze Welt bedecken, und die beiden Gesalbten, die vor dem Herrn der ganzen Welt stehen.

Sacharja 5,5-11: Ein Engel erklärt die Vision von Schuld und Bosheit.

Sacharja 6,4-8: Ein Engel erklärt die Vision von vier großen Pferden, die in die vier Richtungen ausziehen, »die vier Winde des Himmels«.

Sacharja 12,8: Im messianischen Zeitalter wird das Haus Davids wiedererrichtet werden »wie der Engel des Herrn«.

2. Christliche Bibel

Matthäus 1,20-24: Ein Engel erscheint Joseph im Traum und erzählt ihm von Maria Empfängnis durch den Heiligen Geist. Er rät ihm, Maria zur Frau zu nehmen.

Matthäus 1,24: Joseph erwacht aus seinem Traum und tut, was ihm der Engel geraten hat.

Matthäus 2,13. 14: Ein Engel erscheint Joseph im Traum und warnt ihn und rät ihm, vor Herodes mit Frau und Kind nach Ägypten zu fliehen. Joseph gehorcht.

Matthäus 2,19-21: Nach dem Tode des Herodes erscheint ein Engel Joseph im Traum und sagt ihm, er solle nach Israel zurückkehren, was Joseph auch tut.

Matthäus 4,1-11: Jesus wird in die Wüste geführt und vom Teufel versucht. Er widersteht ihm, und wir hören: »Da verließ ihn der Teufel, und Engel traten herbei und dienten ihm.«

Matthäus 7,22: Einige sagen, dass sie in Christi Namen Dämonen austreiben.

Matthäus 8,16. 17: Er treibt Dämonen aus und heilt viele Menschen.

Matthäus 8,28-34: Jesus treibt bei zwei besessenen Männern aus Gadara die Dämonen aus.

Matthäus 9,32-34: Jesus treibt bei einem Stummen den Teufel aus.

Matthäus 10,8: Jesus ermahnt seine Jünger, »Teufel auszutreiben«.

Matthäus 11,18: Johannes kommt und wird beschuldigt, vom Teufel besessen zu sein.

Matthäus 12,22-28: Jesus heilt einen blinden und tauben Besessenen; die Pharisäer sagen, dass nur der Fürst der Teufel Teufel austreiben kann.

Matthäus 13,39-41: Bei der Deutung des Gleichnisses von der guten Saat, die ins Feld gestreut wird, sagt Jesus, dass der Teufel der Feind sei, der die schlechte Saat sät, und die Engel seien die Schnitter. Am Ende der Zeit würde der Menschensohn »seine Engel senden«, die die Bösen einsammeln und sie in ein loderndes Feuer werfen werden.

Matthäus 13,49: Am Ende der Zeit werden die Engel die Bösen von den Gerechten trennen.

Matthäus 15,22-28: Eine Kanaaniterin bittet Jesus, ihre Tochter zu heilen, die von einem Teufel geplagt wird, und Jesus tut es.

Matthäus 16,23: Jesus spricht zu Petrus: »Hinweg von mir, Satan! Du bist mir ein Ärgernis!«

Matthäus 16,27: »Der Menschensohn wird kommen in der Herrlichkeit seines Vaters mit seinen Engeln und jedem vergelten nach seinem Tun.

Matthäus 17,14-20: Jesus heilt einen mondsüchtigen und vom Teufel besessenen Jungen.

Matthäus 18,10: Die Kleinen haben Engel im Himmel, die ständig das Angesicht des Vaters schauen.

Matthäus 22,30: Nach der Auferstehung heiraten Männer und Frauen nicht, sondern sind »wie die Engel im Himmel«.

Matthäus 24,31: Der Menschensohn wird auf den Wolken des Himmels kommen und »seine Engel mit lautem Posaunenklang aussenden«, um die Erwählten aus allen vier Winden und Richtungen einzusammeln.

Matthäus 24,36: Weder die Engel noch der Sohn, sondern nur der Vater kennt die Stunde der Wiederkunft.

Matthäus 25,31: Engel werden den Menschensohn begleiten, wenn er in seiner Herrlichkeit kommt.

Matthäus 25,41: Ein ewiges Feuer wird dem Teufel und all seinen Engeln bereitet, und es wartet auf die, die sich geweigert haben, die Hungrigen zu nähren und die Kranken und Gefangenen zu besuchen.

Matthäus 26,53: Als Jesus im Garten Gethsemane gefangen genommen wird, sagt er zu seinen Jüngern, dass sein Vater ihm zwölf Legionen Engel schicken könne, um ihn zu verteidigen, wenn er es wünschte.

Matthäus 28,2-8: Ein Engel des Herrn rollt den Stein vor Jesu Grab beiseite und erzählt Maria aus Magdala und Maria, der Mutter des Jakobus, dass Jesus auferstanden sei und dass sie es den anderen Jüngern erzählen sollen.

Markus 1,12. 13: Nach seiner Taufe wird Jesus vom Satan in der Wüste versucht, aber »die Engel dienten ihm«.

Markus 1,32-39: Er treibt Teufel aus und heilt viele.

Markus 3,15: Er überträgt den Jüngern »die Macht, Dämonen auszutreiben«.

Markus 3,22-30: Jesus stellt sich denen, die behaupten, er sei Satan, der Satan austreibe.

Markus 5,1-20: In Gerasa heilt Jesus einen Mann, der »einen unreinen Geist hatte« und »alle fürchteten sich«.

Markus 6,13: Die zwölf Jünger treiben viele Teufel aus und heilen viele Kranke.

Markus 7,25-30: Jesus treibt den Teufel der Tochter einer Heidin aus.

Markus 8,38: Der Menschensohn wird in Herrlichkeit kommen mit seinen Engeln.

Markus 9,38: Ein Mann, der nicht Jesu Jünger ist, treibt in Jesu Namen Teufel aus.

Markus 12,25: Die, die von den Toten auferstehen, werden nicht heiraten, sondern wie die Engel sein.

Markus 13,27: Der Menschensohn wird die Engel schicken, um die Erwählten aus den vier Winden her, von den Enden der Erde zu sammeln.

Markus 13,32: Aber den Tag und die Stunde der Wiederkunft kennen nicht einmal die Engel.

Markus 16,9: Der wiedererstandene Christus erscheint Maria von Magdala, »von der er sieben Teufel ausgetrieben hatte«.

Markus 16,17: »Die mir nachfolgen, werden in meinem Namen Teufel austreiben«, sagt der Auferstandene.

Lukas 1,11-25: Der Engel Gabriel erscheint dem Zacharias und erklärt ihm, dass seine alte Frau Elisabeth einen Sohn namens Johannes bekommen wird.

Lukas 1,26-38: Der Engel Gabriel erklärt Maria, dass sie kraft des Heiligen Geistes einen Sohn namens Jesus bekommen wird. Maria stimmt zu.

Lukas 2,9-15: Der Engel des Herrn erscheint nachts den Hirten mit einer »Botschaft der großer Freude«, die allem Volk verkündet werden soll: Euch ist heute in der Stadt Davids der Heiland geboren, welcher Christus ist, der Herr«. Eine große Schar von Engeln erscheint und singt: »Ehre sei Gott in der Höhe.«

Lukas 2,21: Bei seiner Beschneidung erhält Jesus den Namen, den ihm der Engel vor seiner Geburt gegeben hatte.

Lukas 4,1-13: Der Teufel versucht Jesus in der Wüste.

Lukas 4,33-36: Jesus befiehlt einem unreinen Geist, einen Besessenen in der Synagoge zu verlassen.

Lukas 4,40. 41: Er legt Menschen die Hände auf, und die Teufel verlassen sie.

Lukas 7,33: Johannes der Täufer wird angeklagt, besessen zu sein.

Lukas 8,2: Maria von Magdala werden sieben Dämonen ausgetrieben.

Lukas 8,12: Die Saat als Wort Gottes ist bei denen nur auf den Weg gefallen, denen der Teufel das Wort aus dem Herzen reißt.

Lukas 8,26-39: Jesus treibt bei einem aus Gerasa Dämonen aus.

Lukas 9,1: Jesus beruft die Zwölf und gibt ihnen Macht über alle Teufel und die Macht, Kranke zu heilen.

Lukas 9,26: Der Menschensohn wird kommen in der Herrlichkeit des Vaters und der heiligen Engel.

Lukas 9,37-45: Jesus treibt den Teufel von einem besessenen epileptischen Jungen aus.

Lukas 10,17-20: Die Zweiundsiebzig kamen erfreut wieder und sagten: »Herr, sogar die Teufel gehorchen uns, wenn wir deinen Namen aussprechen.«

Lukas 11,14-22: Jesus stellt sich denen, die sagen, er treibe die Dämonen mit Hilfe von Dämonen aus.

Lukas 12,8. 9: Diejenigen, die sich offen zu Christus bekennen, zu denen wird er sich auch bekennen »vor den Engeln Gottes«.

Lukas 13,10-17: Jesus heilt am Sabbat eine verkrüppelte Frau, die seit achtzehn Jahren von einem Dämon geplagt wurde.

Lukas 13,32: Jesus sagt den Pharisäern, dass sie Herodes mitteilen sollen, er treibe Dämonen aus.

Lukas 15,10: »Bei den Engeln Gottes wird Freude sein über einen einzigen Sünder, der umkehrt.«

Lukas 16,22: Lazarus stirbt und wird von den Engeln fortgetragen in Abrahams Schoß.

Lukas 20,36: Die Auferstandenen heiraten nicht, sondern sind »wie die Engel«.

Lukas 22,31: »Simon, Simon, Satan hat verlangt, euch im Sieb zu schütteln wie den Weizen.«

Lukas 22,43: Ein Engel kommt zu Jesus in den Garten Gethsemane, um »ihn zu stärken«.

Lukas 24,23: Auf dem Wege nach Emmaus sprechen die Jünger darüber, dass die Frauen am Grabe Jesu den Leichnam nicht fanden, sondern »eine Erscheinung von Engeln hatten, die sagten, er lebe«.

Johannes 1,51: Jesus sagt Natanael, dass die Jünger »den Himmel offen und die Engel Gottes über dem Menschensohn auf- und niedersteigen sehen werden«.

Johannes 5,4: Es heißt, ein Engel steige herab in den Teich bei Betesda und bewege das heilende Wasser dort.

Johannes 6,70. 71: »Einer von euch ist ein Teufel«, sagt Jesus in Bezug auf Judas, der ihn verraten wird.

Johannes 8,44: Jesus stellt sich seinen Feinden und sagt: »Der Teufel ist euer Vater. (...) Er ist ein Lügner und der Vater der Lüge.«

Johannes 8,48-54: Jesus wird angeklagt, von einem Dämon besessen zu sein.

Johannes 10,20. 21: Jesus wird angeklagt, von einem Dämon besessen zu sein und deshalb verrückt zu sein.

Johannes 12,28. 29: Als Jesus betet: »Vater, verherrliche deinen Namen!« und eine Stimme vom Himmel spricht: »Ich habe ihn bereits verherrlicht«, glauben die Leute, ein Engel habe zu ihm gesprochen.

Johannes 13,2: »Während des Mahles hat der Teufel dem Judas Iskariot schon ins Herz gelegt, Jesus zu überliefern.«

Johannes 20,12. 13: Maria sieht zwei Engel am leeren Grab Jesu und einer fragt sie: »Frau, warum weinst du?«

Apostelgeschichte 5,3: Petrus fragt Ananias: »Wie kann Satan so von dir Besitz ergriffen haben, dass du den Heiligen Geist belügst?«

Apostelgeschichte 5,19-21: Der Engel des Herrn befreit die Apostel aus dem Gefängnis und weist sie an »allen Menschen vom neuen Leben zu erzählen«. Sie tun, wie ihnen gesagt wurde.

Apostelgeschichte 6,15: Das Gesicht des Stephanus vor dem Hohen Rat scheint leuchtend »wie das eines Engels«, und weist so auf eine Art Theophanie und Verherrlichungserfahrung hin.

Apostelgeschichte 7,30. 35. 38: Die Rede des Stephanus erinnert daran, wie erstaunt Mose war, als ihm »ein Engel in der Feuerflamme des Dornbusches« erschien. Durch Mose verständigte sich das Volk Israel mit dem Engel.

Apostelgeschichte 7,53: In seiner Rede sagt Stephanus zum Volk, dass der Engel ihnen das Gesetz gebracht habe.

Apostelgeschichte 8,26: Der Engel des Herrn befiehlt Philippus, eine Reise zu unternehmen, und er gehorcht.

Apostelgeschichte 10,3-8. 22: Ein Hauptmann namens Cornelius hatte eine Vision, in der ein Engel Gottes ihm befahl, Simon Petrus zu finden. Er sandte seine Männer aus, das zu tun.

Apostelgeschichte 10,38: Petrus predigt: »Jesus zog umher, tat Gutes und heilte alle, die vom Teufel besessen waren.«

Apostelgeschichte 11,13: Petrus erinnert sich an die Rolle des Engels in der Vision des Cornelius, als dieser ihn suchen sollte.

Apostelgeschichte 12,7-15: Ein Engel des Herrn befreit Petrus aus dem Gefängnis.

Apostelgeschichte 12,23: Ein Engel des Herrn schlägt Herodes mit einer Krankheit, die ihn tötet.

Apostelgeschichte 13,10: Paulus stellt sich dem Magier Elymas entgegen und nennt ihn einen »Sohn des Teufels« und Feind jeder wahren Religion.

Apostelgeschichte 23,8. 9: Beim Prozess des Paulus vor dem Hohen Rat kommt es zu einer Spaltung zwischen den Pharisäern, die an Engel glauben, und den Sadduzäern, die es nicht tun.

Apostelgeschichte 26,18: Paulus sagt, dass wir uns aus der Gewalt Satans zu Gott bekehren sollen.

Apostelgeschichte 27,23-26: Paulus beruhigt seine Reisegefährten, die mit ihm auf dem Meer treiben, mit der Nachricht, ein Engel Gottes habe ihm versichert, dass auf dem Meer keine Gefahr drohe.

Römer 8,38. 39: Paulus ist sicher, dass nichts – »weder Tod noch Leben, weder Engel, noch Mächte (...), noch Gewalten (...) je zwischen uns und die Liebe Gottes treten kann, wie sie in Christus Jesus, unserem Herrn, sichtbar geworden ist.«

Römer 16,20: »Der Gott des Friedens wird Satan bald unter euere Füße legen.«

1 Korinther 4,9: »Wir sind ein Schauspiel für die Welt geworden, für Engel und Menschen.«

1 Korinther 5,5: Satan wird einen Menschen zerstören, der mit der Frau seines Vaters lebt.

1 Korinther 6,3: Wir werden sogar über die Engel richten.

1 Korinther 7,5: Satan kann auch verheiratete Paare versuchen.

1 Korinther 10,20-22: Götzenopfer sind Nahrung, die man den Dämonen anbietet, die nicht Gott sind.

1 Korinther 11,10: Aus Respekt vor den Engeln sollen Frauen in der Gemeindeversammlung den Kopf bedecken.

1 Korinther 13,1: »Wenn ich mit Menschen- und Engelszungen spräche, aber ohne Liebe, dann wäre ich nichts als ein tönendes Erz und eine gellende Schelle«.

2 Korinther 2,11: »Wir werden uns nicht vom Satan überlisten lassen.«

2 Korinther 11,14. 15: Paulus spricht vom Satan, der sich als ein Engel des Lichts verkleidet, wie es auch manche Lügenapostel tun.

2 Korinther 12,7: Paulus' Stachel im Fleisch wird auch als »Bote Satans« bezeichnet.

Galater 1,8: Paulus weist seine Leser an, alle Predigten – und seien sie auch von einem Engel – zu ignorieren, die anderes sagen, als sie es bereits gehört haben.

Galater 3,19: Das Gesetz wurde von Engeln angeordnet.

Galater 4,14: Als Paulus krank war, fühlte er sich bei den Galatern aufgenommen »wie ein Engel Gottes«.

Epheser 4,27: Man gibt dem Teufel Raum, wenn man die Sonne über dem eigenen Zorn untergehen lässt.

Epheser 6,10-13: Unser Kampf geht gegen »Gewalten und Mächte (...), gegen die bösen Geister oben im Himmel« und nicht nur gegen menschliche Feinde.

Kolosser 2,18: Keiner soll euch den Siegespreis aberkennen, indem er sich in Demut und Engelverehrung gefällt und sich mit Visionen wichtig macht.

1 Thessalonicher 2.18: Paulus sagt, Satan habe seinen Besuch bei seinen Brüdern in Thessaloniki verhindert.

2 Thessalonicher 1,7: Wenn der Herr Jesus mit den Engeln vom Himmel erscheint, wird denen, die euch verletzt haben, heimgezahlt.

2 Thessalonicher 2,9-12: Der Gesetzlose wird die Kraft Satans haben und sich mit Täuschungen und Scheinwundern an die Arbeit machen.

1 Timotheus 1,20: Der Verfasser sagt, er habe Männer »dem Satan überantwortet, damit sie gezüchtigt werden, um Gott nicht mehr zu lästern«.

1 Timotheus 3,6. 7: Der Bischof der örtlichen Kirche sollte kein stolzer Mensch sein, damit er nicht »dem Gericht des Teufels verfalle«.

1 Timotheus 3,16: Christus »wurde sichtbar im Fleisch, bezeugt vom Heiligen Geist, geschaut von den Engeln«.

1 Timotheus 4,1: Einige werden auf die Lügen und Täuschungen hören, die vom Teufel kommen.

1 Timotheus 5,15: Infolge von Schmähungen sind einige vom rechten Weg abgekommen und folgen Satan.

1 Timotheus 5,21: Paulus ermahnt Timotheus »vor Gott und vor Christus und vor den erwählten Engeln«.

2 Timotheus 2,26: Der Teufel fängt die Leute und versklavt sie, aber sie können aus dieser Falle befreit werden.

Hebräer 1,4-14: Christus steht weit über den Engeln, und der Verfasser beruft sich auf Schriftstellen, um das zu belegen.

Hebräer 2,2: Das Gesetz war ein von den Engeln verkündetes Wort.

Hebräer 2,5-9: Die kommende Welt wird nicht von Engeln regiert werden. Der Autor sagt, indem er den Psalmisten zitiert, dass Jesus derjenige war, der nur für kurze Zeit niedriger als die Engel war.

Hebräer 2,14: Durch seinen Tod entmachtete Christus den Teufel.

Hebräer 2,16: »Es sind nicht die Engel, derer er sich annimmt, sondern die Nachkommen Abrahams.«

Hebräer 12,22: In der Stadt des lebendigen Gottes sammeln sich Tausende von Engeln.

Hebräer 13,2: Durch Gastfreundschaft sind schon manche Menschen Engeln begegnet, ohne es zu bemerken.

Jakobus 2,19: Dämonen glauben es und zittern vor Furcht. Glaube bedarf der Handlungen.

Jakobus 3,15. 16: Das Herz voll Eifersucht und Ehrgeiz ist voll teuflischer Weisheit.

Jakobus 4,7: »Widersteht dem Teufel, und er wird euch fliehen.«

1 Petrus 1,12: Selbst die Engel sehnen sich danach, einen Blick auf die Gute Botschaft Christi zu erhaschen.

1 Petrus 3,22: Christus hat sich die Engel und Herrschaften und Mächte unterworfen.

1 Petrus 5,8: Sei wachsam gegen deinen Feind, den Teufel.

2 Petrus 2,4: Wenn Engel sündigen, verschont Gott sie nicht.

2 Petrus 2,11: Manche Menschen sind so eigenwillig, dass sie die Engel beleidigen. Und doch beschuldigen die Engel sie nicht vor Gott. Der Lohn für das Böse wird später folgen.

1 Johannes 3,8: Der Sohn Gottes zerstört alles, was der Teufel getan hat.

1 Johannes 3,10: Unterscheide die Kinder Gottes von den Kindern des Teufels.

Judas 6: Gewisse Engel hatten die höchste Autorität, versagten darin aber und wurden aus ihrem Einflussbereich ausgestoßen.

Judas 9: Der Erzengel Michael stritt mit dem Teufel.

Offenbarung 1,1: Die Quelle des Buches der Offenbarung ist ein von Gott gesandter Engel, der dem Verfasser, Johannes, alles kundtut.

Offenbarung 1,20: Die sieben Sterne und die sieben Gemeinden stehen unter der Kontrolle von Engeln.

Offenbarung 2,1-7: »Dem Engel der Gemeinde in Ephesus schreibe...«

Offenbarung 2,8-11: »Dem Engel der Gemeinde in Smyrna schreibe...«

Offenbarung 2,12-17: »Dem Engel der Gemeinde in Pergamon schreibe...«

Offenbarung 2,18-29: »Dem Engel der Gemeinde in Thyatira schreibe...«

Offenbarung 3,1-4: »Dem Engel der Gemeinde in Sardes schreibe...«

Offenbarung 3,5: In Gegenwart des Vaters und der Engel werden gewisse Menschen anerkannt.

Offenbarung 3,7: »Dem Engel der Gemeinde in Philadelphia schreibe...«

Offenbarung 3,9: Gewisse Leute geben sich als Juden aus, sind es aber nicht, und diese bezeichnet der Verfasser als »die Synagoge Satans«.

Offenbarung 3,14-22: »Dem Engel der Gemeinde in Laodizea schreibe...«

Offenbarung 5,2: Ein mächtiger Engel fragt, ob es jemanden gibt, der würdig sei, die Rolle zu öffnen und ihre Siegel zu brechen.

Offenbarung 5,11. 12: In einer Vision rufen viele Engel rings um den himmlischen Thron.

Offenbarung 7,1-3: Der Autor sieht vier Engel an den vier Ecken der Erde stehen und einen anderen Engel sich erheben, wenn die Sonne aufgeht; er warnt die vier anderen Engel, die Erde und das Meer und die Bäume nicht zu zerstören, bevor ein Siegel auf der Stirn der Diener Gottes gelegt ist.

Offenbarung 7,11. 12: Alle Engel beten Gott in einem Kreis um den Thron an.

Offenbarung 8,2-10.11: Sieben Engel im Himmel lassen ihre sieben Trompeten erschallen. Jede hat ihre eigene mächtige Botschaft. Ein zusätzlicher Engel steht vor dem Räucheraltar und betet mit allen Heiligen und erschüttert die Erde mit Feuer von dem Altar.

Offenbarung 9,20. 21: Viele Leute weigerten sich, die Machwerke der Dämonen aufzugeben.

Offenbarung 11,15: Der siebte Engel ließ seine Trompete erschallen, und Stimmen im Himmel erklangen: »Das Reich der Welt ist das Reich unseres Herrn und seines Gesalbten geworden, und sie werden in Ewigkeit regieren.«

Offenbarung 12,7-17: In der Vision bricht im Himmel Feuer aus, Michael und seine Engel greifen den Drachen an. Die Tage des Teufels sind gezählt, aber er verfolgt die Mutter des Knaben und andere auf der Erde.

Offenbarung 14,6-11: Drei Engel werden sichtbar. Einer ruft das Volk auf, Gott zu fürchten und zu loben. Ein anderer ruft aus: »Babylon ist gefallen.« Und ein Dritter ruft, dass die Verehrer des Tieres Gottes Zorn schmecken werden.

Offenbarung 14,15-20: Engel bringen die Frucht der Erde ein und sammeln die Trauben der Erde in die Kelter des Zornes Gottes.

Offenbarung 15,1-8: Sieben Engel bringen sieben Plagen, aber auch Harfen und Hymnen des Mose, zusammen mit sieben goldenen Schalen, die den Zorn Gottes enthalten.

Offenbarung 16,1-21: Die sieben Engel entleeren die sieben Schalen mit Gottes Zorn über die Erde.

Offenbarung 17,1-18: Ein Engel zeigt dem Verfasser, wie die »große Hure«, das römische Reich, für ihre vielen Sünden gestraft wird: »die Frau, die du in der großen Stadt sahst, die Macht hat über die Herrscher der Erde«.

Offenbarung 18,1-3: Ein weiterer Engel ruft den Fall Babylons aus.

Offenbarung 18,21-24: Ein anderer Engel schleudert einen Felsblock ins Meer und erklärt, dass Babylon zerstört werden wird wie jener Brocken im Meer untergeht.

Offenbarung 19,17. 18: Ein Engel steht in der Sonne und ruft die Vögel, sich zum Mahl zu versammeln.

Offenbarung 20,1-3: Ein Engel steigt vom Himmel herab und überwältigt den Teufel/Satan und kettet ihn für tausend Jahre an.

Offenbarung 20,7-10: Nach tausend Jahren wird Satan aus seinem Gefängnis befreit und schwärmt über das Land aus, wird dann aber auf immer in den See aus Feuer und Schwefel geworfen.

Offenbarung 21,9-15: Ein Engel zeigt dem Verfasser, wie die heilige Stadt Jerusalem leuchtend von Gott aus dem Himmel herabkommt. Ein Engel trägt eine goldene Messlatte, um die Stadt und die Tore und Mauern des himmlischen Jerusalem zu vermessen.

Offenbarung 22,6-15: Ein Engel spricht zu Johannes über die Wahrheit des Aufgeschriebenen. Er fordert Johannes auf, Gott zu verehren und nicht ihn, den Engel, und die Prophezeiungen geheim zu halten. »Selig sind, die den prophetischen Schatz dieses Buches bewahren.«

Offenbarung 22,16: »Ich, Jesus, habe meinen Engel gesandt, um dir dies vor den Gemeinden zu offenbaren.«

Anmerkungen

Anm. d. Übersetzers: In den Fußnoten sind jeweils die gängigen deutschen Übersetzungen der verwendeten Texte angegeben. Die Übersetzungen für das vorliegende Buch lehnen sich an die genannten Übersetzungen an, sind aber vielfach bearbeitet, um eine bessere Verständlichkeit und Originaltreue zu gewährleisten.

Vorwort

1 »Angels Among Us«, Time, 27.12.93, 56-65.

Einleitung

1 Thomas von Aquin, Summa theologica I, q. 50, a. 1; q.63, a. 7, aus: Die deutsche Thomas-Ausgabe – vollständige, ungekürzte deutsch-lateinische Ausgabe; übersetzt von Dominikanern und Benediktinern Deutschlands und Österreichs, Salzburg Leipzig 1936, 4. Band, »Schöpfung und Engelwelt«; im Folgenden als ST abgekürzt.

2 Anm. d. Übers.: Das englische Wort »praise«, das Fox sehr häufig benutzt, bedeutet gewöhnlich »loben«, in religiösem

Sinne auch »preisen, lobpreisen« im Sinne der Anbetung durch Kult oder durch die Engel. In der Übersetzung werden die Bedeutungen nebeneinander verwendet, da »loben« allein oft eine zu alltägliche Bedeutung hat.

3 Thomas von Aquin in: Matthew Fox, Geist und Kosmos, Grafing 1993, S. 162.

4 Zu dieser Hypothese siehe: Rupert Sheldrake, Das Gedächtnis der Natur – Das Geheimnis der Entstehung der Formen in der Natur, München/Bern/Wien, 1992; Das schöpferische Universum – Die Theorie des morphogenetischen Feldes, 1993; Die Wiedergeburt der Natur, München/Bern/Wien, 1993.

5 Siehe zum Beispiel Timothy Ferris, The Minds Sky – Human Intelligence in a Cosmic Context, New York 1992.

6 Ebenda, S. 31.

7 London 1911.

8 Matthew Fox, Vision vom Kosmischen Christus – Aufbruch ins dritte Jahrtausend, Stuttgart 1991.

Dionysios Areopagita

1 Die Übersetzung der Zitate von Dionysios Areopagita folgt großenteils der Übertragung von Günter Heil: Pseudo-Dionysius Areopagita, Über die himmlische Hierarchie, Stuttgart 1986, hat aber Glättungen und Änderungen vorgenommen, um einen verständlichen deutschen Sprachfluss zu gewährleisten. hier: Kap. XIV.

2 Kap. III.

3 Kap. IV.

4 Kap. VII.

5 Kap. XIII.

6 Kap. VIII.

7 Kap. IX. Statt des geläufigen »Fürsten/Fürstentümer« verwendet die Übersetzung in Anlehnung an das Griechische »Prinzipien«.

8 Kap. XIII.

9   Kap. XV.

10 Kap. XIV.

11 Kap. XII.

12 Pseudo-Dionysius Areopagita, Die Namen Gottes, Hrsg. und
    Übers. Beate Regina Suchla, Stuttgart 1988, Kap. VIII.

13 Über die himmlische Hierarchie, s.o., Kap. XV.

14 Kap. XV.

Thomas von Aquin

1   Summa theologica (ST) I, q. 63, a. 7.

2   ST I, q. 61, a. 3.

3   ST I, q. 62, a. 9, ad 2.

4   ST I, q. 58, a. 3.

5   Kommentar zu Jesaia 40, S. 529.

6   ST I, q. 58, a. 3.

7   ST I, q. 58, a. 4.

8   Zu Dionysios' De Divinis Nominibus n. 82, S. 27.

9   Zu Dionysios' De Divinis Nominibus n. 72, S. 21.

10 ST I, q. 50, a. 1.

11 ST I, q. 50, a. 2.

12 ST I, q. 51, a. 1.

13 ST I, q. 50, a. 4.

14 ST I, q. 51, a. 2.

15 Summa theologica II, q. 172, a. 2. ad 2.

16 Ebenda, a. 2.

17 Ebenda, a. 2 ad 1.

18 Ebenda, ad 3.

19 Kommentar zum Johannesevangelium 20. 17, n. 2519.

20 Zu Dionysios' De Divinis Nominibus n. 288, S. 90, 91.

21 Zu Dionysios' De Divinis Nominibus n. 923, S. 343.

22 Questiones quodlibetales, 1.4.

23 ST I, q. 52, a. 1.

24 ST I, q. 52, a. 2.

25 Nach Summa theologica I, q. 60, a. 2.

26 Nach Summa theologica I, q. 60, a. 5.

27 ST I, q. 52, a. 3.

28 ST I, q. 53, a. 1.

29 ST I, q. 53, a. 2.

30 ST I, q. 53, a. 2.

31 ST I, q. 53, a. 3.

32 Questiones quodlibetales, XI 4.

33 ST I, q. 54, a. 4.

34 ST I, q. 57, a. 2.

35 ST I, q. 57, a. 4.

36 ST I, q. 57, a. 3.

37 ST I, q. 61, a. 3.

38 ST I, q. 62, a. 4.

39 ST I, q. 62, a. 1.

40 ST I, q. 62, a. 2.

41 ST I, q. 62, a. 3.

42 Zu Aristoteles' Metaphysik Bd. III, L.11, S. 192.

43 Zu Peter Lombards Buch der Sentenzen Bd.I, 2.1.4.

44 ST I, q. 62, a. 3.

45 ST I, q. 62, a. 5.

46 ST I, q. 63, a. 2.

47 ST I, q. 63, a. 3.

48 ST I, q. 63, a. 6.

49 ST I, q. 63, a. 7.

50 ST I, q. 63, a. 9.

51 ST I, q. 63, a. 7.

52 ST I, q. 63, a. 8.

53 ST I, q. 64, a. 4.

Hildegard von Bingen

0 Eine grundlegende Einführung in Werk und Person der Hildegard: Otto Betz, Hildegard von Bingen. Werk und Gestalt,
München [2]1998.

1 Hildegard von Bingen, Liber Vitae Meritorum, (Pitra 1882), S.24 – Originalzitat nach Fox, in dt. Ausgabe nicht auffindbar.

2 Hildegard von Bingen, Scivias – Wisse die Wege. Übers. von Maura Böckeler, Salzburg 1954, I,1; S. 250.

3 Hildegard von Bingen, aus J.P.Migne (Hrsg.), Patrologia Latina (im Folgenden als PL abgekürzt), Paris 1844-91; 197, 229C, Briefe XLVII Präl. Moguntinenses.

4 PL 197, 262D; Epist. LI, Grisos Monachos 20.

5 PL 197, 889A; Liber divinorum operum simplicis hominis I, Visio IV, CV.

6 PL 197, 917B; Liber divinorum operum simplicis hominis II, Visio V, XVII.

7 Liber Vitae Meritorum, S.444 – Originalzitat nach Fox, in dt. Ausgabe nicht auffindbar.

8 PL 197, 917B.

9 PL 197, 746C; Liber divinorum operum simplicis hominis I, Visio I, VII.

10 Liber Vitae Meritorum – Der Mensch in der Verantwortung, Hrsg. Heinrich Schipperges, Salzburg 1985, S. 193.

11 PL 197, 442A; Scivias I, 6.; S. 145, letzter Satz nur bei Fox.

12 Liber Vitae Meritorum, S. 352 – Originalzitat nach Fox, in dt. Ausgabe nicht auffindbar.

13 Liber Vitae Meritorum – Der Mensch in der Verantwortung, Hrsg. Heinrich Schipperges, S. 262.

14 Liber Vitae Meritorum, S. 75 – Originalzitat nach Fox, in dt. Ausgabe nicht auffindbar.

15 PL 197, 960D-961A; Liber divinorum operum simplicis hominis III, Visio VI, VI.

16 PL 197, 812B; Liber divinorum operum simplicis hominis I, Visio IV, IX.

17 Ebenda.

18 Ebenda.

19 PL 197, 170A; Epist.XIV Eberhardi Bambergensis Episcopi.

20 Liber Vitae Meritorum, S. 361 – Originalzitat nach Fox, in dt. Ausgabe nicht auffindbar.

21   Scivias III,1; S. 222f.
22   PL 197, 747C; Liber divinorum operum simplicis hominis I, Visio I, X.
23   Scivias III,2; S. 232.
24   Scivias III,1; S. 224f.
25   PL 197, 272D; Epist. LIII Fratrum Hagenhensium.
26   PL 197, 945C; Liber divinorum operum simplicis hominis II, Visio V, XLIII.
27   PL 197, 865D; Liber divinorum operum simplicis hominis I, Visio IV, LXXXVI.
28   PL 197, 1061C; Explanatio Regulae S.Benedicti.
29   PL 197, 236C; Epist. XLVII.
30   PL 197, 1041C; Triginta octo quaestionum solutiones, q. 3-4.
31   PL 197, 1045A; Triginta octo quaestionum solutiones, q. 13.
32   Hildegard von Bingen, Causae et Curae, Leipzig 1903, S. 26, 53. In der Ausgabe: Heilkunde – Causae et Curae, Übers. Heinrich Schipperges, Salzburg 1957 nicht auffindbar.
33   Scivias – Wisse die Wege. Übers. von Maura Böckeler, Salzburg 1954, I,1; S. 96f.
34   PL 197, 898B.
35   PL 197, 898D.
36   PL 197, 1043A; Triginta octo quaestionum solutiones, q. 8.
37   PL 197, 1043C; Triginta octo quaestionum solutiones, q. 8.
38   Scivias II,1; S. 154.
39   Meister Eckehart, Deutsche Predigten und Traktate, Hrsg. und Übers. Josef Quint, München 1963, Predigt 26, S. 273.
40   PL 197, 946B; Liber divinorum operum simplicis hominis II, Visio V, XLIII.
41   Scivias I, 4; S. 134.
42   Scivias II, 6, S. 192, 195.
43   Liber Vitae Meritorum, S.320 – Originalzitat nach Fox, in dt. Ausgabe nicht auffindbar.

Register

Bildnachweis

31 © Robert Monroe, Cuddebackville, New York – **39** Aus: Alfons Rosenberg, Engel und Dämonen. Gestaltwandel eines Urbildes. Kösel-Verlag, München 1986. Foto: Jean Roubier, Paris – **48** Lithographie, 13 x 23,1 cm. Aus: Verve-Bible I/WVZ Nizza 257. © VG Bild-Kunst Bonn, 1998 – **61** Aus: Stanislav und Christine Grof, Jenseits des Todes. An den Toren des Bewusstseins. Kösel-Verlag, München 1984 – **72** Farbiges Ziegelrelief. Louvre, Paris. Aus: Quelle s. S. 39 – **83** Marmorstatue, Höhe 2,45 m. Louvre, Paris. Foto: Archiv für Kunst und Geschichte, Berlin – **96** Staatliche Antikensammlungen und Glyptothek, München. Foto: Museum (rf Stamnos, Detail, SH 2413) – **121/131** Abb. in: Malcolm Godwin, Engel. Eine bedrohte Art. Zweitausendeins, Frankfurt 1991 – **141** Russland, Nowgorod, 469 x 235 cm. Staatliche Tretjakow Galerie, Moskau – **153** National Gallery, London. Aus: Maria-Gabriele Wosien, Tanz im Angesicht der Götter. Kösel-Verlag, München 1985 – **165** Albani Psalter, zwischen 1123-1135. Dombibliothek Hildesheim, HS St. God. 1 (Eigentum der Pfarrgemeinde St. Godehard) – **179** 32,4 x 22,9 cm, sign. B. West 1806. Staatliche Graphische Sammlung, München (Detail, aus: Inv. Nr. 1964:97-132; Specimes of Polyautography, London 1806) – **194** Die Chöre der Engel. Miniatur aus dem Rupertsberger »Scivias«-Codex, 12. Jh., Abschrift: Abtei St. Hildegard, Rüdesheim/Eibingen – **207** Abb. s. Quelle S. 121 – **224** Illustration zu Milton, Das verlorene Paradies – **235** Prado, Madrid – **246** Altägyptischer Papyrus. Musée Royaux du Cinquantenaire, Brüssel. Aus: Lucie Lamy, egyptian mysteries, Thames and Hudson, 1981 – **259** Ausschnitt aus einem Fresco in der Kathedrale von Orvieto, Italien. Foto: Kösel-Archiv – **271** Unbekannter Künstler. Lady Meux-Collection, British Library, London. Aus: An Encyclopedia of Archetypical Symbolism, Edited by Beverly Moon, Shambhala, Boston & London, 1991 – **283** Aufstieg ins Empyreum. Palazzo Ducale, Venedig. Foto: Kösel-Archiv – **297** Lithographie zur Apokaplypse – **305** Foto: eso